Stanley Turecki ist Kinder- und Familienpsychiater. Er behandelt in drei New Yorker Krankenhäusern und ist verantwortlicher Arzt des *Zentrums für das schwierige Kind* in New York. Turecki ist Autor zahlreicher fachwissenschaftlicher wie populärer Veröffentlichungen. Er hält viele Vorträge und war Gast in verschiedenen Radio- und Fernsehsendungen.

Leslie Tonner hat bisher zwei Sachbücher und vier Romane verfaßt. Sie lebt mit ihrem Mann und ihrem Sohn in Manhattan

Dieses Buch wurde auf chlor- und säurefreiem Papier gedruckt.

Völlig überarbeitete Neuausgabe Januar 1995
Erschienen als deutsche Erstausgabe 1988 mit dem Titel:
»Das lebhafte Kind – fordernd und begabt« (Band 3859)

Titel der Originalausgabe »The Difficult Child«

Originalverlag Bantam Books, New York
Umschlaggestaltung Graupner & Partner, München
Umschlagfoto Bildagentur Mauritius/H. Guether, Mittenwald
Satz Ventura Publisher im Verlag
Druck und Bindung Ebner Ulm
Printed in Germany
ISBN 3-426-84071-5

5 4 3 2 1

Stanley Turecki
Leslie Tonner

Das schwierige Kind

Aus dem Amerikanischen
von Ingrid Lacker
und Rebekka Göpfert

Knaur

Für meine Familie, in Liebe und Respekt,
und für Roberta und Sol,
die etwas ganz Besonderes sind.

Inhalt

Haben Sie ein schwieriges Kind?

Fragen zur Familie

Antwort »Ja« oder »Nein«

1. Finden Sie, daß Ihr Kind schwer zu erziehen ist? ____
2. Finden Sie das Verhalten Ihres Kindes schwer verständlich? ____
3. Kämpfen Sie oft mit dem Kind? ____
4. Fühlen Sie sich als Eltern unzulänglich oder schuldig? ____
5. Wird Ihr Ehe- oder Familienleben durch das Kind beeinträchtigt? ____

Fragen zum Kind

Die nachfolgenden Überschriften beschreiben Bereiche, die das Temperament Ihres Kindes betreffen (sein oder ihr Grundverhalten). Beurteilen Sie Ihr Kind ganz allgemein Punkt für Punkt, indem Sie diese Skala benutzen:

0 = unproblematisch
1 = mäßig problematisch
2 = eindeutig problematisch
3 = äußerst problematisch

Hohe Aktivitätsebene
Sehr aktiv; immer mit irgend etwas beschäftigt; ermüdend; »möchte immer einen Schritt voraus sein«; wird wild oder »aufgedreht«; verliert die Beherrschung; wird leicht aggressiv; haßt es, eingeengt zu werden.

Ablenkbar
Hat Probleme damit, sich zu konzentrieren und aufzupassen, besonders wenn etwas nicht wirklich interessant ist; »hört nicht zu«; klinkt sich aus; hängt Tagträumen nach; vergißt, was man ihm gesagt hat.

Hohe Intensität
Laut – egal, ob es gerade traurig, ärgerlich oder glücklich ist.

Unregelmäßig
Unberechenbar. Man weiß nie, wann es hungrig oder müde ist; Konflikte beim Essen und Schlafen; die Laune wechselt plötzlich; wacht nachts auf; hat aus unerklärlichen Gründen gute und schlechte Tage.

Negative Ausdauer
Eigensinnig; nörgelt, jammert oder verhandelt endlos, wenn es etwas will; läßt nicht locker, gibt nicht auf; das Kind scheint sich »zu verrennen«; es hat lang anhaltende Wutanfälle.

Niedrige Sensibilitätsschwelle
»Empfindlich« – eher im physischen als im emotionalen Bereich; extrem abhängig von Farben, Licht, Erscheinung, Stoff, Geräuschen, Geruch oder Temperatur (auch von einzelnen dieser Faktoren); »kreativ«, jedoch mit starken und ungewöhnlichen Vorlieben, die zum Teil hinderlich sind; Kleidung muß sich richtig anfühlen und richtig aussehen, was das Anziehen zu einem Problem werden läßt; lehnt bestimmte Nahrungsmittel wegen ihres Aussehens, Geruchs oder Geschmacks ab; heikel beim Essen; wird durch grelles Licht und laute Umgebung beeinträchtigt und überstimu-

liert; weigert sich, sich warm anzuziehen, wenn es draußen kalt ist.

Anfänglicher Rückzug
Scheu und zurückhaltend gegenüber Fremden; mag keine unbekannten Situationen; verweigert sich oder protestiert durch Weinen oder Festklammern; reagiert auf Zwang häufig mit Wutanfällen.

Paßt sich schlecht an
Hat Probleme mit Übergangssituationen und Veränderungen; unflexibel, sehr eigen; bemerkt die geringsten Veränderungen; gewöhnt sich an Dinge und möchte diese nicht mehr aufgeben; hat Schwierigkeiten, sich an Neuerungen anzupassen, möchte z. B. immer und immer wieder dieselben Kleider oder das gleiche Essen.

Negative Laune
Die Grundstimmung ist ernst oder mürrisch; zeigt sein Vergnügen nicht offen, kein »sonniges« Gemüt.

Auswertung

Familie »Ja«		Kind		Ergebnis
0–1	+	3–5 Punkte	=	eigentlich ein einfaches Kind mit einigen schwierigen Zügen
2–3	+	6–12 Punkte	=	schwieriges Kind
4–5	+	13 oder mehr Punkte	=	sehr schwieriges Kind

Vorwort

Eine Art, eine klinische Theorie zu erproben, ist der Test ihrer Anwendbarkeit. Ist sie lediglich eine persönliche Idee, die nur von denen genutzt werden kann, die sie erdacht haben? Oder ist sie breiter anwendbar?

Wissenschaftliche Studien zur kindlichen Entwicklung haben bereits beachtliche Forschungsergebnisse erbracht bezüglich der Bedeutung des Temperaments in den Interaktionsprozessen, die dem Kind die Welt und der Welt das Kind erschließen. Bisher wurden die Erkenntnisse der Temperamentforschung von Kinderpsychiatern noch nicht in breitem Maße in die Praxis umgesetzt, oder es wurde zumindest noch nicht viel darüber berichtet. Dieses Buch beginnt damit, diese Lücke zu füllen.

Dr. Stanley Turecki gehört nicht zu den Pionieren der Erforschung des Temperaments und seiner vielen Aspekte, einer Forschung, die unter dem Titel »New York Longitudinal Study« (NYLS = New Yorker Langzeitstudie) lief, und der Begriff des »schwierigen« Kindes, wie er in diesem Buch verwendet wird, ist nicht identisch mit dem aus der NYLS-Forschung. Dem Sinn nach entspricht er jedoch völlig der »New York Longitudinal Study«, und Dr. Turecki folgte ganz genau unseren Definitionen der individuellen Unterschiede im Temperament.

Die »New York Longitudinal Study« wurde vor etwa dreißig Jahren von Dr. Alexander Thomas und mir ins Leben gerufen, von zwei Psychiatern, die die damaligen Theorien sowohl als unvollständig wie auch als unrichtig befanden. Dr. Thomas arbeitete mit Erwachsenen und ich mit Kindern und Jugendlichen. Als Kliniker beunruhigten uns beide die

simplen und unzureichend gefestigten Begriffe, die dem Umgang und der Haltung der Eltern – insbesondere der Mutter – die Schuld und die Verantwortung für eine Unmenge an kindlichen Verhaltensstörungen zuschrieben. Es war zu offensichtlich, daß es Schwierigkeiten zwischen Eltern und Kindern, Lehrern und Schülern und unter Gleichaltrigen geben konnte. Einige Kinder hatten nur in bestimmten Situationen Schwierigkeiten, während bei anderen Kindern die Schwierigkeiten allgegenwärtig zu sein schienen. Daß eine falsche mütterliche Behandlung immer oder meistens die primäre Ursache war, womit die Mutter die Schuldige war, schien jedoch im Widerspruch zu vielen einzelnen Tatsachen zu stehen. Solche Erklärungen waren nicht nur falsch, sondern beluden unzählige Mütter mit Angst und Schuldgefühlen, ohne ihnen eine klare Anweisung zu geben, wie sie es besser machen könnten. Aus diesen Überlegungen heraus starteten wir 1956 eine Langzeitstudie. Solch eine Studie mußte im frühen Kindesalter beginnen, bevor man wußte, welches Kind später welche Schwierigkeiten haben würde. Dies taten wir, und wir begleiten die NYLS-Gruppe, die jetzt schon aus jungen Erwachsenen besteht, immer noch.
Im Laufe unserer Forschungsarbeit fanden wir heraus, daß bei den Kindern vom frühesten Kindesalter an Temperamentsunterschiede festzustellen waren und daß diese Unterschiede ihre eigenen Auswirkungen auf Eltern und andere hatten. Folglich beeinflußte das kindliche Temperament das Verhalten und die Haltung der Eltern ebenso, wie die Eltern ihre Kinder beeinflußten. Es war eine Wechselwirkung und kein einseitiger Einfluß der Eltern auf das Kind. Wir fanden ebenso heraus, daß jegliches elterliche Handeln, selbst in der besten Absicht, bei manchen Kindern funktionierte, bei anderen aber nicht. Die Ergebnisse hin-

gen nicht allein davon ab, was die Eltern taten, sondern auch vom Temperament des Kindes. Um dem Kind wirklich gerecht zu werden, mußte das elterliche Handeln das individuelle kindliche Temperament berücksichtigen. Wir fanden auch eine Kombination von Wesenszügen heraus, die, proportional gesehen, die Behandlung des Kindes erschwerten. Danach benannten wir die Gruppe des »schwierigen Kindes«.

Dr. Turecki hat den Begriff erweitert, hielt jedoch den Geist aufrecht, in dem er geprägt wurde. Er fand nämlich heraus, daß für einige Eltern gewisse Temperamentseigenheiten besonders anstrengend waren; diese fielen aber nicht immer unter das Schema des »schwierigen Kindes«. So machte z. B. starke Ablenkbarkeit manche Eltern verrückt; oder ein Kind mit niedriger Sensibilitätsschwelle, das sich über den Geschmack von Speisen oder das Tragegefühl von Kleidung beklagt, kann das Essen oder das Anziehen in unerträgliche Auseinandersetzungen verwandeln. Für diese Eltern sind solche Kinder »schwierig«, obgleich andere Eigenarten, die wir als »schwierig« eingestuft hatten, sie eventuell weniger belasten mögen. So machte sich Dr. Turecki, als echter Kliniker, der er ist, daran, für die einzelnen Eltern und Kinder diejenigen Temperamentsfaktoren zu definieren, die auf Schwierigkeiten deuteten. Er begann ebenfalls damit, konkrete Führungstechniken herauszufinden, die die unglückseligen Konsequenzen aus dem kindlichen Verhalten auf ein Minimum reduzierten, während sie dem Kind den Weg offenhielten, um zu reifen, zu lernen und sich anzupassen. Dadurch, daß stürmische und unwirksame Interaktionen durch produktive ersetzt wurden, die dem Temperament des Kindes entsprachen, konnten Eltern und Kinder lernen, sich gegenseitig zu lieben und zu achten.

Nun hat Dr. Turecki seine klinischen Erfahrungen in eine

Form gebracht, in der sie für andere Kliniker, und vorrangig für die Eltern selbst, von Nutzen sind. Die Erfahrungen, über die berichtet wird, betreffen eine Vielzahl verschiedener Typen schwieriger Kinder und deren Eltern. Nicht all diese Kinder haben psychiatrische Probleme. Für diese Kinder drückt der Begriff »Präventivmaßnahme« am besten aus, was für sie getan wird, ähnlich einer Anleitung zu Diät und Lebensgewohnheiten, um Herzkrankheiten zu vermeiden. Die Kinder und Eltern, die in diesem Buch in Erscheinung treten, gehören einer städtischen, westlichen Gesellschaft an, und deshalb ist es vielleicht nicht möglich, ihre Lebensbedingungen und die dazugehörigen Lösungen unverändert auf andere kulturelle Lebensumstände zu übertragen. Die Theorie, daß ein gutes Zusammenspiel zwischen dem elterlichen Handeln und dem kindlichen Temperament von entscheidender Wichtigkeit ist, um dem Kind dabei zu helfen, den Erfordernissen der Gesellschaft zu genügen, trifft auch für andere Kulturkreise zu.

Dr. Turecki hat diese Ideen in einer für die Eltern leicht verständlichen Form dargelegt, ohne jedoch Substanz oder Bedeutung dieses Ansatzes zu verwässern. Sein Rat ist fundiert, vernünftig und praktisch. Er umfaßt gleichzeitig die Essenz der weitläufigen Forschung auf diesem Gebiet während der letzten dreißig Jahre. Ich kann dieses Buch nur wärmstens empfehlen.

Dr. med. Stella Chess
Professorin der Psychiatrie an der
New York University School of Medicine

Eine persönliche Einführung

Ich bin Kinder- und Familienpsychiater und Vater eines ehemals schwierigen Kindes. Jillian ist jetzt elf Jahre alt und hat sich zu einem reizenden und interessanten jungen Mädchen entwickelt, doch ihre frühe Kindheit steht auf einem ganz anderen Blatt.

Das Jahr vor ihrer Geburt war erfolgreich für die Familie. Wir zogen nach New York City, unsere beiden Töchter gingen in die Schule, und meine Frau Lucille war schwanger. Ich hatte meine Ausbildung in der Erwachsenen- und Kinderpsychiatrie beendet, stand mit einem guten Krankenhaus in Verbindung und hatte eine Privatpraxis eröffnet. Wie so viele junge Psychiater suchte auch ich immer noch nach meinem ganz persönlichen Stil. Zwei Männer beeinflußten mich besonders stark.

Dr. Harry Weinstock, ein angesehener Psychoanalytiker und mein Immigrationsbürge, verband immer eine fundierte Theorie mit geradlinigem, praktischem Denken. Ich lernte viel von diesem eleganten Mann von Welt, nicht nur über meinen Beruf, sondern über das Leben im allgemeinen.

Dr. Sol Nichtern war der Mann, der mich während meiner Ausbildung betreute. Bald nachdem ich meine Privatpraxis eröffnet hatte, begann ich, mit ihm zusammenzuarbeiten. Als Kinderarzt und späterer Kinderpsychiater ist er in unserer Berufssparte hoch angesehen. In seiner freundlichen und scharfsinnigen Art versteht er Kinder und deren Entwicklung wie kein anderer Erwachsener. Er hat mich viel Wertvolles gelehrt, darunter auch, auf die Einzigartigkeit eines jeden Menschen einzugehen und dessen Stärken nicht zu unterschätzen.

Jillian kam an einem kalten Wintermorgen Anfang 1974 zur Welt. Schon am ersten Tag bemerkte die Oberschwester der Entbindungsstation: »Die wird einmal schwierig werden.« Jillian war ein unruhiges, gereiztes Baby, das auch in seinen Essens- und Schlafenszeiten vollkommen unberechenbar war, sie schien ständig zu schreien. Weder Lucille, eine erfahrene Mutter, noch die Kinderschwester konnten sie beruhigen. Schlaflose Nächte waren die Regel, so daß, als Jillian sechs Monate zählte, Lucille erschöpft und ich gereizt war, was keine sehr gute Situation für unsere beiden älteren Töchter darstellte. Der Kinderarzt versicherte uns, daß das Baby normal wäre, doch gelegentlich fiel es uns wegen seines unberechenbaren Benehmens schwer, dies zu glauben. Unter Anleitung von Sol Nichtern konnte Lucille eine gewisse Planmäßigkeit erzwingen. Schließlich brachten wir dann doch unter großer Belastung für uns alle Jillians Säuglingsalter hinter uns.
Mit zwei Jahren war Jillians Verhalten, dank der fortwährenden Bemühungen Lucilles, etwas berechenbarer geworden. Doch wenn Jillian verärgert war, folgte immer noch ein sehr lauter und sehr lang anhaltender Wutanfall. Oft war es wirklich schwer zu verstehen, warum sie solch extreme Reaktionen zeigte. Das Ankleiden, das Zubettgehen, Spaziergänge, praktisch jede neue Erfahrung konnte Probleme heraufbeschwören. Meine Ausbildung und Erfahrung als Kinderpsychiater halfen zwar etwas, aber nur allzuoft reagierte ich wie ein ratloser Vater. Es wurde immer schwerer für uns, sie zu disziplinieren. Doch gleichzeitig lernten wir auch langsam, wenigstens einen Teil ihres Verhaltens zu akzeptieren.
Ungefähr zu dieser Zeit, als ich versuchte, mein Kind und dessen verwirrende Reaktionen zu verstehen, las ich noch einmal das Buch *Temperament and Behavior Disorders in Chil-*

dren (Temperaments- und Verhaltensstörungen bei Kindern) von Dr. Stella Chess und Dr. Alexander Thomas über deren New Yorker Langzeitstudie über das Temperament. Hier las ich es plötzlich: die unberechenbaren Eß- und Schlafgewohnheiten, das »Unglücklichsein«, die negativen Reaktionen auf alles Neue, die Probleme mit Übergängen und Wechseln, das Laute; alles war da. Ich las das Buch sehr aufmerksam auf der Suche nach Ideen, wie mit Jillians Verhalten zu verfahren sei.

In den folgenden drei Jahren, bis Jillian in die Grundschule kam, ging es zwar besser, doch nicht durchwegs. Immer noch waren wir manchmal ratlos, doch konnten wir nun mehr Verhaltensweisen als einen Ausdruck von Jillians Temperament verstehen. Wir lernten es, Routine einzuführen, wo immer es möglich war, und Jillian entwickelte sich prächtig. Wir versuchten, ungewohnte Situationen zu meiden, und wenn dies einmal nicht möglich war, bereitete Lucille unsere Tochter behutsam darauf vor. Auch Stärken kamen an den Tag. Jillian konnte unheimlich lustig sein. Sie hatte eine wundervolle Phantasie. Sie verkleidete sich gerne und spielte mit ihren Puppen. Sie besuchte einen sorgfältig ausgewählten Kindergarten mit warmherzigen Kindergärtnerinnen, die sie freundlich aufnahmen und sie ganz offensichtlich mochten. Nun hatte Lucille auch wieder etwas mehr Zeit für sich selbst.

Es blieben jedoch Problembereiche bestehen. Gegenüber Lucille war Jillian äußerst schwierig. Gelegentliche Wutanfälle im Park und an anderen öffentlichen Orten sorgten immer noch für peinliche Situationen. Auf gute Tage im Kindergarten folgten Kämpfe zu Hause. Neben vielen Siegen mußten wir auch Rückfälle verzeichnen. Am Nachmittag konnte sie charmant und entzückend sein, am selben Abend jedoch übel gelaunt und ängstlich; sie freute sich

über eine Einladung zu einem Geburtstagsfest, weigerte sich jedoch bei der Ankunft, von Lucilles Seite zu weichen. Jillian war schwieriger als unsere beiden älteren Töchter zusammen, doch sie war solch ein interessantes Kind, daß das Leben mit ihr niemals langweilig wurde.
Meine gesamten beruflichen Ansichten gerieten in Bewegung. Ein problematisches Verhalten bei Kindern betrachtete ich nicht mehr nur als Reaktion auf ihre Eltern oder als »Entwicklungsphase«. Ich fragte immer mehr nach dem Temperament des Kindes. »Wie ist dieses Kind wirklich? Was für eine Person ist es? Ist es schwer zu erziehen? Welche Wirkung hat es auf seine Familie?« Ich begann zu begreifen, daß viele Eltern-Kind-Probleme *nicht* von den Eltern allein verursacht wurden. Natürlich war die Persönlichkeit der Eltern wichtig und beeinflußte die Kinder, doch beruhte dies auf Gegenseitigkeit. In vielen Fällen verdiente das Kind mehr Beachtung.
Im Jahre 1982 machte Jillian gute Fortschritte in der Grundschule (mehr darüber im Schlußwort dieses Buches). Ich hatte herausgefunden, daß meine Erfahrungen als Vater, zusammen mit einem wachsenden Wissen über Temperamentsfragen, es mir ermöglichten, viel sinnvoller mit den Familien schwieriger Kinder zu arbeiten.
Gegen Jahresende arrangierte es mein Freund Dr. Herbert Porter, daß ich über meine Arbeit vor den Kinderärzten des Lenox-Hill-Krankenhauses in New York City referieren konnte. Ich bat Lucille, mitzukommen und den Ärzten ihre Erfahrungen als Mutter eines schwierigen Kindes mitzuteilen. Der Vortrag stieß auf Interesse, und der Direktor, Dr. Edward Davies, ermutigte mich dazu weiterzumachen, um noch mehr Kinderärzte zu erreichen. Ein Jahr später bat mich Dr. Richard Bonforte, der Direktor für Kinderheilkunde am Beth-Israel-Krankenhaus, wo ich als Kinderpsychiater

arbeitete, vor einer großen Runde zu sprechen. Wiederum nahm Lucille daran teil. Zufällig war auch der Präsident des Krankenhauses, Dr. Robert Newman, anwesend. Er stellte die Frage, ob die Mütter solcher Kinder nicht davon profitieren würden, wenn sie sich zu Fördergruppen zusammenschlössen. Ein Plan begann sich abzuzeichnen: ein Programm für die Familien schwieriger Kinder.

Ich bot den Eltern Bewertung und Führung, während Lucille die Fördergruppen leitete. Sollte mehr Hilfe nötig sein, so konnte ich dank meiner beruflichen Erfahrung einem einzelnen Familienmitglied, dem Ehepaar oder der ganzen Familie weitere Hilfe bieten. Ich schrieb meine Vorschläge nieder und zeigte sie dem Direktor der psychiatrischen Abteilung, Dr. Arnold Winston. Er stimmte dem Plan sofort zu und war uns eine ständige Stütze. Hierfür werde ich ihm immer dankbar sein.

Somit war das »Programm für das schwierige Kind« geboren – sowohl am Beth-Israel-Krankenhaus unter der gemeinsamen Leitung der Abteilungen für Psychiatrie und Kinderheilkunde als auch in meiner Privatpraxis, wo ich auch Lucille damit betraute, Elterngruppen zu leiten. Das Programm fand rasche Verbreitung. Mitte 1984 waren wir so beschäftigt, daß ich eine weitere Angestellte, Carol Sands, in die Prinzipien und Techniken der Arbeit mit den Familien schwieriger Kinder einweihte. 1985 gründete ich das Difficult Child Center, dessen Sitz meine Praxis in Manhattan ist, und stellte einen weiteren Fachmann, Steven Friedfeld, ein. Carol, die als Psychologin in einem Krankenhaus arbeitet, und Steve, ausgebildeter Sozialarbeiter, sind beide auf ihrem Gebiet anerkannt und haben mich sehr unterstützt. Meine Sekretärin und Assistentin Ruth Johnson hat für die Familien, die ins Difficult Child Center kommen, eine sehr angenehme Atmosphäre geschaffen.

Mein dringender Wunsch, Eltern mit schwererziehbaren Kindern zu helfen, hat ganz von selbst dazu geführt, daß ich dieses Buch geschrieben habe. Leslie Tonner, Autorin und selbst Mutter, hat aktiv am Erstellen des Manuskriptes mitgewirkt. Ihr technisches Wissen, ihr schnelles Auffassungsvermögen und ihre Begabung bei der Schilderung alltäglicher Situationen waren sehr hilfreich. Meine Lektorin bei Bantam Books, Tony Burbank, hat ebenfalls zum Erfolg dieses Buches beigetragen. Durch ihre ständige Nähe und Mitwirkung bot sie mir Hilfe und Unterstützung.

Seit *Das lebhafte Kind* 1985 (1988 auf deutsch) zum erstenmal erschien, habe ich nicht aufgehört, ständig von Eltern mit schwierigen Kindern dazuzulernen. Ich habe Tausende von Briefen erhalten und empfange immer noch Eltern in meiner Praxis. Über die Fragen und Antworten, die auf meinen Vorträgen von Eltern und Fachleuten kommen, freue ich mich sehr. Dieses Feedback hat es mir ermöglicht, meine Ideen genauer auszuarbeiten und neue Techniken zu entwickeln. Dieses Wissen ist in die erweiterte, überarbeitete Fassung eingegangen, die ich für die Taschenbuchausgabe meines Buches erstellt habe.

In meiner Doppelrolle als Elternteil und Psychiater fand ich es ungemein lohnend, dieses Buch zu schreiben. Ich hoffe, daß es zu unserem klinischen Wissen beitragen und sich für viele in dieser Berufssparte, die mit schwierigen Kindern zu tun haben, als nützlich erweisen wird.

Letztendlich jedoch habe ich dieses Buch für Sie, die Eltern, geschrieben. Meine Hoffnung ist es, daß Ihnen helfen wird, Ihr schwieriges Kind zu unterstützen, sein individuelles Potential zu begreifen. Ich hoffe, daß auch Sie bald mit derselben Vorfreude und demselben Vertrauen in die Zukunft Ihres Kindes blicken wie Lucille und ich jetzt bei Jillian.

Dr. med. Stanley Turecki

Teil I

Einige Kinder sind von Geburt an schwierig

I. Erkennen Sie dieses Kind?

Matthew hat Probleme mit dem Ein- und Durchschlafen. Der Versuch, ihn in seinem eigenen Zimmer ins Bett zu bringen, kann einen erbitterten Kampf nach sich ziehen. Matthew ist ein schlechter Schläfer, seit er klein ist. Obwohl er ein Nachtlicht, einen Plattenspieler und ein Tonbandgerät hat, um einlullende Lieder abzuspielen, sowie eine Sammlung von Plüschtieren, kommt er doch oft einige Male pro Nacht zu seinen Eltern ins Bett. Wenn es sehr spät ist, dann läßt ihn seine Mutter hineinklettern. Ihr Mann streitet immer mit ihr darüber, doch sie können diese Gewohnheit ihres Kindes nicht abstellen. Matthew hat schon von klein auf schlecht geschlafen und hatte auch seine Probleme mit dem Essen. Seine Mutter setzt ihm ständig gutes, nahrhaftes Essen vor, welches er mit der Begründung ablehnt, daß es ihm nicht schmeckt. Er kann lustig sein, und er kann wunderbare Bilder zeichnen, doch die meiste Zeit ist er ein ernstes, mürrisches Kind. Er ist nicht gerne alleine. Wenn seine Mutter versucht, ein Telefongespräch zu führen, dann unterbricht er sie, und auch seine Eltern läßt er keine Privatunterhaltung führen.

Wenn sie nicht gerade mit Matthew kämpft, dann hat seine Mutter ein schlechtes Gewissen, und er tut ihr leid. Sie weiß, daß sie eigentlich strenger sein sollte, doch wenn sie oder sein Vater versucht, ihn daran zu hindern, in ihr Schlafzimmer zu kommen, oder ihn dazu zu bringen, am Tisch zu sitzen und ordentlich zu essen, dann bekommt der arme kleine, vierjährige Matthew lautstarke und lang anhaltende Wutanfälle. Die Eltern setzen alles daran, um sie abzuwenden; sie haben sogar die Intimität ihres gemeinsamen Bettes aufgegeben. Doch langsam wird alles ein bißchen viel für die Familie: Jeder hat das Gefühl, die Kontrolle an das Kind abgegeben zu haben, und die Eltern sind sich uneinig darüber, wie sie mit ihm umgehen sollen. In ihrer Ehe treten Spannungen auf. Der ältere Bruder, John, beklagt sich, daß sich um ihn niemand kümmert und daß Matthew ihn ständig herumkommandiert.

»Ich kann nicht glauben, daß dies mein Kind ist«, sagt Brians Mutter oft. Sie ist korrekt und ordentlich. Ihr fünfjähriger Sohn ist, seit er krabbeln kann, ein aktives Kind; das Haus ist, trotz ihrer größten Bemühungen, nie aufgeräumt. Brian kann sich zwar eine Weile auf das Fernsehen oder sein Puzzle konzentrieren, doch normalerweise wechselt er ständig seine Beschäftigung und kann nicht stillsitzen. Ob er nun lacht oder weint, immer ist er sehr laut. Er erregt sich sehr schnell, insbesondere in einem lauten Raum, der voller Menschen ist, oder in hellerleuchteten Geschäften oder Märkten. Sein Benehmen in der Öffentlichkeit macht seine Mutter verlegen, und sie merkt, daß sie ihn nicht unter Kontrolle bringt, »weil er nicht auf sie hört«. Er braucht wenig Schlaf, und es ist schwer, ihn abends ins Bett zu bringen, so daß seinen Eltern wenig Zeit für sich selbst bleibt. Die Kindergärtnerinnen betrachten ihn als Störenfried und weisen auf eine eventuell vorhandene »Hyperaktivität« hin, weil er ständig in Bewegung ist und manchmal die Kontrolle über sich verliert. Brians Kinderarzt, der ihn nur aus seiner belebten und vollen Praxis kennt, stimmt dem zu und hat eine medikamentöse Behandlung erwogen.
Vor allem Brians Mutter ist verunsichert und besorgt. Sie hat erst kürzlich ihre Arbeit wiederaufgenommen und fragt sich, ob dies etwas mit Brians Problemen zu tun hat. Wenn

die Schule oder der Babysitter anruft, um von den »Vorfällen des Tages« zu berichten, dann zieht sich ihr Magen zu einem Knoten zusammen. Brian sagt: »Ich bin schlecht«, und sein eigentlich sonniges Gemüt schlägt in eine zornige, mürrische Stimmung um.

Isabel ist ein vierjähriges, bezauberndes Mädchen mit blonden Locken, grünen Augen und einem Pfirsichteint. Im allgemeinen ist sie ein unkompliziertes Kind, das allein spielt und ohne viel Aufhebens ins Bett geht. Sie hat ihren Freundeskreis und ist gut in der Vorschule. Sie scheint ein Kind zu sein, wie man es sich nur wünschen kann, doch wenn man mit ihrer Mutter spricht, so hört man anderes. »Ich weiß nicht, was mit ihr los ist«, sagt sie. »Sie ist so reizend, doch wenn sie beschließt, daß sie irgend etwas nicht anziehen oder essen oder tun will, so kann ich sie nicht überreden. Dann ist sie das störrischste und eigensinnigste Kind, und wenn ich nicht nachgebe, dann folgt ein fürchterlicher Wutanfall.« Was läßt Isabel hochgehen? »Sie trägt nichts, was nicht blaßrot oder rosa ist«, sagt ihre verzweifelte Mutter. »Sie trägt keine Rollkragenpullover oder Latzhosen oder Socken.« Und warum lehnt Isabel all diese Dinge ab? Weil, so sagt ihre Mutter, sich diese Sachen nicht »richtig anfühlen«. Deshalb hat Isabel in ihrem Schrank nur ein paar ausgewählte Sachen; keine Socken, sondern nur Strumpfhosen, weite Blusen und Hosen mit Tunneldurchzug, aber nicht mit Hosengummi. Sie möchte merkwürdige Kombinationen tragen, wie z. B. eine rosagepunktete Hose mit einer lila Bluse. Und Isabels Mutter, die sich elegant und modebewußt kleidet, »sitzt« auf ungetragenen Kleidern im Wert von mehreren hundert Dollar.
Sie ist Abteilungsleiterin eines großen Unternehmens und hat fünfzig Angestellte unter sich. Wieso also, fragt sie sich,

schafft sie es nicht, ihre vierjährige Tochter dazu zu bringen, auf sie zu hören? Ebenso weigert sich Isabel, gewisse Sachen zu essen, sondern besteht auf dem wenigen, das ihr schmeckt; es ist unmöglich, mit ihr auswärts essen zu gehen, es sei denn, das Restaurant bietet Brathähnchen oder Erdnußbutter mit Marmelade an. Die Versuche, ihre Kleidung für die Schule etwas »normaler« zu gestalten oder sie dazu zu bringen, ein richtiges Frühstück zu essen, enden in ausgedehnten Verhandlungen oder Streitereien, manchmal sogar in lautstarken Kämpfen. Und als wäre es damit nicht genug, beschwert sich Isabel auch noch ständig bei ihrer Mutter darüber, wie Dinge aussehen, sich anfühlen und riechen. Ihre Mutter muß sehr viel Zeit dafür aufwenden, damit Isabel Kleider, Essen und Spielsachen findet, die sie nicht »quälen«. Die reizende Isabel macht ihre Mutter verrückt, und Isabel wird ihrer Mutter gegenüber von Tag zu Tag empfindlicher und störrischer.

Bei Rachel zu Hause spricht der Vater im engeren Kreise nur noch von der »Königin«, weil »seine Tochter immer ihren Willen bekommt!« Er versteht nicht, warum seine Frau immer nachgibt. »Sie tut das nur, um Aufmerksamkeit zu erregen«, so glaubt er. Tatsächlich ist Rachel ein Kind, das vor allen neuen Situationen und vor Fremden zurückschreckt. Sie weint, quengelt und hängt wie eine Klette an ihrer Mutter. Ihr Vater meint, daß seine Frau dieses Benehmen noch bestärkt. »Gib ihr ruhig eine richtige Ohrfeige, wenn sie das tut«, so sagt er dauernd. Doch Rachel kann mehr als nur weinen und sich an ihre Mutter hängen. Gelegentlich veranstaltet sie in der Öffentlichkeit Wutausbrüche, und dann weiß ihre Mutter nicht mehr weiter. Sie steht hilflos dabei, wenn ihr Kind »eine Szene macht«. Der Übergang von einer Beschäftigung zu einer anderen kann

in ausgedehnten Kämpfen enden; z. B. vom Fernseher zu Tisch zu kommen, ihren Mantel anzuziehen, um auszugehen, oder den Spielplatz zu verlassen kann in Machtkämpfe ausarten. Wenn sie etwas möchte, dann kann sie stundenlang quengeln, ohne ein »Nein« zu akzeptieren. Wenn sie nicht gerade mit ihrer Mutter kämpft, dann erweckt sie den Anschein eines anhänglichen, eher furchtsamen Mädchens. Gegen Nachmittag ist Rachels Mutter von diesen Kämpfen erschöpft, und sie gibt entweder nach oder bestraft Rachel, je nachdem, wie müde sie selbst ist. Sie weiß, daß sie ihr einjähriges Kind vernachlässigt. Eigentlich ist sie eine eher zurückhaltende Person. Sie weiß, daß sie zu sehr beschäftigt ist und dabei nicht besonders wirksam im Hinblick auf das Kind sein kann, doch gleichzeitig fühlt sie sich in einer Zwickmühle.
Der Arzt bezeichnete Rachel als eine »furchtbare Zweijährige«, doch jetzt ist sie dreieinhalb, und noch immer ist keine Besserung in Sicht. Rachels Vater kann nicht verstehen, wie eine Dreijährige so viel Aufruhr verursachen kann, und gibt seiner Frau die Schuld daran. Ihre Mutter fühlt sich verärgert, inkompetent und ungerecht behandelt.

Wenn Sie Ihr Kind in einer dieser Charakterskizzen wiedererkennen oder aus anderen Gründen meinen, Ihr Säugling oder Kind sei wirklich »schwierig«, dann müssen Sie die folgenden grundlegenden Fakten kennen:

– **Schwierige Kinder sind normal.** Sie sind *nicht* emotional gestört, geisteskrank oder gehirngeschädigt. Wohlmeinende Verwandte oder andere Eltern haben vielleicht angedeutet, »daß irgend etwas mit ihr oder ihm nicht stimmt«. Sie haben sich darüber vielleicht selbst schon viele Sorgen gemacht. Sehen wir dies also von einer neuen Warte aus: »Schwierig« ist etwas ganz anderes als »abnormal«.

- **Schwierige Kinder sind wegen ihrer angeborenen Veranlagung so.** Und diese Veranlagung ist das ihnen eigene Temperament. Sie sind nicht so, weil Sie als Eltern ihnen irgend etwas angetan haben. Es ist nicht Ihr Fehler und auch nicht der Ihres Kindes. Es wollte nicht als schwieriges Kind geboren werden.
- **Schwierige Kinder sind schwer zu erziehen.** Natürlich wissen Sie dies bereits. Aber wenn Sie dies als Lebensgrundlage ansehen, so können Sie besser damit fertig werden. So *ist* Ihr Kind nun einmal, doch wenn Sie es besser verstehen und sein Temperament besser kennenlernen, dann können Sie erfolgreich mit ihm umgehen. Es ist dann viel einfacher zu erziehen.
- **Schwierige Kinder sind nicht alle gleich.** Das Bild ist unterschiedlich und hängt von den Temperamentsbereichen ab, die ins Spiel kommen. Schwierige Kinder an sich reichen vom einfach zu handhabenden Kind mit einigen schwierigen Charakterzügen bis zum Extrem des sehr schwierigen, vielleicht sogar unmöglichen Kindes.
- **Schwierige Kinder bringen ihre Eltern dazu, sich verärgert, inkompetent oder schuldig zu fühlen.** Diese elterlichen Gefühle können zu einem der größten Probleme führen, das man mit schwierigen Kindern hat, nämlich dem der unwirksamen Strafe. Die Eltern glauben, ihre Autorität eingebüßt zu haben und daß ihr Kind nicht mehr »auf sie hört«. Dies führt dann, oft erfolglos, dazu, daß die disziplinären Maßnahmen verschärft werden.
- **Schwierige Kinder können eine Ehekrise heraufbeschwören, Zwietracht in der Familie säen, Probleme mit Geschwistern auslösen und am Ende selbst emotionale Probleme haben.**

– **Aus schwierigen Kindern können positive, enthusiastische, vielleicht sogar kreative Menschen werden, wenn sie in ihrer Jugend richtig geführt wurden.** Ihnen dies beizubringen ist ja das Ziel dieses Buches.

Der erste und grundlegendste Sachverhalt, den Sie verstehen müssen, ist das Temperament Ihres Kindes und wie seine individuellen Wesenszüge sein Benehmen von frühester Kindheit an prägen.

Was ist Temperament?

Temperament ist die natürliche, angeborene Verhaltensweise eines jeden Individuums. Es ist das *Wie* des Verhaltens, nicht das Warum. Es sollte nicht mit Motivation verwechselt werden. Die Frage ist nicht »Warum verhält er sich so oder so, wenn er keinen Keks bekommt?«, sondern eher: »Wenn er keinen Keks bekommt, wie drückt er dann sein Mißfallen aus? Schmollt er? Quengelt oder beklagt er sich? Oder schreit er und schlägt um sich?« Diese Verhaltensweise ist angeboren und unterliegt nicht dem Umwelteinfluß. Die Umwelt und Ihr Verhalten als Eltern können das Temperament beeinflussen und mit ihm zusammenspielen, doch ist sie nicht der Grund der Temperamentscharakteristika.

Jedes Kind hat sein eigenes Temperament, welches wiederum eine Konstellation von neun Charakteristika oder Wesenszügen ist. Diese wurden das erste Mal von Dr. Alexander Thomas, Dr. Stella Chess und Dr. Herbert Birch von der New Yorker Universität in deren bahnbrechender New Yorker Langzeitstudie definiert. Dieses Projekt begann 1956 und läuft immer noch; es begleitete 133 Personen vom

Kindesalter bis ins frühe Erwachsenenalter hinein. Ziel dieser Studie war es, individuelle Temperamentscharakteristika eines jeden Kindes herauszustellen und zu verfolgen, während sich die Kinder entwickelten und mit ihrer Umgebung interagierten. Die neun Temperamentszüge lassen sich wie folgt beschreiben:

1. **Aktivitätsebene.** Wie aktiv ist das Kind im allgemeinen von früher Kindheit an?
2. **Ablenkbarkeit.** Wie leicht läßt sich das Kind ablenken? Kann es sich konzentrieren?
3. **Intensität.** Wie laut ist das Kind normalerweise, wenn es glücklich oder unglücklich ist?
4. **Regelmäßigkeit.** Wie berechenbar sind die Verhaltensmuster des Kindes, z. B. Schlaf, Appetit und Verdauung?
5. **Ausdauer.** Wie lange ist das Kind in der Lage, sich mit einem Gegenstand zu beschäftigen (positive Ausdauer)? Wie unnachgiebig oder störrisch ist es, wenn es etwas möchte (negative Ausdauer)?
6. **Sensibilitätsschwelle.** Wie reagiert das Kind auf Sinneseindrücke: Lärm, grelles Licht, Farben, Gerüche, Schmerzen, warmes Wetter, Geschmack, den Stoff und das Tragegefühl von Kleidung? Ist es leicht irritierbar? Kann man es leicht überstimulieren?
7. **Annäherung/Rückzug.** Wie reagiert das Kind spontan auf Neues, neue Orte, Leute, Speisen, Kleidung?
8. **Anpassungsfähigkeit.** Wie kommt das Kind mit Übergangssituationen und Wechseln zurecht?
9. **Launen.** Welche Grundlaune hat das Kind? Herrschen positive oder negative Reaktionen vor?

Wenn man diese neun Wesenszüge versteht, kann das Temperament eines jeden Kindes in jedem Bereich in einer

Abstufung von sehr leicht bis sehr schwierig klassifiziert werden.

Nehmen wir z. B. die angeborene Aktivitätsebene eines Kindes. Normalerweise ist das Kind bei zunehmender Aktivität auch zunehmend schwieriger zu handhaben. Daraus folgt natürlich, daß, je mehr Wesenszüge unter die Klassifizierung »schwierig« fallen, es um so schwieriger wird, das Kind zu erziehen.

Das vom Temperament her schwierige Kind

Ganz allgemein kann jedes Kind einem der folgenden Bereiche zugeordnet werden:

Temperamentszüge	leicht	schwierig
Aktivitätsebene	niedrig	hoch
Ablenkbarkeit	niedrig	hoch
Intensität	niedrig	hoch
Regelmäßigkeit	regelmäßig	unregelmäßig
Negative Ausdauer	niedrig	hoch
Sensibilitätsschwelle	hoch	niedrig
Annäherung/Rückzug	Annäherung	Rückzug
Anpassungsfähigkeit	gut	schlecht
Laune	positiv	negativ

Je nachdem, wie viele Temperamentsbereiche auf das »schwierige« Ende des Spektrums entfallen und bis zu welchem Grad das hieraus resultierende Verhalten für die Eltern ein Problem darstellt, kann es eine Familie mit einem Kind zu tun haben, das

- *eigentlich leicht zu behandeln ist, jedoch einige schwierige Züge hat:* Die Eltern kommen zurecht, müßten jedoch einige Techniken im Umgang und Prinzipien in der Disziplin lernen.
- *schwierig ist:* Das Kind ist schwer zu erziehen, auf der Mutter und normalerweise auf der ganzen Familie lastet Druck.
- *sehr schwierig ist:* Kind und Familie haben Probleme.
- *unmöglich* ist, ein sogenannter *»Mutterkiller«*: Diese Beschreibung sagt alles.

Was soll das bedeuten: »Er ist normal«?

Wenn Sie ein wirklich schwieriges Kind haben, dann haben Sie sich vielleicht schon gefragt, ob es immer noch als »normal« angesehen werden kann, wenn es sich so benimmt, wie es der Fall ist.
Ich glaube ganz bestimmt, daß man nicht Durchschnitt sein muß, um als normal zu gelten. Sie sind aber auch nicht abnormal, nur weil Sie schwierig sind. Für mich beinhaltet die Abnormalität eine klar diagnostizierbare Störung. Die Menschen sind alle unterschiedlich, und eine große Vielfalt von Charakteristika und Verhaltensweisen fällt in den Bereich des Normalen.
Betrachten wir zum Beispiel drei in etwa gleich intelligente und motivierte Achtjährige, die ihre Hausarbeiten machen. Eines wird ruhig dasitzen und konzentriert arbeiten; das zweite wird Anlaufschwierigkeiten haben, doch wenn es einmal in Gang gekommen ist, wird es so von seiner Tätigkeit gefangengenommen werden, daß es schwer sein wird, es wieder zu stoppen; das dritte Kind wird ohne Zögern sofort anfangen, doch es wird sich immer wieder leicht

ablenken lassen und mit kleinen Pausen arbeiten. Keines dieser Verhaltensmuster ist »normaler« als die anderen. Sie sind nur einfach unterschiedlich.
Es gibt jedoch viel mehr schwierige Kinder, als Sie vielleicht vermuten. Die New Yorker Langzeitstudie befand zehn Prozent der normalen untersuchten Kinder als schwierig, wobei die Autoren jedoch in ihre Definition eines schwierigen Kindes weder die hohe Aktivitätsebene noch die Ablenkbarkeit, noch die niedrige Sensibilitätsschwelle mit einbezogen. Wenn man also eine konservative Schätzung vornimmt, dann wären aufgrund dieser Charakteristika weitere zehn Prozent aller Kinder schwierig. Somit kommen wir, über den Daumen gepeilt, auf einen Anteil von zwanzig Prozent aller Kinder unter sechs Jahren, die ein schwieriges Temperament haben und schwer zu erziehen sind. Legt man diesem Ergebnis die letzten Volkszählungen zugrunde, so kommt man in den Vereinigten Staaten auf etwa drei bis vier Millionen schwierige Kinder. Und wenn wir die eigentlich einfachen Kinder, die einige wenige schwierige Charakterzüge tragen, mit einbeziehen, dann erhalten wir noch eine viel größere Anzahl.

Was ist der Grund für ein schwieriges Temperament?

Niemand weiß genau, was der Grund hierfür ist. Ganz sicher spielt ein genetischer Faktor eine Rolle, genauso wie bei der Augen- oder Haarfarbe. Ich bitte oft die Eltern des »Programms für das schwierige Kind«, ihre eigenen Eltern danach zu fragen, wie sie als Kinder waren. Sie waren erstaunt darüber zu erfahren, daß ihre Mütter und Väter Züge an ihnen entdeckt hatten, die denen sehr ähnlich waren, die sie an ihren Nachkommen festgestellt hatten. Dies scheint darauf hinzudeuten, daß die Vererbung eine Rolle spielt, und auch die Forschungsarbeiten mit eineiigen Zwillingen unterstützen diese Schlußfolgerungen, obwohl man nicht behaupten kann, daß jedes einzelne Charakteristikum von den Eltern auf das Kind übergeht.

Mittlerweile ist auch erwiesen, daß viele persönliche Charakterzüge mit biologischen Komponenten zusammenhängen. Die Natur, so beginnen wir langsam zu verstehen, ist genauso wichtig wie die Erziehung. Genetische Einflüsse, die Gehirnstruktur und die neurologische Entwicklung tragen stark dazu bei, wie wir als Kind sind und als Erwachsene sein werden. Z.B. extreme Furchtsamkeit oder Angst, Führungsqualitäten, Wagemut, Autoritätsgläubigkeit – alle diese Neigungen scheinen mit persönlichen Veranlagungen zusammenzuhängen.

Die Rolle der Faktoren während der Schwangerschaft ist noch ungeklärt. Bei Kindern mit einer sehr hohen Aktivitätsebene, insbesondere bei denen, die laut Diagnose »eine Konzentrationsschwäche« haben oder »hyperaktiv« sind, fällt ein leicht erhöhtes Auftreten von Schwangerschafts- und Geburtsproblemen auf. Ein hoher Prozentsatz dieser Kinder sind Jungen. Unter allen anderen Formen von schwierigen Kindern findet man genauso viele Jungen wie Mädchen.

Schwierige Kinder können vom Intellekt her niedrig, durchschnittlich, sehr begabt oder überragend sein. Es besteht auch keine Verbindung zwischen Temperament und Intelligenz. Genausowenig ist ein Zusammenhang damit, an welcher Stelle in der Geschwisterreihenfolge sich die Kinder befinden, oder mit der sozialen Klasse festzustellen.

Ein höchst interessanter, wenn auch wissenschaftlich noch nicht ganz erwiesener Zusammenhang besteht zwischen

Temperament und Allergien, insbesondere Lebensmittelallergien. Eine gewisse Anzahl schwieriger Kleinkinder ist allergisch auf Milch. Später tendieren sie eher zu Ohren- und Rachenentzündungen. Einige Eltern stellen eine Verbindung fest zwischen Zeiten, in denen das Verhalten extrem schwierig ist, und dem Konsum bestimmter Speisen, vor allem solchen, die einen hohen Zuckergehalt oder eine große Menge künstlicher Zusätze aufweisen. Im allgemeinen werden die Forderungen der Verfechter der Nahrungstheorie zwar als übertrieben angesehen, doch es gibt einige Ärzte, die glauben, daß es einen Zusammenhang zwischen Nahrung und Verhalten gibt; und schließlich wird niemand der Forderung widersprechen, unsere Kinder möglichst vor chemischen Zusätzen, Pestiziden und anderen Umweltgiften zu schützen und sie mit einer ihrer gesunden Entwicklung möglichst förderlichen Nahrung zu versorgen. Auch eine unregelmäßige neurologische Entwicklung kann ein Faktor sein. Während sich einfache Kinder recht gleichmäßig entwickeln, zeigen schwierige Kinder häufig Unregelmäßigkeiten. Sie können auf bestimmten Gebieten bereits sehr reif sein, während sie sich andererseits jedoch noch sehr kindlich und unreif verhalten, was immer wieder zu Überreaktionen führt. Unvermittelte Kontrolle, die von der Reife einiger Teile des Gehirns abhängt, ist bei hochaktiven Kindern meist nur schwach entwickelt. Ein unregelmäßiger Schlafrhythmus, eine späte Kontrolle über die Blase und ein schwach entwickeltes Sprach- und Lernvermögen sind bei schwierigen Kindern keine Seltenheit. Viele dieser Kinder beeindrucken mich durch ihren hohen Grad an Ausgelassenheit, wie man sie von Rennpferden her kennt. Sie besitzen diese Eigenschaft von klein auf, meist schon als Säugling. All diese Merkmale haben etwas mit der neurophysiologischen Entwicklung des Kindes zu tun.

Ich jedoch empfehle den Eltern dringend, die Suche nach Gründen nicht zur Manie werden zu lassen. Das Wichtigste, was Sie wissen sollten, ist: Es gibt überhaupt keinen Beweis dafür, daß die Art der elterlichen Behandlung das schwierige Temperament des Kindes bewirkt. Welche Faktoren auch immer dazu führen mögen, die Kinder, darunter auch die schwierigen, sind Individuen bezüglich ihrer psychischen Charakteristika und Fähigkeiten sowie auch bezüglich ihres Temperaments.

Meinen Sie, mein Kind tut dies nicht absichtlich?

Genau. Ihr Kind ist nicht »böse«, um Sie zu ärgern. Unglücklicherweise ist es ganz normal, daß Eltern ihren Kindern Motive zuschreiben, vor allem wenn sie das Verhalten ihres Kindes verwirrt. Lois, eine junge Mutter, war jeden Abend beim Zubereiten des Abendessens sehr ängstlich, weil sie nie wußte, ob ihre Tochter Marcie das Essen akzeptieren oder ablehnen würde. Lois begann allmählich daran zu glauben, daß, je mehr sie sich bemühte, Lieblingsspeisen ihrer Tochter zuzubereiten, diese das Essen um so schneller absichtlich ablehnte, weil sie wußte, wie sehr sich ihre Mutter bemüht hatte. Lois blieb verborgen, daß ihre Tochter Marcie jeden Abend zu einer anderen Zeit hungrig war – einmal um 7 Uhr abends, am nächsten um 9 Uhr, am folgenden nachmittags um 4.30 Uhr. Marcies unregelmäßiger Appetit war der Grund dafür, daß sie sich nicht jeden Abend zur gleichen Zeit hungrig an den Tisch setzen konnte. Sie wollte ihrer Mutter keinen Strich durch die Rechnung machen, sie wollte ganz einfach nicht jeden Abend um 6 Uhr zu Abend essen. Wenn Lois jedoch zur Essenszeit eine große Szene daraus machte, damit sich Marcie zu Tisch setzte und ihr Essen aß, was in einem größeren Kampf endete, so mußte Marcie natürlich unweigerlich erkennen, daß die Essensverweigerung ein Mittel war, ihren Willen durchzusetzen, und so kam Motivation mit ins Spiel.

Der Teufelskreis

Schwierige Kinder neigen dazu, in gewisse Verhaltensmuster zu verfallen, doch so ergeht es auch den Eltern als Reaktion auf das schwierige Verhalten. Dies kann dazu führen, daß sich diese Wesenszüge im Kind stärker herausbilden.

Nehmen wir den Fall des kleinen Evan, der ein Paar Rollschuhe haben und das Rollschuhlaufen lernen wollte. Sein Vater, der Evan gerne einen Gefallen tun wollte, weil das Kind normalerweise selten Freude oder Gefallen an irgend etwas bekundete, strengte sich mächtig an und ging in verschiedene Geschäfte, um die teuersten und auffälligsten Rollschuhe zu kaufen, die er finden konnte. Als er das Geschenk nach Hause brachte und es seinem Sohn überreichte, nahm Evan es fast kommentarlos mit auf sein Zimmer. Der Vater war wütend. »Wie kann er mir das antun? Ich bin in vier Geschäfte gegangen und habe ihm die besten Rollschuhe gekauft, die in der Stadt aufzutreiben waren.« Als Reaktion auf diesen Wutanfall seines Vaters schmiß sein Sohn die Rollschuhe auf den Boden und fing an zu schreien und zu weinen. Der Vater hatte nicht erkannt, daß der Charakter seines Sohnes auf dessen »negativer Laune« beruhte und daß bereits ein leichter Ausdruck von Freude bei diesem Kind das gleiche ist, als wenn ein anderes Kind vor Freude jauchzt. Evan tut dies nicht »absichtlich«, weil sein

Vater sich große Mühe gab. Doch wenn sein Vater weiterhin so ärgerlich reagiert, so wird vielleicht Evans negative Laune durch das Verhalten seines Vaters noch bestärkt.

Schwierige Kinder erzeugen durch ihr Verhalten in ihrer Umgebung einen sogenannten »Welleneffekt«. Wie bei einem Stein, der in einen Teich geworfen wird, verbreitet sich der Eindruck, den das Kind hinterläßt, in sich erweiternden Kreisen. Zuerst trifft er die Mutter, dann die restliche Familie und zuletzt seine übrige Umgebung wie die weitläufige Verwandtschaft, Nachbarn, Gleichaltrige, Schule, wobei die Wirkung mit zunehmender Weite der Kreise abnimmt.

Schwierige Kinder beeinflussen jedoch nicht nur ihre Umgebung, sondern sie selbst werden ebenso durch die Reaktion maßgeblicher Menschen um sie herum beeinflußt. Da die Eltern ihr schwieriges Kind nicht verstehen, können sie nicht auf altbekannte Methoden der Kindererziehung und der Disziplin zurückgreifen. Mütter fühlen sich verärgert und schuldig. Eltern verlieren ihre Autorität. Wirkungslose Strafe unterstützt vielmehr das schwierige Verhalten des Kindes, was wiederum Machtkämpfe schürt. Schließlich ist die gesamte Familie in diesen Teufelskreis hineingeraten, und so kann es bis zu einem gewissen Grad auch anderen Leuten gehen, die Umgang mit dem schwierigen Kind haben.

Der Abnutzungseffekt

Wie wirkt das auf das Kind? Hier ist der Begriff »Abnutzung« am Platz. Auf Grund der andauernden Reibereien zwischen dem schwierigen Kind und seinen Eltern kann das Kind gewisse sekundäre Probleme entwickeln. Ein schwieriges Kind ist oft anhänglicher und ängstlicher als andere Kinder

seines Alters. Es kann regelmäßig Alpträume haben oder sich generell so benehmen, als ob seine Gefühle leicht verletzbar wären. Es kann aber auch griesgrämig sein.
Der Abnutzungseffekt, der mich am meisten beschäftigt, ist das Problem der Selbsteinschätzung, das manche dieser Kinder haben. Sie scheinen sich selbst nicht zu mögen; sie sagen sogar: »Ich bin schlecht.« Ein schlechtes Bild von sich selbst manifestiert sich auch in anderen Bereichen. Einige dieser Kinder sind zu sehr auf das Gewinnen fixiert oder darauf, als Bester abzuschneiden. Sie betrügen oft bei Spielen. Sie sind Perfektionisten, und man kann sie leicht frustrieren. Sie können sich über sich selbst wegen der kleinsten Fehler aufregen oder riesige Enttäuschung wegen eines kleinen Rückschlags an den Tag legen. Paradoxerweise besitzen verwöhnte Kinder, die sich zu Hause wie kleine Tyrannen benehmen, in der Regel kein besonders großes Selbstbewußtsein. Solch ein Verhalten wird nicht durch das Temperament bestimmt, sondern es wird regelmäßig bei schlecht geleiteten Kindern beobachtet. Wenn die Eltern dann ihre Erziehungsweise ändern und die Familienatmosphäre sich bessert, so bessert sich normalerweise auch dieses Abnutzungsverhalten. Es tritt also in Verbindung mit diesem Teufelskreis auf und ist kein Indikator für tiefergehende emotionale Probleme. Wenn jedoch dieser Teufelskreis nicht durchbrochen wird, so wird das Kind ernsthaften Schaden erleiden, und gerade diese späteren Emotions- und Verhaltensprobleme versuchen wir zu verhindern. Diese Art der Vorbeugung gegen zukünftige Probleme bei Kindern und Familienmitgliedern ist vielleicht das grundlegende Ziel dieses Buches.

Wie sind schwierige Kinder in den verschiedenen Altersstufen?

Mit den verschiedenen Altersstufen ändert sich die Art, in der sich das Temperament des schwierigen Kindes ausdrückt. Einige Züge kommen im Kleinkindalter nicht zum Tragen. Andere verstärken sich mit dem zunehmenden Alter des Kindes. Der Teufelskreis und die Abnutzungseffekte bei Kind und Familie verstärken sich ebenfalls mit dem zunehmenden Alter des Kindes.
Hier werden einige Beispiele schwieriger Charakterzüge in verschiedenen Altersstufen gegeben. Denken Sie aber daran, daß Ihr Kind nicht jeden dieser Charakterzüge hat und nicht jeder dieser Züge in jeder Situation zutage tritt.

Säuglinge (bis 12 Monate)

Jetzt gibt es noch keine Kraftproben zwischen Mutter und Kind, doch kann diese Periode durch Erschöpfung, Eheprobleme und Spannungen innerhalb der Familie gekennzeichnet sein. Die meisten Eltern eines sehr schwierigen Säuglings fühlen, daß irgend etwas mit dem Baby nicht stimmt. Einige Eltern wechseln den Kinderarzt auf ihrer Suche nach einer Antwort.

- *Hohe Aktivitätsebene:* Ein extrem unruhiges, sich windendes, energisches Baby.
- *Schlechte Anpassungsfähigkeit:* Reagiert negativ auf Änderungen des Gewohnten.
- *Anfänglicher Rückzug:* Protestiert, wenn es mit neuen Speisen, neuen Orten oder neuen Leuten das erste Mal in Berührung kommt.
- *Hohe Intensität:* Schreit vor Freude oder Verzweiflung. Ein »lautes Baby«.

- *Unregelmäßigkeiten:* Essens- und Schlafenszeiten sind sehr schwer einzuhalten. Ein »unberechenbares Baby«.
- *Niedrige Sensibilitätsschwelle:* Ist leicht durch Geräusche, Licht und die Beschaffenheit der Kleidung irritierbar. Ein sensibles, »nervöses Baby«.
- *Negative Laune:* Macht Theater, wimmert oder schreit viel. Ein »unglückliches Baby«.

Eltern erinnern sich im allgemeinen an das ständige laute Geschrei und die schlaflosen Nächte. Die Mütter beschreiben es häufig als schwierig, ihre Kinder zu beruhigen. Eine detailliertere Beschreibung schwieriger Säuglinge finden Sie in Kapitel 10.

Kinder von 12 bis 48 Monaten

Jetzt wird es schwieriger, das Kind zu behandeln. Dies ist die Zeit um die »schrecklichen zwei Jahre« herum, die große Probleme schaffen. Alle Kinder durchlaufen eine negative Periode und sind in dieser Zeit schwer zu handhaben. Viel an diesem Verhalten hat damit zu tun, daß das Kind seine Persönlichkeit entwickelt, seine ersten Versuche macht, sich selbst als unabhängig von seiner Mutter zu sehen. Praktisch jedes Kind durchläuft diese Phase, aber bei einem schwierigen Kind ist dies nicht »bloß eine Phase«, sondern eher ein dauerhafter Ausdruck seines Temperaments. Negative elterliche Antworten darauf sowie ehelichen Streß und Familienspannungen vertiefen sich. Bei einem schwierigen Dreijährigen drücken sich die verschiedenen Charakterzüge folgendermaßen aus:

- *Hohe Aktivitätsebene:* Kommt erst zum Vorschein, wenn das Kind zu krabbeln beginnt; Eltern sagen gerne »er lief, bevor er gehen konnte«; das extrem aktive Kind ist ständig in Bewegung, kommt auf Touren. Das Haus muß gründlich kindersicher gemacht werden, weil das Kind immer mit irgend etwas in Konflikt gerät. Es ist leicht übererregt, kann wild werden und die Beherrschung verlieren. Es ist impulsiv und haßt es, eingesperrt zu werden. Sein Verhalten macht sich im Kindergarten, im Umgang mit Gleichaltrigen und in der Öffentlichkeit bemerkbar.

– *Ablenkbarkeit:* Das Kind hat Schwierigkeiten, sich zu konzentrieren, und scheint nicht »zuzuhören«. Dies ist bei Kleinkindern nicht ungewöhnlich, doch geht es hier um das Ausmaß. Das Kind kann sich vielleicht nicht einmal für kurze Zeit konzentrieren. Es ist vergeßlich und unordentlich.
– *Negative Ausdauer und schlechte Anpassungsfähigkeit:* Das Kind ist störrisch, dickköpfig und hat eindeutige Vorlieben. Einmal an bestimmte Dinge gewöhnt, möchte es diese nicht mehr verändern. Es scheint stur zu sein und sich zu verrennen; es hat auch Probleme damit, die Beschäftigung zu wechseln (erst will es z. B. nicht auf den Spielplatz gehen, doch dann möchte es nicht mehr nach Hause zurückgehen, ohne eine Szene zu machen); und wenn dieses Kind etwas will, dann hört es nicht auf, zu nörgeln oder zu quengeln, solange sein Wunsch nicht erfüllt wird. Es kann sehr eigen sein, wenn die Dinge nicht genauso sind, wie sie sein sollen.

Diese Weigerung nachzugeben und die Unfähigkeit zur Veränderung hat auch eine positive Seite. Ein sehr ausdauerndes Kind ist in der Lage, sich mit einer Sache, die ihm Spaß macht, länger zu beschäftigen, z. B. mit Legosteinen, einem Puzzle oder seinem Lieblingsfernsehprogramm (das das Kind vielleicht jede Woche sehen muß). Dies ist ein wahrer Segen für die Eltern. Es erklärt aber auch eine Tatsache, die die Eltern oft verwirrt: die leichte Ablenkbarkeit (wenn ihm eine Beschäftigung nicht gefällt), gepaart mit langer Ausdauer, positiver oder negativer Art (wenn es etwas wirklich will).

– *Anfänglicher Rückzug:* Die erste Reaktion des Kindes auf Fremde, neue Orte, neue Babysitter – also auf jede neue Erfahrung – ist, sich zurückzuziehen; das charakteristische Verhalten hierbei ist, sich festzuklammern und das Sprechen zu verweigern. Vielleicht wird das Kind ärgerlich oder bekommt einen Wutanfall. Es lehnt vielleicht neue Speisen oder neue Kleidung ab.
– *Hohe Intensität:* Sie manifestiert sich in der Lautstärke beim Lachen, Weinen und in erregtem Zustand. Im Haus ist es niemals ruhig.
– *Unregelmäßigkeit:* Die Essens- und Schlafprobleme aus dem Säuglingsalter dauern an, doch nun wird der Kampf um die Schlafenszeit auffällig; dem Kind können keine spezifischen Schlafenszeiten aufgezwungen werden, weil es nicht immer zur selben Zeit müde ist; manchmal wacht es während der Nacht auf und ist dann regelmäßig bei den Eltern im Bett. Unregelmäßiger Appetit erscheint mehr als Eigensinn. Die Gewöhnung an den Topf kann schwierig sein, weil die Verdauung unregelmäßig ist. Die Laune kann sich plötzlich und unvorhergesehen ändern.
– *Niedrige Sensibilitätsschwelle:* Machtkämpfe oder Wutanfälle werden von Kleidung ausgelöst, die sich nicht richtig anfühlt. Schuhbänder müssen wieder und wieder neu gebunden werden, Etiketten müssen aus der Kleidung entfernt werden; übermäßige Empfindlichkeit gegenüber Lärm, Licht oder Gerüchen kann der Fall sein; das Kind bemerkt die geringste Veränderung im Geschmack einer Speise. Es weigert sich, mitten im Winter eine warme Jacke zu tragen, mit der Begründung, das sei ihm zu

heiß; oder aber es läuft zu Hause nur in der Unterwäsche herum. An Plätzen mit vielen Menschen wird es leicht überreizt. Gleichzeitig ist es ein äußerst aufgewecktes, oft sehr kreatives Kind mit ungewöhnlichen und interessanten Vorlieben.
– *Negative Laune:* Die Grundlaune des Kindes ist ernsthaft, düster oder griesgrämig; es bekundet niemals offen Freude; es scheint ein unglückliches Kind zu sein.

Generell beschreiben die Mütter schwieriger Kleinkinder diese als störrisch und widerspenstig. Machtkämpfe sind an der Tagesordnung, und oft gibt es laute und lange Wutausbrüche. Die Eltern werden regelmäßig von ihren Kindern in der Öffentlichkeit brüskiert.

Kinder von 4 bis 6 Jahren

Die Eltern erwarten, daß das Kind im Alter von vier Jahren etwas leichter zu handhaben ist. Doch das schwierige Kind ist immer schwieriger zu bändigen. Der Teufelskreis wird nun vielleicht so richtig innerhalb der Familie sichtbar, und das sehr schwierige Kind wird leicht lustlos und reizbar. Es quengelt, nörgelt oder beklagt sich vielleicht dauernd und verlangt mehr und mehr Aufmerksamkeit. Probleme mit dem Bild, das es von sich selbst hat, werden offenkundig.
Der Eintritt in den Kindergarten bringt für die Eltern mancher schwieriger Kinder neue Ängste mit sich. Das höchst aktive, ablenkbare Kind hat Probleme mit dem Stillsitzen, mit der Aufmerksamkeit und damit, in Reih und Glied zu stehen. Seine Impulsivität und schlechte Selbstbeherrschung verursachen Probleme mit den Erziehern und den anderen Kindern. Schlecht anpassungsfähige Kinder haben Probleme mit dem Teilen und damit, die Beschäftigung zu wechseln, während andere Kinder, die sich zurückziehen,

am Rande stehen und nicht mitmachen. Das Kind mit der niedrigen Sensibilitätsschwelle zieht tagaus, tagein dieselbe Kleidung an oder trägt komische, unpassende Kleider, die es als »anders« erscheinen lassen.
Einige schwierige Kinder werden mit dem Eintritt in den Kindergarten aber auch unkomplizierter, falls dieser eine positive Erfahrung für sie darstellt; eventuell sind sie im Kindergarten leichter zu handhaben als in der Schule.

Wie wirken diese Wesenszüge zusammen?

Normalerweise sind schwierige Kinder in mehr als einem Temperamentsbereich schwierig, und diese Wesenszüge greifen ineinander über. Schauen wir uns an einem Beispiel an, wie drei Temperamentsbereiche bei der Reaktion auf ein neues Kleidungsstück zusammenspielen können.
Die Mutter ist ganz aufgeregt; sie hat gerade ein Paar Patchwork-Kinderjeans in der Lieblingsfarbe ihrer Tochter, nämlich Lavendel, entdeckt. Sie bringt dieses Geschenk mit nach Hause und gibt es ihrer kleinen Tochter in der Annahme, daß dieses Geschenk ihr endlich gefallen wird, denn sie ist sehr eigen mit ihrer Kleidung. Die erste Reaktion des Mädchens ist »Sie gefallen mir nicht!« *(anfänglicher Rückzug)*. Ihre Mutter ist überrascht und traurig, doch sie beschließt, ihre Tochter nicht zu zwingen, das Geschenk anzunehmen, läßt die Jeans in deren Zimmer und geht in die Küche. Nach fast einer Stunde kommt die Tochter und sagt, daß die neuen Jeans gar nicht so übel wären, sie will eigentlich nur das, was sie gerade anhat, nicht ausziehen, um die neuen Sachen anzuprobieren. »Mami, mir gefallen diese neuen Patchwork-Jeans schon.« »Warum probierst du sie dann nicht?« meint die Mutter. »Weil ich meine eigenen Hosen

lieber mag. Ich bin noch nicht an die neuen gewöhnt«, antwortet das Kind *(schlechte Anpassungsfähigkeit).* Gegen Abend hat sich das kleine Mädchen endlich dazu entschlossen, ihre eigenen alten Hosen auszuziehen und die neuen anzuprobieren. Ihre Mutter ist hocherfreut. Das Kind mag das Geschenk. Die Mutter hilft ihrer Tochter bei der Anprobe und macht den Reißverschluß zu. In diesem Moment zieht das Kind ein Gesicht und sagt: »Sie fühlen sich nicht gut an. Ich hasse sie. Sie sind zu steif. Ich möchte sie ausziehen.« *(niedrige Sensibilitätsschwelle)*

Das kleine Mädchen aus diesem Beispiel schreckt vor neuen Situationen zurück; es kann sich nur schlecht anpassen und hat eine niedrige Sensibilitätsschwelle, was es sehr empfindsam gegenüber dem macht, wie sich gewisse Dinge anfühlen. Die Jeans sind *neu,* was schon das erste Problem ist. Als sich das Kind endlich an sie gewöhnt hat, kann es sich nur sehr schwer an den Gedanken gewöhnen, die Hosen zu wechseln; als es sie endlich wechselt, sind die Jeans *steif, geplättet* und *gestärkt,* ganz im Gegensatz zu ihren eigenen, schönen, eingetragenen Kleidern. Die Reaktion eines solchen Kindes ist vielleicht ähnlich, wenn man ihm eine neue Speise statt einer gewohnten anbietet oder wenn man es an einen neuen Ort mitnimmt. Dieses Zusammenspiel verschiedener Temperamente kann viele spannungsgeladene Situationen heraufbeschwören, wobei das Kind durch das Zusammenwirken der Reaktionen immer aufgeregter wird und die Eltern immer ärgerlicher und hilfloser, weil das Kind überall auf Hindernisse stößt. Es hilft aber immer, wenn man weiß, daß es für diese Verhaltensmuster *Gründe* gibt.

Die Eltern müssen nach den im Temperament liegenden Ursachen forschen, wenn sie sich dem schwierigen Verhalten ihres Kindes stellen. Denken Sie daran, daß dieses Verhalten mit einem schwierigen Wesenszug gekoppelt sein kann oder mit einem Zusammenspiel schwieriger Wesenszüge. Betrachten wir eine Verhaltensweise, nämlich einen Wutanfall, um nach den zugrundeliegenden Ursachen zu forschen.

Eine Mutter kauft an einem sehr heißen Tag ein Eis für ihr Kind. Es ist der Lieblingsgeschmack des Kindes, Pfefferminz mit Schokoladenstückchen, und das Kind greift gierig nach dem Eis. Die Mutter zahlt, trägt das Eis und nimmt das Kind mit nach draußen, um sich auf eine Bank vor der Eisdiele zu setzen. Das Kind leckt gierig das Eis und bemerkt dann, daß es angefangen hat zu schmelzen, die Tüte entlangrinnt und auf seine Hand tropft. Mit einem Schrei wirft das Kind die Tüte auf den Boden und fängt an zu schreien und zu weinen, hat also einen Wutanfall.

Ein anderes Kind schneidet sich in den Finger und fängt ganz leicht zu bluten an. Die unmittelbare Reaktion ist, daß es hysterisch schreit. Das Geschrei und der Wutausbruch halten noch eine Stunde lang an, nachdem der Finger schon wieder in Ordnung ist.

Ein weiteres Kind möchte ein bestimmtes Spielzeugauto zum Geburtstag, das Türen und einen Kofferraum hat, die sich öffnen lassen. Das Geschenk der Eltern ist zwar ein teureres Auto, bei dem sich aber nur die Türen öffnen lassen, der Kofferraum jedoch nicht. Das Kind versucht, den Kofferraum aufzubrechen, schafft dies nicht und bekommt einen Wutausbruch.

In allen drei Fällen sind die Kinder leicht erregbar und sensibel *(negative Laune* und *niedrige Sensibilitätsschwelle)*, doch der Wesenszug, den man mit den Wutanfällen in Verbindung bringen kann, ist die *schlechte Anpassungsfähigkeit.* Diese Kinder können sich kaum an eine Situation anpassen, die nicht ihren Erwartungen entspricht. Das schmelzende Eis, der Schnitt im Finger und das andere Automodell bringen sie aus dem Gleichgewicht. Die daraus resultierenden Wutausbrüche halten lange an, denn genauso wie sie sich bei einer angenehmen Tätigkeit vergessen, vergessen sie sich auch bei ihren unschönen Reaktionen. Das Ergebnis? Ein Wutanfall kann endlos erscheinen.

Ist mein Kind wirklich »schwierig«?

Um beurteilen zu können, ob Ihr Kind tatsächlich vom Temperament her schwierig ist, müssen Sie sich vor allem fragen, ob diese Verhaltensweisen schon von Anfang an da waren. Wie Sie gesehen haben, zeigt sich das Temperament schon früh und ist mehr ein Teil des Kindes als eine Reaktion auf etwas von außen Herangetragenes. Deshalb ist Ihr Kind nicht vom Temperament her schwierig, wenn:

- es im Alter zwischen 18 und 30 Monaten schwierig wird; vielleicht nähert es sich der »schrecklichen Zeit um die 2 Jahre«.
- sich seine Verhaltensprobleme erst vor kurzem herausgebildet haben, als Reaktion auf eine Trennung oder Scheidung, die Geburt eines neuen Geschwisterchens, den Umzug in eine andere Stadt oder ein anderes Land, den Beginn einer Krankheit oder das Verhalten der Spielkameraden.
- sein Verhalten ganz klar aus einer Störung resultiert, die von einem Psychiater diagnostiziert werden kann; dabei kann es sich um Autismus handeln, wenn sich das Kind von anderen Menschen abkapselt und ernsthafte Verzögerungen in der Sprachentwicklung zeigt; oder um einen Gehirnschaden, der von Geburt an offenkundig war oder

das Resultat eines Traumas oder einer Krankheit ist; oder um jede andere physische oder psychische Störung, die nicht nur den Eltern schon früh bekannt sein wird, sondern auch von einem Kinderarzt behandelt wird.

Lassen Sie mich noch ein paar Worte über geistig zurückgebliebene Kinder sagen: Ein zurückgebliebenes Kind liegt bei einem Intelligenztest unter einem bestimmten Niveau. Doch ist das Kind, obwohl es zurückgeblieben ist, immer noch ein Individuum, das sein eigenes, einmaliges Temperament hat. Und wenn es vom Temperament her schwierig ist, dann wird es, wie jedes andere Kind, von einer verbesserten Führung profitieren.

»Hyperaktivität«

Einigen von Ihnen ist vielleicht mitgeteilt worden, Ihr Kind sei hyperaktiv. Kapitel 4 beschäftigt sich mit diesem Problem, doch möchte ich schon an dieser Stelle klarstellen, daß der Begriff »hyperaktiv« bereits zu einem Schlagwort geworden ist, das viel von seiner Bedeutung verloren hat. Für das Verhaltenskontinuum, das durch die Aktivitätsebene dargestellt wird, existiert (wie für alle Temperamentszüge) eine Skala, die von leicht bis schwierig reicht. Auf der einen Seite ist das wenig aktive Kind angesiedelt, auf der anderen das extrem aktive Kind. Irgendwo auf diesem Spektrum, je nachdem, wer den Fall beurteilt, kann man ein Kind als »hyperaktiv« einstufen. Alle sogenannten hyperaktiven Kinder sind auch in anderen Temperamentsbereichen schwierig, nicht nur in bezug auf die Aktivitätsebene.
Ob man sie nun schwierige Kinder mit einer hohen Aktivitätsebene oder »hyperaktiv« nennt, die Prinzipien und

Techniken, wie man mit ihnen umgeht, sind dieselben wie für alle schwierigen Kinder. Manche dieser Kinder haben andere Probleme, wie z. B. verzögerte Sprachentwicklung, motorische Probleme oder frühe Anzeichen möglicher Lernschwächen. Für diese Symptome können Sie den Rat eines Spezialisten einholen. Sie erfordern sicherlich besondere Aufmerksamkeit, doch die Grundlagen für das Verständnis und den richtigen Umgang mit ihrem Verhalten ähneln denen für andere schwierige Kinder.

Die Eltern eines schwierigen Kindes

Die Eltern von Kindern, die nur einige schwierige Wesenszüge haben, sind normalerweise ein wenig verwirrt, und obwohl sie generell zurechtkommen, merken sie, daß sie viele Fehler machen. Die Eltern schwierigerer Kinder sind schon viel unsicherer, fühlen sich schuldig, ärgerlich und unfähig. Die Eltern von sehr schwierigen Kindern oder von unmöglichen »Mutterkillern« sind obendrein oft erschöpft, deprimiert, kampfbereit und haben Probleme in ihren Ehen.

Wie hat sich Ihr Leben durch solch ein Kind verändert? Welche Gefühle haben Sie? Je schwieriger das Kind ist, um so eher werden Sie im Teufelskreis und dem Welleneffekt gefangen sein. Das Verhalten Ihres Kindes wird großen Einfluß haben, nicht nur auf Ihr Privatleben, sondern auch auf Ihr Leben außerhalb des Hauses. Wie oft haben Sie sich als Eltern schuldig oder unzureichend gefühlt? Wie oft wurden Sie von Ihrem Kind in eine peinliche Situation gebracht? Wie oft haben Sie sich alleine gefühlt, vorausgesetzt, Sie haben ein wirklich schwieriges Kind?

Denken Sie daran, daß Sie nicht alleine sind. Es gibt ungefähr zwei bis drei Millionen schwierige Kinder in den USA und viele mehr, die schwierige Wesenszüge haben. Deren Eltern fühlen sich genauso wie Sie. Sie sollten wissen, was Sie für sich und Ihre Kinder tun können. Dieses Buch wird Ihnen und vielen anderen Eltern helfen, Ihr häusliches Leben zu verbessern, sicherzugehen, daß Ihr Kind keine emotionalen Probleme entwickelt, und Ihre Ehe und die Familie als Ganzes zu schützen. Dies wird alles dadurch geschehen, daß Sie lernen, Ihr Kind zu verstehen, und daß Sie den Zugang zu ihm ändern.

Mein Glaube an die Individualität jedes einzelnen Kindes ist, wie Sie bemerken werden, ein ständiges Thema in diesem Buch. Das schwierige Kind sollte als die Person respektiert werden, die es ist. Gleichzeitig werden die Werte und Maßstäbe bei Ihnen zu Hause von Ihnen, den Eltern, festgesetzt. Ich hoffe, daß ich Ihnen dabei helfen kann, zwischen diesen beiden Gewichten die Waage zu halten.

Es sei noch einmal gesagt: Sie sind nicht am Temperament Ihres Kindes schuld; durch Wissen und Verständnis werden Sie ein Experte für Ihr Kind und dessen Verhalten; dadurch werden Sie Ihrer Rolle als Führungsperson und Eltern wieder Nachdruck verleihen können. Dies wird Ihrem Kind eine wirkliche Chance geben, sein Potential zu erkennen. Sie wären erstaunt, wenn Sie wüßten, wie viele charmante, wunderbare, kreative und unterhaltsame ältere Kinder früher einmal »schwierig« waren.

2. Mütter im Belagerungszustand

Der stärkste Eindruck, den Mütter wirklich schwieriger Kinder hinterlassen, ist der, daß die Eltern nicht mehr mit der Lage fertig werden. Diese Mütter sind jeden Tag voll im Einsatz, und deshalb leiden gerade sie am meisten. Sie merken, daß sie keine Kontrolle über ihre Kinder und deshalb auch über ihr Leben haben. Wenn man einer Mutter zusieht, die gerade mit einem solchen Kind während einer seiner »schlechten« Phasen zu tun hat, dann meint man, man beobachte zwei Kinder, die in einen Machtkampf verwickelt sind.

»Ich kann ihn nicht dazu bringen zuzuhören«, sagen die Mütter. »Ich weiß nicht, wie ich mit ihr umgehen soll.« »Er ist stärker als wir.« »Wir sind mit unserem Latein am Ende.« »Ich kann ihn nicht länger ertragen.« »Ich verliere ständig die Geduld.« »Sie macht mich verrückt.«

In einem Extremfall begann eine Mutter den Kurs über den Umgang mit schwierigen Kindern, am Abend bevor sie die Papiere unterschreiben wollte, um ihr Kind zur Adoption freizugeben. Sie konnte nicht länger mit dem Streß leben, der ihr Leben, ihre Ehe und ihre Beziehung zu ihrem anderen Kind ruinierte. Ihr Schmerz ist kaum vorstellbar, doch das Unvermögen, das Kind zu disziplinieren, und auch die ständigen Machtkämpfe, die daraus resultieren, fordern sogar Mütter weniger schwieriger Kinder bis zum Letzten. Um diese Muster durchbrechen zu können, müssen Sie verstehen lernen, wie sie entstanden.

Die Theorie des Zusammenspiels

Leute, die mit der geistigen Gesundheit von Kindern beruflich zu tun haben, sehen die Eltern-Kind-Beziehung oft unter dem Aspekt der »Güte des Zusammenspiels«. Der Begriff Zusammenspiel bezieht sich darauf, wie gut das Kind und seine Umwelt interagieren, insbesondere das Kind und seine Familie und in ganz besonderem Maße natürlich das Kind und die primäre Bezugsperson, also normalerweise die Mutter. In einer normalen Familie mit relativ normalen Kindern ergibt sich das gute Zusammenspiel gewöhnlich von alleine. Und gerade dieses Zusammenspiel beeinflußt die kindliche Entwicklung sehr stark.

Man unterscheidet zwei Arten: das emotionale und das verhaltensmäßige Zusammenspiel. Gutes *emotionales* Zusammenspiel heißt, daß die Mutter ihr Kind liebt und sich in dessen Gesellschaft wohl fühlt. Es gibt Fälle eines guten emotionalen Zusammenwirkens sogar bei gelassenen Müttern und nervösen Kindern, weil die Mutter die *Persönlichkeit* ihres Kindes mag. Dies trifft auf die Mutter eines schwierigen kleinen Mädchens zu, die wegen des schier unmöglichen Benehmens ihres Kindes erschöpft und verzweifelt war, doch dann das rege Interesse ihres Kindes an Kleidung und Mode entdeckte, ein Interesse, das sie mit ihm teilen konnte. Die Persönlichkeit des Kindes als solche, ohne das Temperament, kam der Mutter, die selbst sehr modebewußt war, entgegen.

Das emotionale Zusammenspiel kann man auch begreifen, wenn man den Unterschied zwischen »mögen« und »lieben« betrachtet. Fast alle Eltern lieben ihre Kinder, doch nicht alle *mögen* sie auch. Das Liebenswerte an einem schwierigen Kind ermöglicht es, daß das Kind ein gutes emotionales Zusammenspiel mit seiner Mutter hat. Wenn Sie Ihr schwieriges Kind ablehnen, so wird Ihre Aufgabe als Eltern um so schwieriger. Negative Laune und schlechte Anpassungsfähigkeit werden besonders leicht abgelehnt. Das schlimmste Verhalten ist leichter zu ertragen, wenn das Kind ansonsten eher offen und positiv wirkt.

Dann gibt es da noch das *verhaltensmäßige* Zusammenspiel: Wie akzeptabel ist das kindliche Verhalten für die Eltern? Ein überaktives Kind paßt viel leichter in ein lockeres Zuhause als in ein streng reglementiertes. Wenn die Eltern darauf bestehen, daß all ihre wertvollen Sammelstücke und Nippes zur Ausstellung herumstehen, und wenn sie ferner wollen, daß ihr aktives Kind lernt, diese nicht zu berühren, dann wird daraus eine Menge von Konflikten entstehen, die vermieden werden könnten, wenn die Eltern diese Dinge wegräumten oder ihnen eine Beschädigung egal wäre. Ein überaktives, enthusiastisches Kind würde sich in einem lockeren Familienverband, der einen flexibleren Lebensstil beherzigt, viel besser entwickeln. Somit kann man von einem verhaltensmäßig guten Zusammenspiel sprechen, wenn die Umgebung des Kindes generell mit ihm übereinstimmt.

Allgemein läßt sich sagen, daß, je schwieriger das Temperament eines Kindes ist, es um so empfindlicher auf eine Umgebung reagiert, die im emotionalen und/oder Verhaltensbereich Mängel aufweist.

Wir müssen auch nach der Person der Mutter fragen, da auch sie das Zusammenspiel beeinflussen kann. Eine ruhige, etwas phlegmatische Mutter, die sich nicht so leicht aufregt, ist vielleicht objektiver, wenn sie sich mit dem Verhalten ihres Kindes befaßt. Aber bei einem wirklich schwierigen Kind hat selbst die Geduld der gelassensten Mutter einmal ein Ende.

Das Zusammenspiel zwischen Eltern und Kind zu verbessern

gehört zu den wichtigsten Zielen in meiner Arbeit mit Familien.

Als Eltern »gut genug«

Psychologen sprechen auch von Eltern, die »gut genug« sind. In den meisten Fällen wirkt dieser Begriff sehr bestärkend. Tatsächlich bedeutet er auch, daß Sie keine Supereltern sein müssen, um dem Kind das Umfeld zu bieten, das es braucht, um sich gut zu entwickeln. Daß man als Eltern »gut genug« ist, entwickelt sich ganz natürlich aus der Eltern-Kind-Beziehung, in welcher Sie und Ihr Kind gleichberechtigte Partner sind. Jedes Kind lehrt seine Mutter aus der Praxis heraus, wie sie als solche zu sein hat. Die tägliche Interaktion ist für Sie beide ein Lernprozeß. Durch das Lernen werden Sie selbstbewußter und kompetenter, d. h., Ihr Kind hilft Ihnen dabei, als Eltern »gut genug« zu werden. Alle Eltern haben Erwartungen an ihr Kind. Diese werden von ihrem Hintergrund, den Erfahrungen anderer Eltern, von Film und Fernsehen sowie von Erziehungsratgebern für junge Eltern geprägt. Niemand kann sich vorstellen, daß genau das Gegenteil dieser Erwartungen eintreten wird. Und falls dies von Anfang an so ist, gehen die Eltern sehr früh in Abwehrstellung. Von Tag zu Tag fühlen sie sich immer unsicherer und weniger kompetent, und die Bestätigung, daß alles in Ordnung ist, bleibt mehr und mehr aus. Mit einem schwierigen Kind sind selbst gute Eltern nicht mehr gut genug, um dem Kind zu helfen; sie müssen besser sein als gut genug. Das bedeutet nicht, daß Sie noch mehr Liebe und Fürsorge aufwenden müssen, sondern daß Sie noch mehr Verständnis und Bewußtsein für die besonderen Bedürfnisse Ihres Kindes benötigen.

Und da das Verhalten des Kindes oft sehr befremdend sein kann, wird Ihnen mehr Verständnis dabei helfen, mit ihm umzugehen. Um es noch mal zu sagen: Ich meine damit nicht, daß Sie beweisen sollen, daß Sie Ihr Kind anbeten; es ist vielmehr ein weitverbreiteter Fehler, wenn Eltern ihr Kind mit Geschenken überhäufen, um »es glücklich zu machen«. Eine Extraportion Liebe reicht nicht aus, besonders wenn das Kind dabei nur verwöhnt wird. Was Sie brauchen, ist Erfahrung!

Machtkämpfe und der Teufelskreis

Das schwierige Verhalten des Kindes schafft einen Teufelskreis in der negativen Wechselwirkung zwischen Eltern und Kind. Sein Ausmaß hängt von dem Grad der Schwierigkeiten und von der Beschaffenheit des gegenseitigen Zusammenspiels ab.
Ein schwieriges Temperament kann bei Kleinkindern ein problematisches Verhalten auslösen. Eltern versuchen mit diesen Problemen auf konventionelle Art umzugehen, doch damit erzielen sie nur magere Resultate, und ihre Erziehung wird immer ineffizienter.
Man kennt dauernde Auseinandersetzungen zwischen Eltern und Kindern, die in Machtkämpfe ausarten, da die Eltern oft auf die Ebene der Kinder herabsteigen und schreien, wenn das Kind schreit, oder eine Erwachsenenversion eines kindlichen Wutanfalls inszenieren. Das Kind, das die Eltern nicht länger als Autoritätsfiguren ansieht, wird gegen die Forderungen der Eltern resistent und kapselt sich in sein eigenes schwieriges Verhalten ein. Die Eltern variieren nun großzügig mit den Strafen, haben keine Ahnung, was sie tun sollen, und nun beginnen Ängste, Schuldgefühle und Sor-

gen eine große Rolle in der Beziehung mit dem Kind zu spielen.

Zu diesem Zeitpunkt sind Eltern und Kinder bereits tief in den Teufelskreis verstrickt. Das Ergebnis ist, daß das Kind anhänglicher und ängstlicher wird, mehr Schlafprobleme hat, übersensibel reagiert und Dinge wie »Ich bin schlecht« sagt. Dies macht die Mutter noch besorgter, sie fühlt sich noch schuldiger und beschäftigt sich zu sehr mit dem Kind; und mit dem zunehmenden Ärger und Frust der Mutter fühlt sich das Kind immer schuldiger, und das Problem mit dem Bild, das es von sich selbst hat, verschlimmert sich. Wenn sich dies über ein paar Jahre hinzieht, so können beim Kind psychiatrische Störungen und für die Eltern und deren Ehe unsagbare Belastungen, Qualen und Sorgen die Folge sein.

Dieser Teufelskreis beginnt manchmal sehr früh. Im Säuglingsalter ist eines der zentralen Temperamentsprobleme die Unregelmäßigkeit. Die Mutter kann sich nicht auf das Kind einspielen, da das Kind keine normalen Anhaltspunkte gibt, um auszudrücken, was es will. Diese Anhaltspunkte erfolgen unregelmäßig und werden von der Mutter nicht registriert, nicht etwa weil sie eine schlechte Mutter wäre, sondern weil niemand diese Anhaltspunkte erkennen könnte. Das Baby schreit, wenn es gewickelt ist, ist nicht zufrieden damit, daß es trocken und gepudert ist. Und es schreit auch, wenn es geschlafen hat und gefüttert wurde, also ausgeruht und satt ist. Was ist also los? Man weiß nicht, wann es hungrig ist oder nicht; man kann bei solchen Babys keine Verhaltensmuster aufstellen.

Das Baby schreit oft und schläft nicht regelmäßig. Die Mutter versucht, das Kind zu beruhigen, ohne Erfolg. Der Kinderarzt tippt auf Blähungen, doch diese sind auch nach einigen Monaten noch nicht vorbei. Dieses Verhalten bleibt

so, und die Mutter wird immer abgespannter und ärgerlicher. Auch der Vater steht unter Druck, sofern er sich verantwortungsvoll an der Erziehung beteiligt, und aus diesem Ärger und dieser Müdigkeit heraus ergeben sich Schuldzuweisungsmuster.
Mit zunehmendem Alter der Kinder fragen sich die Eltern und ganz speziell die Mütter immer wieder: Warum? Warum? Warum? Wie haben wir das verursacht? Inwiefern sind wir verantwortlich dafür? Der Arzt sagt, mit dem Baby sei alles in Ordnung, und drückt damit implizit aus, daß mit Ihnen irgend etwas nicht stimme. Wenn Sie sich an andere Eltern wenden, so versteht niemand, was Sie meinen, denn die anderen versuchen, diese Verhaltensweisen in einen verständlichen Bezugsrahmen zu pressen. Das Kind weint? Dann ist es entweder naß, hungrig, schläfrig oder krank. Doch dieses Kind kann man nicht verstehen. Die Antworten der anderen sind also eine weitere Bestätigung dafür, daß mit dem, was Sie tun, irgend etwas nicht in Ordnung ist. Schließlich haben Sie dieses normale Kind, und alle anderen Eltern können ihre normalen Kinder erziehen, nur Sie nicht. Deshalb muß etwas mit Ihnen nicht in Ordnung sein.
Mit einem schwierigen Kind ist einfach alles viel schwerer.

Warum tut es mir das an?

Mit zunehmendem Alter des Kindes schreiben die Eltern dem Verhalten des Kindes Motive zu. Oft höre ich Eltern sagen: »Das tut es absichtlich.« Damit meinen die Eltern implizit: »Das Kind legt es darauf an, mir eins auszuwischen.« Der kleine Junge, der nicht lächelt, wenn ihm sein Vater ein Geschenk kauft, das kleine Mädchen, das keinen

Appetit auf sein Lieblingsessen hat, das extra von der müden Mutter zubereitet wurde, das Kind, das schreit und weint, als es zum ersten Mal in den Zirkus mitgenommen wird – sie alle sind Kinder, die sich vielleicht in dieser bestimmten Weise verhalten, weil ihr Temperament ihre Aktionen bestimmt. Doch ihre erschöpften, verärgerten und unglücklichen Eltern, die versucht haben, diesen Kindern einen Gefallen zu tun, sie glücklich zu machen, sehen dies nicht so. Sie glauben, daß ihre Kinder ihnen mit Absicht das Leben schwermachen. Deshalb ist es fast unmöglich, gut mit einem Kind zu harmonieren, wenn Sie glauben, daß es alles darauf anlegt, Sie zu ärgern. Sie werden dieses Kind einfach nicht mögen. Erfahrene Eltern neigen weniger dazu, sich die Schuld zuzuweisen, denn sie waren vielleicht bei ihrem anderen Kind erfolgreich und fühlen sich so nicht schuldig.

Unwirksame Bestrafung

Wenn Eltern ihren Kindern Motive für deren Handlungen zuschreiben, kann das dazu führen, daß die Eltern die Motive statt des Verhaltens bestrafen. Es ist z. B. unfair, ein Kind mit unregelmäßigem Rhythmus dafür zu bestrafen, daß es zur Essenszeit keinen Hunger verspürt. Es hat vielleicht zu dieser Zeit wirklich keinen Hunger. Doch die Mutter, die dies als Schlag ins Gesicht empfindet, schickt das Kind ärgerlich auf sein Zimmer, in der Meinung, daß es dies nur tue, um ihr eins auszuwischen, weil das Kind sie zwei Stunden lang in der Küche schuften sah.
Die Mutter eines extrem aktiven Kindes ist vielleicht durch dessen ständiges Herumrennen entnervt, vielleicht hat es auch bei seinem ziellosen Herumgerenne etwas zerbro-

chen. Dieses Kind dadurch zu bestrafen, daß man es in eine Ecke stellt, heißt aber, es für sein Naturell zu bestrafen. Solches Verhalten sollte gezügelt und beherrscht, jedoch nicht bestraft werden.

Das Problem ist, daß schwierige Kinder unwirksame Bestrafung provozieren. Ihr Verhalten ist oftmals verwirrend für die Eltern, die immer wieder neue Reaktionen ausprobieren. Als Folgen ergeben sich daraus Inkonsequenz, Verhandlungen, Bestechung und Überreaktion.

Das steht natürlich in scharfem Gegensatz zu wirksamer Bestrafung. Diese besteht aus Konsequenz, aus Verständnis für das, was passiert und was man tut, sowie aus klaren und knappen Antworten, die im vollen Bewußtsein der Autorität gegeben und ausgeführt werden.

Ich kämpfe ständig mit dem Kind

Unwirksame Strafe hat für Mutter und Kind einen Abnutzungseffekt, der auf lange Sicht gesehen zerstörend wirken kann. Die tagtäglichen Aspekte des Lebens fangen an, in eine Serie von ständigen Machtkämpfen zwischen Mutter und Kind auszuarten. Schließlich gibt es dann von morgens bis abends Kämpfe um jede Verhaltensweise des Kindes, also von der Kleidung über das Essen bis hin zu Spielzeit und Schule. Es scheint so, als ob nichts je wieder einfach werden würde.

Natürlich bestimmt der Schwierigkeitsgrad die Reaktion der Mutter; je schwieriger das Kind, desto betroffener ist die Mutter. Was dabei zählt, ist die Erfahrung der Eltern, denn die weniger Erfahrenen haben härtere Zeiten durchzustehen. Persönlichkeit und Temperament der Eltern kommen genauso ins Spiel wie Faktoren des Familienlebens, z. B.

gesicherter Beruf, intakte Ehe und finanzielle Sicherheit. Diese Faktoren können Einfluß darauf nehmen, wie sehr die Eltern durch das Kind beeinträchtigt werden.

Die sich ständig wiederholenden Kämpfe sind meist das Ergebnis ganz bestimmter eingefahrener Verhaltensmuster zwischen Mutter und Kind. Es ist nicht nur das Kind, das sich immer wieder falsch verhält; auch für die Mutter ist es sehr wichtig, sich darüber klarzuwerden, daß ihre unwirksame Reaktion zur Gewohnheit wurde, die das Fehlverhalten des Kindes sogar noch verstärkt. Die Eltern wollen, daß das Kind etwas macht, doch das Kind tut es nicht; oder aber das Kind benimmt sich schlecht, und die Eltern wollen es bestrafen. Das Kind hört den Eltern nicht zu, und die Eltern werden wütend: »Du hörst nicht auf mich«, »Du willst mich verrückt machen«, »Du weißt, daß ich es hasse, wenn du mir nicht antwortest«. Die Eltern und das Kind verrennen sich, die Situation eskaliert, und ein Streit ist die Folge.

Diese Handlungsweise wiederholt sich täglich in verschiedenen Variationen: Ein Sechsjähriger ruft seiner Mutter Schimpfworte nach: »Du Depp, du bist blöd.« Das ärgert seine Mutter, die wütend wird, sobald sie ihn hört. Sie schreit ihr Kind an: »Wie kannst du es wagen, so etwas zu mir zu sagen?«, schickt ihn in sein Zimmer und schlägt die Tür hinter ihm zu. Jedesmal, wenn er ihr ein Schimpfwort nachruft, reagiert sie auf die gleiche Art. Und jedesmal, wenn sie ihn herausfordert, benutzt er ein Schimpfwort. Beide, Mutter und Kind, stecken in diesem Verhaltensmuster fest.

Die Mutter einer schwierigen Dreijährigen fürchtet sich davor, diese mit in ein Geschäft zu nehmen. Eines Tages muß sie in eine Bäckerei, um die Geburtstagstorte für die Geburtstagsparty ihres Mannes am selben Abend abzuholen. Sobald die beiden zusammen das Geschäft betreten, fängt die Tochter an, zu meckern und zu jammern. Während sie darauf warten, daß die Torte verpackt wird, verschlimmert sich der Mißmut des Kindes. Die Mutter sagt: »Du kannst ein Plätzchen haben, such dir etwas aus!« Die Tochter deutet auf ein riesiges Gebäckstück, das aussieht wie ein Teddybär. Die Mutter sagt der Verkäuferin, daß sie es aus der Vitrine herausnehmen soll. Da deutet das Kind auf ein großes Gebäckstück, das wie ein Zug aussieht: »Das möchte ich auch!« Die Mutter lehnt ab, sagt, sie könne nur eines haben. Doch das Kind steigert sich in die Idee hinein, beide haben zu wollen. »Zug, Zug, Zug«, schreit sie. Ihre Mutter schreit »Nein!« Das Kind weint. Die Mutter brüllt: »Du bekommst nur eines, such dir aus, was du willst!« Am Ende muß die Mutter das schreiende Kind aus der Bäckerei herauszerren und dabei den Kuchen, dessentwegen sie eigentlich gekommen war, zurücklassen.

Immer wenn im Hause eines Kindes, das einen unregelmäßigen Lebensrhythmus hat, das Thema des Zubettgehens angeschnitten wird, dann gibt es Ärger. Wenn die Eltern darauf bestehen, daß jeden Abend zur selben Zeit das Licht gelöscht wird, dann werden sie merken, daß sich jeden Abend ein Kampf entwickelt, wenn dieses Thema angeschnitten wird. Wenn das Kind zu dieser Zeit nicht müde ist, so wird es gegen das Zubettgehen ankämpfen. Es wird damit anfangen, regelmäßig in der Zimmertür zu erscheinen und um Saft, eine Geschichte, ein Lieblingsspielzeug zu bitten oder nach seiner Mutter zu fragen. Dies wird immer häufiger der Fall sein, und wenn die Eltern versuchen, das Kind zum Schlafen zu zwingen, dann wird das Kind Angst und Furcht vor dem Zubettgehen entwickeln, weil es weiß, daß es einen Kampf geben wird. Auf diese Weise festigt sich das Kind noch mehr in seiner Weigerung zu schlafen. Schließlich wird die Szene mit Tränen und Schuldgefühlen enden. Die Eltern, die sich völlig untauglich fühlen, haben Mitleid mit dem armen, jammernden Kind, und ein kluges Kind wird vielleicht dieses Mitleid ausnützen.

Die Probleme, die man mit schwierigen Kindern haben kann, sind vielfältig, wie z. B. Essen, Schlafen, Kleidung, Spielsachen, Schule und Spielzeit, doch wenn sie alle mit diesen ewigen Kämpfen verbunden sind, dann ist die Wirkung auf die Eltern immer dieselbe. Schlechtes Zusammenspiel, ineffektive Autorität und Strafe, der Glaube an vermeintliche Motive, der Mangel an Kontrolle, die täglichen Machtkämpfe, dies alles trägt zu dem Teufelskreis bei. Das Gefühl, belagert zu sein, beschreibt wohl am besten die ganze Palette von Reaktionen in dem Verhältnis der Eltern zu diesem Kind.

Was passiert mit der Mutter?

Die primäre Bezugsperson, meist die Mutter, reagiert auf vielfältige Weise auf diese kampfbetonte Situation. Nicht alle Mütter zeigen all diese Reaktionen. Ich male ein bewußt düsteres Bild. Es gibt viele mildernde Umstände, z. B. das Kind selbst, das vielleicht interessant ist und dessen Gesellschaft Spaß macht. Doch generell sehen die häufigsten Reaktionen der Mütter wie folgt aus:

Verwirrung: Dies ist die Mutter, die sagt: »Ich weiß nicht, woher das Kind das hat.« Sie versteht einfach nicht, was ihr Kind tut, und sie kann keine konsequenten Reaktionen auf das Kind aufbauen. Ihre Reaktionen ändern sich wie das Verhalten des Kindes. Das Kind freut sich zum Beispiel auf eine Geburtstagsparty. Der Tag der Party kommt, und das Kind marschiert fröhlich dorthin. Eine Woche später scheinen dieselben Umstände gegeben zu sein, wieder eine Geburtstagsparty, doch diesmal hat das Kind einen Wutanfall. Die Mutter weiß nicht, warum, und dies bringt sie aus der Fassung. Erwartungen tragen oft sehr zur Verwirrung der Eltern bei. Eine sehr modebewußte Mutter wird sich sehr schwertun, ein Kind zu verstehen, das tagaus, tagein dieselbe Kleidung tragen will. Ruhige und schüchterne Eltern werden sehr viel mehr durch ein sehr lautes Kind mit hohem Intensitätsgrad beeinträchtigt.

Erschöpfung: Manche dieser Kinder brauchen ständige Führung, und ihre Eltern zu sein heißt harte Arbeit. Zunächst sind Sie vielleicht schon erschöpfter als andere Eltern, weil Ihr Kind im Säuglingsalter Ihren Schlaf durch Fütterungs- und Schlafprobleme stark beeinträchtigt hat. Zweitens behandeln Sie Ihr Kind als kampferprobte Eltern vielleicht falsch, rennen eine Menge herum, räumen auf, bereiten spezielle Speisen vor, widmen dem Kind ständig Ihre Aufmerksamkeit, doch alles ohne Änderung im Verhalten des Kindes. Dies ist bestimmt anstrengend. Eine Mutter z. B. bereitete für ihre schwierige kleine Tochter ein eigenes, spezielles Abendessen um 4 Uhr nachmittags zu, denn, so sagte sie, ihre Tochter wolle um diese Zeit essen. »Sie ist es zu dieser Zeit gewohnt«, sagte die Mutter. »Ich kann es nicht ändern.« Dann mußte sie den Rest der Familie, zwei weitere Kinder, ihren Mann und sich selbst, um 6.30 Uhr abends versorgen. Ein solches Verhalten macht die Last für eine ohnehin schon gestreßte Mutter natürlich nur noch größer!

Ärger: Mütter, die nicht gut mit ihren schwierigen Kindern zurechtkommen, sind normalerweise ärgerlich. Ein großer Teil des Ärgers zeigt sich in der unwirksamen Bestrafung, d. h. einer Menge Geschrei und manchmal auch Schlägen, was beides nicht viel hilft. Die Mutter träumt davon, ihr Kind loszuwerden, davonzulaufen oder das Kind wegzugeben. Ärger wird nicht nur gegen das Kind gerichtet, sondern auch gegen den Ehemann und die Geschwister des Kindes. Im Laufe einer der vielen Machtkämpfe kann es zum Verlust der Selbstkontrolle kommen und somit traurigerweise zu schwerer körperlicher Züchtigung.

Schuld: Eine direkte Folge davon, daß sich die Mutter unzulänglich fühlt, ist ein vermehrtes Schuldgefühl. Die Mutter glaubt, daß sie die Ursache der Probleme des Kindes ist. Dies kommt noch zu den Dingen hinzu, die den Eltern von Ärzten, anderen Müttern, dem Ehepartner, der eigenen Familie oder den Schwiegereltern gesagt werden und vor allem aus den Selbstbefragungen resultieren. Schuld kann häufig von der Mutter ausgehen, die richtiger- oder fälschlicherweise annimmt, daß die Welt sie für eine schlechte Mutter hält und daß ihr Kind ein schlechtes Kind aus einem schlechten Zuhause ist. All dies macht die Mutter hilflos. Die Mutter im Park nimmt an, daß jedermann ihr die Schuld daran gibt, wenn ihr überstimuliertes Kind andere Kinder schlägt. Eine Mutter, die ihr Kind auf das strengste vor der Großmutter tadelt, möchte vielleicht die Reaktion »Was machst du mit ihm? Warum kannst du es nicht besser erziehen? Habe ich so etwas mit dir getan, als du noch ein Kind warst?« provozieren. Sie weiß bereits, daß ihre Mutter glaubt, es wäre alles nur ihr Fehler.

Verlegenheit: Alle Eltern kennen dieses Gefühl, doch für die Eltern eines schwierigen Kindes vertausendfacht es sich noch. Dies ist ein äußerliches Gefühl, so, wie Schuld ein innerliches ist, und es setzt meistens in der Öffentlichkeit ein, wenn die Mütter die Blicke von anderen Müttern,

Verkäufern, anderen Kunden, Bibliothekaren, Busfahrern und anderen Zeugen des schlechten Benehmens ihres Kindes bemerken – oder besser gesagt, Zeugen ihrer eigenen Unfähigkeit, das Kind unter Kontrolle zu bringen.

Unzulänglichkeit: Die Mutter fühlt sich in ihrer Rolle als Mutter unzulänglich und hilflos, weil sie keine Kontrolle über das Kind hat. Der Vergleich mit anderen Müttern oder mit ihrer eigenen Mutter macht die Sache nur noch schlimmer. Eine Mutter, die ihr Kind in eine Spielgruppe bringt, ist in dieser Gruppe mit einem Dutzend anderer Mütter beisammen. In solchen Situationen beobachten die Mütter einander und vergleichen das Benehmen ihrer Kinder. Ein schwieriges Kind jedoch, das Schwierigkeiten damit hat, seine Beschäftigung zu wechseln, kann die Aufmerksamkeit eines jeden in der Gruppe auf sich lenken. Wenn der Lehrer die Kinder bittet, ihre Malkittel auszuziehen und die Pinsel aus der Hand zu legen, so wird das schwierige Kind heftig dagegen protestieren. Eine so kurzfristige Umstellung ist für dieses Kind schwierig, es benimmt sich schlecht, und vielleicht wird es auch wütend. Wenn die arme Mutter ihr Kind endlich aus dem Kittel herausgebracht und von der Staffelei weggezerrt hat, haben die anderen Kinder schon längst ihre Schuhe und Strümpfe ausgezogen, um an der Bodengymnastik teilzunehmen. Und die Mutter muß wieder mit dem Kind kämpfen, damit es seine Schuhe auszieht. Wie könnte sie sich als kompetente Mutter fühlen, wenn alle Augen auf ihrem aufsässigen Kind ruhen?

Depressionen: Die meisten Mütter schwieriger Kinder fühlen sich von Zeit zu Zeit niedergeschlagen, ganz besonders jedoch nach einem schlechten Tag oder einer schlechten Woche. Gelegentlich, wenn eine Anlage zu Depressionen vorliegt oder andere Aspekte der Umgebung ebenfalls sehr streßbetont sind, kann eine Mutter krankhafte Depressionen entwickeln. Dies ist dann nicht mehr nur eine flüchtige niedergedrückte Stimmung, sondern ein Syndrom, mit dem andere Symptome verbunden sind: Probleme mit Appetit und Schlaf, Konzentrationsschwäche, fehlender Auftrieb, selbstkritische Gedanken und eine pessimistische Haltung gegenüber der Zukunft. Die Depression als Krankheit kann behandelt werden, und jeder, der solche Symptome an sich beobachtet, sollte Hilfe suchen.

Isolation: Viele Mütter fühlen sich von anderen Eltern gemieden, die nicht wollen, daß ihr Kind mit dem »schwierigen« spielt. Das ist besonders dann der Fall, wenn das Kind sehr aktiv und überreizt ist und nach anderen Kindern schlägt. Wenn die Familie in einer kleinen Gemeinde lebt, dann kann es leicht passieren, daß die Mutter sich alleine fühlt; sie glaubt, daß keiner weiß, was sie durchmacht, und daß niemand ihr Dilemma versteht. Schlimmer noch, sie denkt, daß sie die einzige Mutter ist, die jemals dieses Problem hatte. Sie liest vielleicht ein Buch über Kindererziehung oder spricht mit dem Kinderarzt, doch niemand scheint ihr spezielles Dilemma zu verstehen.

Opfergefühl: Dies ist vielleicht die verbreitetste Reaktion der Mütter: »Warum tut das Kind mir das an?« »Es haßt mich.« »Es tut das mit Absicht.« »Es versucht wirklich, mich verrückt zu machen.« So, wie die Mütter an Einfluß verlieren, werden ihre Kinder scheinbar plötzlich die stärkere Kraft in der Beziehung. Das Kind kontrolliert, wie Sie sich fühlen, ob Ihr Tag gut oder schlecht verläuft, es kontrolliert Ihr Leben. Sie sind sein Opfer geworden.

Unzufriedenheit: Sie merken, daß Sie eine immense Last zu tragen haben, daß für Sie die Mutterrolle hundertmal schwieriger ist als für andere, und dennoch bekommen Sie von alledem, was Sie einbringen, so wenig zurück. Für die einfachsten Dinge, wie z. B. Ihr Kind anzuziehen oder sein Essen zu kochen, müssen Sie viel härter arbeiten; Sie brauchen Stunden für das, was andere Mütter in Minuten vollbringen; Ihre Gegenwart ist praktisch ständig erforderlich. Doch viele der kleinen (oder sogar großen) Erfolgserlebnisse des Elternseins entgehen Ihnen. Für all diese Bemühungen sollte mehr vorzuzeigen sein, aber da gibt es nichts vorzuzeigen.

Das Gefühl, in der Falle zu sitzen: Hier gibt es keinen Ausweg: Die Mütter schwieriger Kinder glauben, es sei ihnen unmöglich, ihr Schicksal zu ändern. Sie sind an ein Kind gebunden, das gleichgültig und schwer zu erziehen ist; sie glauben, daß niemand versteht, was sie durchmachen, und daß alle Last auf sie, die Mütter, falle. Viele dieser Frauen – viel mehr, als Sie glauben würden – träumen ernsthaft davon, ihrem Zuhause und dem schwierigen Kind davonzulaufen.

Zu großes Engagement: Eine Mischung aus vielen verschiedenen Gefühlen ist ebenfalls bei einer Reihe von Müttern sehr verbreitet. Angesichts aller anderen Gefühle beschäftigen Sie sich paradoxerweise zu sehr mit den Problemen Ihres Kindes und sind zu sehr auf seine Bedürfnisse bedacht. Dies kommt aus dem Gefühl heraus, daß nur Sie als seine Mutter verstehen können, was es durchmacht, und Ihr Wissen um seine Leiden stimuliert Sie wiederum dazu, wie eine Glucke über es zu wachen. Solch ein übermäßiger Beschützerinstinkt resultiert vielleicht aus den Konflikten der Mutter mit ihrer Mutterrolle. Solche Gefühle werden z. B. bei einer Frau übertrieben verstärkt, von der in ihrer Kindheit erwartet wurde, daß sie sehr unabhängig und erwachsen war. Bei ihr wird das Bedürfnis, ihr eigenes Kind beschützen zu wollen, um so stärker sein.

All dies, zusammen mit dem, was Ihr Kind täglich anstellt, trägt zu dem Gefühl bei, daß Sie als Eltern sich belagert fühlen und der Feind Ihr eigenes Kind ist. Aber es gibt einen Ausweg aus dieser unglücklichen Situation und eine Methode, die Kettenreaktion der Ereignisse in diesem Teufelskreis zu unterbrechen. Sie müssen alles, was nur möglich ist, darüber lernen, warum sich Ihr Kind so benimmt. Sodann müssen Sie die Techniken der Erziehung und Autorität, die Sie lernen werden, in die Praxis umsetzen. Nur wenn Sie verstehen lernen, wie Sie diese Kinder effektiv als Eltern erziehen, können Sie einige der schmerzlichen und potentiell gefährlichen Reaktionen vermeiden, die Mütter auf schwierige Kinder zeigen. Der Preis, den der Mangel an richtiger Hilfe und Information von den Müttern fordert, kann großer emotionaler Schaden sein, sowohl für die Mütter wie für das Kind selbst.

3. Der Welleneffekt

Die Wirkung eines schwierigen Kindes auf seine Umwelt kann mit der verglichen werden, die ein Stein hat, den man in einen stillen Teich wirft. Der erste Platscher, also die größte Wirkung, ist die Interaktion des Kindes mit seiner Mutter. Doch erzeugt dieser Stein auch konzentrische Kreise, die sich ausbreiten, bis praktisch die ganze Teichoberfläche erfaßt ist. Temperament und Verhalten des Kindes betreffen seine Beziehung mit jedem Familienmitglied, mit Gleichaltrigen, Lehrern, Erziehern, ja sogar Fremden auf der Straße.

Die Welt wirkt ebenfalls auf Ihr Kind. Entwicklung ist ein ständiger Interaktionsprozeß zwischen Kind und Umwelt, und je älter Ihr Kind wird, desto unwichtiger wird das Temperament bei der Bestimmung seines Verhaltens. Es empfängt die Botschaften der Welt direkt und auch durch Ihre Gefühle bezüglich der Reaktionen, die es heraufbeschwört. Das Verhalten Ihres Kindes ist also in zunehmendem Maße ein Produkt des Temperaments in Verbindung mit seiner sich entwickelnden Persönlichkeit, seinen Haltungen und Motivationen. Es hängt auch ab von der Wirkung, die Menschen, Orte und Dinge, die es sieht und kennenlernt, auf das Kind haben.

Es handelt sich nie um ein Kind in Isolation, sondern in der Familie und der Umwelt.

In diesem Kapitel möchte ich Sie auf den Welleneffekt aufmerksam machen. Beginnen Sie mit den engeren, intensiveren Kreisen, und arbeiten Sie sich nach außen. Fangen Sie mit Ihrer eigenen Ehe an.

Der Vater und die Ehe

Es ist jetzt klar, wie die Mutter und das schwierige Kind in ständigen Machtkämpfen aneinandergekoppelt sind. Die Rolle des Vaters ist ein wenig anders, außer er ist die primäre Bezugsperson. Da er weniger zu Hause ist, ist sein Verhältnis zu dem Kind normalerweise weniger intensiv und deshalb unkomplizierter. Die Ehe wird jedoch oft in Mitleidenschaft gezogen, mal mehr, mal weniger, je nachdem, wie schwierig das Kind ist und ob andere Eheprobleme existieren. Normalerweise unterscheidet man vier Arten von Reaktionen:

Der Vater fühlt sich ausgeschlossen. Durch die Komplexität und Intensität mancher dieser Mutter-Kind-Beziehungen fühlen sich die Väter unbeachtet und nicht als volles Mitglied der Familie. Wenn ein Vater zum Beispiel am Wochenende zu Hause bleibt, dann wird er Zeuge einiger dieser ständigen Kämpfe zwischen Mutter und Kind, sagen wir, wegen des Anziehens am Morgen. Die langen und ausgedehnten Prozeduren, die eventuell damit verbunden sind, erfordern viel Zeit und die totale Teilnahme der Mutter. Der Vater, der lediglich Zeuge all dessen ist, merkt, daß er sich in dieses Ritual weder einmischen noch daran teilnehmen kann. Dasselbe trifft auf andere Bereiche zu, in denen das kindliche Verhalten solch eine komplizierte Reaktion der Mutter verlangt. »Wo bin ich bei der ganzen Sache?« fragt sich der Vater.

Der Vater fragt, was die Mutter tut. Es ist nicht schwer, sich vorzustellen, warum ein Vater ebenso fragen könnte: »Ist dies alles wirklich nötig? Könntest du ihn nicht ganz einfach dazu bringen, sich anzukleiden, ohne das Getue?« Er hinterfragt den Wert dieser Muster, die Mutter und Kind einbinden, weil er eben nicht immer anwesend war, um deren volle Entwicklung zu verfolgen. Ein Vater, der nicht verstand, warum seine Frau morgens so viel Zeit damit verbrachte, ihre Tochter anzukleiden und zu frisieren, übernahm diese Aufgaben eines Morgens freiwillig, weil er überzeugt war, daß *er* dies schneller könne. Nach zwei Stunden guten Zuredens, Schreiens und hysterischer Anfälle (die Anfälle wurden von Vater *und* Kind geteilt) kam er ernüchtert zu seiner Frau und sagte ihr, daß er vorher wirklich nicht verstanden habe, was los sei. Nun verstehe er. Die Haltung der Mutter in Frage zu stellen kann so einfach und vernichtend sein, wie wenn ein Vater abends nach Hause kommt, das Kind schreit, das Abendessen angebrannt ist, das ältere Geschwisterchen schmollt und er seine erschöpfte und ärgerliche Frau fragt: »Was ist los mit dir? Kannst du dieses Kind nicht in den Griff bekommen? Warum ist das denn so schwierig?« Aus solchen Situationen entspringen Muster der Schuldzuweisungen, und langsam fängt auch die gegenseitige Unterstützung zwischen Mann und Frau an zu bröckeln, was zu ernsthaften ehelichen Zwistigkeiten führen kann.

Die Mutter hat keine Kraft mehr für den Vater. Nach einem Tag, an dem die Mutter vielleicht vier Stunden damit zugebracht hat, Wutanfälle, Traurigkeit, Griesgrämigkeit, Unzufriedenheit mit dem Essen, mit Spielzeug oder Kleidung (oder allen dreien) auszugleichen, weitere vier Stunden lang versucht hat, die Hausarbeit, den Einkauf und die Wäsche zu erledigen, während sie immer noch ein Auge auf ihr kräfteraubendes Kind haben mußte, nachdem dies alles gekrönt wurde von einem krisenbeladenen Abendessen, möchte sie ein paar Minuten vor dem Schlafengehen für sich selbst haben. Es bleibt fast nichts mehr für den Ehemann übrig, und somit ist die Folge weniger Sex, weniger Zärtlichkeit und fast keine Zeit für das Paar zusammen.

Die Mutter ist vielleicht eifersüchtig auf das relativ konfliktfreie Verhältnis des Vaters mit dem Kind. Da die Mutter den ganzen Tag mit dem Kind zusammen ist, bleibt genügend Zeit, damit sich die gegenseitigen Reaktionen einschleifen und festfahren: Die Machtkämpfe werden von Tag zu Tag intensiver. (Dies erklärt, warum immer die primäre Bezugsperson den meisten Ärger mit einem schwierigen Kind hat, eine Tatsache, die für viele Mütter die Quelle ihrer Schuldgefühle ist.) Doch der Vater, der weniger zu Hause ist, wohnt oft vielen dieser Vorfälle nicht bei, und deshalb ist sein Verhältnis oft ungetrübter. Nach einem dieser klassisch fürchterlichen Tage mit dem Kind ist die Mutter bestimmt nicht erfreut, wenn ihr Mann kommt und sagt: »Oh, Liebling, er ist bei mir so furchtbar lieb. Ich verstehe nicht, warum du heute einen so schlechten Tag hattest.« Das Kind kann also tatsächlich beim Vater einfacher zu handhaben sein. Das paßt dann der Mutter nicht.

Das Hauptproblem scheint also ein Mangel an Unterstützung zu sein, das Gefühl vieler Ehefrauen, daß ihre Ehemänner nicht hinter ihnen stehen und für ihre Not kein Verständnis aufbringen.
Interessanterweise haben viele Mütter gemischte Gefühle – zwischen Ärger und Beschützerrolle – für ihre schwierigen Kinder. Einerseits fühlen sich die Mütter von ihren Kindern leergepumpt und merken, daß sie in die Ehe nichts mehr einzubringen haben. Wenn jedoch dann die Ehemänner verstimmt sind und das Kind angreifen, weil es der Grund für viele ihrer ehelichen Probleme ist, gehen die Mütter in

die Defensive und beschützen sofort das Kind. Wenn also die Ehe schon vor der Geburt des Kindes belastet war, so wird sich diese Situation nur verschlimmern. Ein solches Kind kann eine zerbrechliche, aber noch zusammenhaltende Ehe zerbrechen.

Geschwister

Stellen Sie sich vor, wie schwer das Leben von Geschwistern eines wirklich schwierigen Kindes sein kann. Sie ärgern sich oft wegen all der Aufmerksamkeit, die dem schwierigen Kind zuteil wird, und fühlen sich auch vernachlässigt und aus der Familie »ausgeschlossen«. Viele Geschwister haben große Sorgen wegen des Problemkindes, sind beunruhigt wegen all des Geweines und schlechten Benehmens. Um ebenfalls ihr Maß an Aufmerksamkeit zu bekommen, benehmen sich einige Geschwister ebenfalls schlecht, während andere zu wahren Musterkindern werden. Probleme mit dem sogenannten »guten Kind« können später an die Oberfläche kommen.

Eltern schwieriger Kinder setzen oft zu große Erwartungen in das Geschwisterchen und verlangen von dem älteren Kind mehr Unabhängigkeit und Reife. Ich habe immer wieder Mütter über das unkompliziertere Kind als »mein großer Junge« oder »der einzig Reife in der Familie« sprechen hören, und doch sprach die Mutter nur von einem fünf- oder sechsjährigen Kind. Umgekehrt sprechen die Eltern über ein schwieriges Kind, als wäre es ein kleines Baby oder Kleinkind, während es vielleicht sieben oder acht Jahre alt ist.

Die Kind-Familie-Interaktion: Wie es im wirklichen Leben aussieht

Schauen wir uns nun an, wie die Interaktion zwischen einem tatsächlich schwierigen Kind und dessen Familie im wirklichen Leben aussieht, z. B. während eines Abendessens. Sie werden sehen, wie die Temperamentszüge eines kleinen vierjährigen Mädchens seiner Mutter, seinem Vater und seiner älteren Schwester zu schaffen machen.

Es handelt sich um eine Familie, in der das Abendessen jeden Abend zur selben Zeit, um 18.30 Uhr, serviert wird. Die Eltern essen gerne ein komplettes Menü, bestehend aus einer Vorspeise, einer Hauptspeise aus Fleisch, Kartoffeln und Gemüsen, einer Tasse Kaffee und gelegentlich einem Dessert. Normalerweise wird der Tisch im Eßzimmer gedeckt und die Familie von der Mutter zum Essen gerufen.

Da die schwierige Tochter einen unregelmäßigen Rhythmus hat, ist sie nicht jeden Abend um 18.30 Uhr hungrig, und dieser Abend ist keine Ausnahme. Sie möchte weiter fernsehen und nicht zu Tisch zum Essen kommen, da sie keine Lust zum Essen hat und gerade mitten in einem Fernsehprogramm ist. Auf Grund der schlechten Anpassungsfähigkeit kann sie den Übergang von der geliebten Tätigkeit zu einer anderen nicht schaffen. Der Vater meint, daß die Anstrengungen der Mutter, das Kind unter Kontrolle zu bekommen, nicht entschieden genug sind. Deshalb mischt er sich regelmäßig ein. Die Folge: Der Vater kritisiert die Mutter wegen der Behandlung des Kindes. »Sei streng«, rät der Vater und droht seiner Frau mit dem Finger. »Zeig ihr, daß du es ernst meinst. Du klingst nie so, als ob du wirklich etwas unternehmen würdest«, fügt er hinzu, als die Mutter versucht, das Kind vom Fernseher wegzulocken. Sie hat damit keinen Erfolg, und schließlich muß sich der Vater mit einem großen Seufzer von seinem Sessel erheben und das Kind holen. Doch seine Drohungen bleiben erfolglos, deshalb macht er den Fernseher aus; die Tochter schreit und will weiter das Programm sehen, und er gibt ihr einen Klaps, damit sie zu schreien aufhört. Dann schleift er sie zum Tisch und zwingt sie, sich in ihren Stuhl zu setzen. Sie ist sauer, schlecht gelaunt, verweint und nahe daran, wieder in Tränen auszubrechen, was eine Verstärkung ihrer normalerweise schlechten Laune darstellt. Ihre ältere Schwester macht eine Grimasse, was ihre Mutter sieht, und wird scharf zurechtgewiesen.

Die Suppe kommt auf den Tisch. Alle, außer dem kleinen Mädchen, fangen an zu essen; sie rutscht auf ihrem Stuhl hin und her, klappert mit dem Besteck und schlägt gegen das Tischbein. Da sie eine hohe Aktivitätsebene hat, kann sie nicht normal stillsitzen. Sie ißt auch niemals ihre Suppe, da diese immer »zu heiß« ist (sie reagiert sehr sensibel auf die Temperatur von Speisen, weil sie eine niedrige Sensibilitätsschwelle hat). Als Hauptgericht gibt es Fleischkäse, den das kleine Mädchen normalerweise gerne mag, doch heute sagt sie, er rieche »komisch«, und sie ißt nichts (wieder niedrige Sensibilitätsschwelle). Ihrer Mutter war die Tomatensauce ausgegangen, die sie normalerweise benutzt, und sie hatte sie durch eine Spaghettisauce aus dem Glas ersetzt; die Tochter ißt nichts, weil sie den neuen Geschmack entdeckt hat und es wegen ihrer schlechten Anpassungsfähigkeit schwer für sie ist, sich daran zu gewöhnen. Sie wird wütend, als ihre Eltern darauf bestehen, daß sie von dem Fleischkäse ißt. Ihr Vater versucht, sie zurechtzuweisen, die Mutter beginnt zu weinen, weil die Essensrunde wieder einmal zerstört ist, die ältere Schwester kann es nicht ausstehen, wenn der Vater schreit, und das schwierige Kind ver-

rennt sich immer mehr in seine negativen Reaktionen. Die Kampflinien liegen fest.
Man kann leicht erkennen, daß das Kind nicht allzu gut mit der Familie »harmoniert«. Diese Familie beharrt mehr als eine andere auf der Vorstellung eines Familienabendessens; sie versucht, das Kind in dieses Schema zu pressen, während das Kind sein eigenes Temperament und seinen eigenen Stil hat. Wenn sich solche Konflikte mit sehr kleinen Kindern ergeben, so führt die negative Interaktion mit der Familie nur zu anderen Problemen. Ein eigensinniges Kind zum Beispiel, das in einen Machtkampf mit seinen Eltern gezwungen wird, wird am Ende das Essen verweigern, selbst wenn es hungrig *ist.* Eine negative Aufmerksamkeit *verstärkt* paradoxerweise dieses Verhalten nur noch – das ist ein sehr häufig anzutreffendes Prinzip. Das Gemeckere des Kindes wegen des Geruchs und Geschmacks des Essens resultiert aus einer echten Sensibilität, doch die Empörung der Eltern verstärkt darüber hinaus die kindliche Reaktion. Somit resultiert die negative Interaktion zwischen dem schwierigen Kind und dessen Familie vielfach aus der Kettenreaktion, die es durch sein Verhalten auslöst. Diese Reaktion wiederum verstärkt das Verhalten. Da die Eltern die zugrundeliegenden Probleme nicht verstehen, haben sie ganz einfach nicht das Rüstzeug, um mit dem Kind richtig umzugehen und diese destruktiven Muster aufzubrechen.

Andere Belastungen für die Eltern

Andere Dinge können ebenfalls eine Familie belasten und durch ein schwieriges Kind noch intensiviert werden, was dann wiederum die Haltung der Eltern zu diesem Kind beeinflußt. Es kann sich um folgende Faktoren handeln:

Junge Ehen: Die Prognose für eine sehr jung geschlossene Ehe ist normalerweise schwieriger zu stellen, und die Probleme, die diese Paare haben, können durch die Geburt eines schwierigen Kindes noch erheblich verschlimmert werden. Finanzielle Probleme, das Gefühl, gefangen zu sein, der Verlust der Unabhängigkeit, bevor man eine Chance hatte, »richtig zu leben«, all das kann intensiviert werden. Da die Ehepartner vielleicht noch nicht ganz reif sind, werden sie damit nicht so gut fertig werden wie eventuell ein älteres, erfahreneres Paar.

Persönliche Probleme: Alkoholismus, der schon vor einem schwierigen Kind da war und den man unter Kontrolle gebracht hatte, kann neu aufflammen, nachdem das Kind geboren wurde. wenn der Ehemann dieses Problem hatte, dann haben ihm immer die Unterstützung, das Interesse und die Liebe seiner Frau geholfen, sein Problem unter Kontrolle zu halten. Ein schwieriges Kind macht es für eine Frau fast unmöglich, ihrem Mann so viel Zuwendung wie vorher zu geben, doch wenn er ihre Unterstützung verliert, verfällt er möglicherweise wieder dem Alkohol. Es ist klar, daß eine Trinkerin nach der Geburt eines schwierigen Kindes wieder zum Alkohol zurückwill.
Väter oder Mütter, die früher unter Depressionen oder Angstzuständen gelitten haben, jedoch geheilt sind, können nach der Geburt eines schwierigen Kindes rückfällig werden. Der Streß ist zu groß, um bewältigt werden zu können. Auf der anderen Seite hindern persönliche und Eheprobleme Erwachsene daran, ihre Rolle als Eltern wahrzunehmen, und machen sie unsicherer. Falls diese Probleme tiefergehend sind, so versuchen Sie nicht, sie zu verdrängen, und schieben Sie nicht alles, was in Ihrer Familie vor sich geht, dem schwierigen Charakter Ihres Kindes in die Schuhe.

Probleme mit den Schwiegereltern: In einigen Familien gibt es für Mann oder Frau Schwierigkeiten, anerkannt zu werden: Ihre Schwiegereltern mögen sie nicht oder sind nicht mit ihnen einverstanden, was der Ehe schon Risse versetzt, da die elterliche Unterstützung fehlt. Ein schwieriges Kind bringt für den bereits ungeliebten Ehemann oder die Ehefrau noch mehr Beschuldigungen und Kritik seitens der Schwiegereltern (oder der eigenen Familie) mit sich. Dies kann der Ehe wirkliche Probleme bereiten, vor allem wenn die Familien ziemlich nah beieinander wohnen.

Finanzieller und beruflicher Druck: Geld ist eines der Hauptthemen einer jeden Ehe. Wenn nun ein schwieriges Kind noch zusätzlichen Streß kreiert, wird der Druck vielleicht zu groß. Was den Ehemann betrifft, so braucht er, wenn er beruflich unter Druck steht, jeden Tag bis spät arbeiten muß, immer wieder versetzt wird oder sich über seine berufliche Zukunft große Sorgen macht, eine ruhige häusliche Atmosphäre. Dies ist natürlich in einer Familie mit einem schwierigen Kind unmöglich.
Und wie sieht es mit einer berufstätigen Mutter aus, die einer anstrengenden Arbeit nachgeht? Sie arbeitet Tag und Nacht hart.

Das Traumpaar: Auch Leute, die scheinbar überhaupt keine Probleme haben, sind davon nicht frei. Denken Sie an das Paar, das alles hat, für das das Leben immer aufregend, erfüllend und, was am wichtigsten ist, leicht war. Alles ist ihnen in den Schoß gefallen, zumindest bis zur Geburt dieses Kindes. Ein schwieriges Kind, das in eine solche Ehe hineingeboren wird, kann sogar mehr Streß und Zwietracht verursachen, als wenn die Familie schon vorher Probleme hatte. Die Schuld, die Beschuldigung und die Reaktion der

Familie können durch das Gefühl, daß dies vorher noch nie passiert war und daß das Kind alles vermasselt hat, noch aufgebauscht werden.

Erwartungen an die Mutterschaft: Für eine Frau, die eine »perfekte Mutter« sein will und die eine Menge ihrer Selbstachtung investiert, kann ein schwieriges Kind extreme Probleme hervorrufen, nicht nur vom Verhalten, sondern auch von der inneren Einstellung her. Es ist unausweichlich, daß die Ehe leidet. Eine unsichere Mutter dagegen, die wenig Vertrauen in ihre Veranlagung als »gute« Mutter hat, ist wegen ihrer »Inkompetenz« niedergeschmettert. Ihr Mangel an Selbstvertrauen und ihr Gefühl der Unzulänglichkeit beeinflussen ebenso ihre Rolle als Ehefrau.

Natürlich könnten alle diese Probleme in jeder Ehe auftauchen, ungeachtet dessen, ob das Kind schwierig ist oder nicht. Doch die Gegenwart eines schwierigen Kindes wird sie nur noch verschlimmern.

Die Verwandtschaft

In der Verwandtschaft kann die Schuldzuweisung übertrieben behandelt werden. Die normale Sorge um das Wohlergehen des Enkelkindes gerät in bezug auf das Verhalten des Kindes außer Rand und Band. »Was macht ihr falsch?« fragen die Großeltern ihre Kinder. »Als ich dich erzogen habe, ist so etwas nie vorgekommen. Du mußt etwas falsch machen.« Häufig wird dieser Eindruck noch durch die Tatsache verzerrt, daß sich manche schwierige Kinder bei ihren Großeltern nicht so schlecht benehmen wie zu Hause. Dies vertieft noch das Muster der Schuldzuweisung. »Bei mir ist er so lieb«, sagt die Großmutter. »Schrei ihn nicht an. Sei nicht so streng mit ihm.« Schuldgefühle und das Gefühl der Unzulänglichkeit wegen dieser Kritik von den eigenen Eltern können bei den Eltern eines schwierigen Kindes sehr stark ausgeprägt sein. Umgekehrt empfinden Großeltern sehr aktive Kinder als besonders schwierig, weil es ihnen schwerfällt, auf sie aufzupassen. In beiden Fällen kann die normalerweise von den Großeltern angebotene Unterstützung zerstört werden, und dieser Verlust kann das Wohlergehen der Familie beeinträchtigen. Es ist offensichtlich so, daß es der Familie um so besser geht, je mehr Unterstützung sie hat und je stärker diese ist.

Auch die Schuldzuweisung für die Existenz eines solchen Kindes kommt in der weiteren Verwandtschaft vor: »Sie gleicht niemandem auf unserer Seite der Familie«, ist ein häufiger Kommentar. Oft werden Mutter und Vater dazu gebracht, sich schuldig dafür zu fühlen, daß diese »schlechten Gene« von ihnen stammen. Und vor allem die Mutter glaubt, daß sie ihr Verhalten, ihren Speiseplan, ihren Tagesablauf und ihre Aktivitäten während der Schwangerschaft überprüfen sollte. Wo liegt ihr Fehler, der dieses so andere und niemandem gleichende Kind verursacht hat? Viele Erwachsene erleben schwer einzuordnende Konflikte, die sie selbst mit ihren eigenen Eltern durchgemacht haben. Der Streß, den ein schwieriges Kind erzeugt, kann solche Konflikte verstärken und an die Oberfläche bringen.

Berufstätige Mütter

Im allgemeinen haben die Mütter eines schwierigen Kindes – egal, ob berufstätig oder nicht – gegen eine Menge Selbstvorwürfe zu kämpfen. Und wenn Mütter, vor allem

Mütter von Kleinkindern, ihren Beruf wiederaufnehmen, dann haben sie dabei immer wieder gemischte Gefühle. Diese Gefühle können sich steigern, und es kann für die Mutter eines kleinen Kindes sehr schwer sein, damit umzugehen.

Das Hauptproblem für die arbeitende Mutter ist, eine gute Ersatz-Bezugsperson zu finden, sei es nun das Hausmädchen, ein Babysitter, der Kindergarten oder eine Kindertagesstätte. Wenn die Person, die Sie für Ihr Kind ausgewählt haben, Verständnis hat und wenn Sie leicht mit ihr ins Gespräch kommen, so wird die Sache wahrscheinlich gutgehen. Einen guten Erzieher regt Ihr Kind vielleicht viel weniger auf. Eine Tagesmutter oder ein Babysitter z. B. nimmt unregelmäßige Essens- und Schlafenszeiten nicht so tragisch oder ist nicht sehr irritiert durch ein lautes, sehr intensives Kind, während die Mutter des Kindes von solchen Dingen mehr betroffen ist. Eine dritte Person bringt vielleicht jeden Tag einfach mehr Energie und Objektivität mit, um mit all den Problemen fertig zu werden. Ihre eigenen Gefühle für Ihr Kind sind vielleicht ebenfalls positiver, wenn Sie nach einem Tag außer Haus heimkommen.

Ärger jedoch gibt es, wenn zwischen der Mutter und der Aufsichtsperson Eifersucht entbrennt. Die Mutter glaubt, diese Person übernähme ihre Rolle; die Aufsichtsperson will nicht, daß sich irgend jemand in ihre Arbeitsweise einmischt. Die Probleme, die durch solches Einmischen entstehen, können sich um ein Vielfaches multiplizieren, wenn es sich um ein schwieriges Kind handelt. Eine Hausangestellte entwickelt vielleicht eine Methode, das Kind zu handhaben, die die Mutter eifersüchtig macht. Denn, wenn sie (die Mutter) mit dem Kind nicht zu Rande kommt, wer dann? Warum sollte es jemand anders leichter haben? Und die Hausangestellte ärgert sich vielleicht, wenn sie merkt, daß

ihre Autorität untergraben wird. Die Mutter steigert sich in das Gefühl hinein, daß sie mit der Ersatzperson konkurriert, während diese vielleicht etwas von dem Ärger mit der Mutter auf das Kind überträgt. Wenn das Kind diese Spannung spürt, kann sich sein Verhalten verschlechtern.
Nicht alle Ersatzmütter kommen mit einem schwierigen Kind zurecht, vor allem wenn es sich um eine längere Zeitspanne handelt. Wenn Ihre Ersatzmutter kein guter Ersatz für Sie ist, wenn die einzig mögliche Tagesaufsicht keine individuelle Aufmerksamkeit und Kontinuität für Ihr Kind bietet oder wenn das Verhalten des Kindes so ist, daß keine Ersatzperson mit ihm zurechtkommt, dann müssen Sie eben doch in den sauren Apfel beißen und Ihren Beruf für eine Weile aufgeben oder Ihre Rückkehr an den Arbeitsplatz verschieben. Das hat vielleicht finanzielle Engpässe zur Folge und macht die Mutter noch verärgerter, daß sie ein »Problemkind« hat. Doch in manchen Fällen ist dies die einzig mögliche Lösung.

Scheidung und die Folgen

Unstimmigkeiten und Streitereien, die schließlich zu Trennung und Scheidung führen, sind ein weiterer Faktor im Teufelskreis. Eine Scheidung, die von Haß und Bitterkeit begleitet wird, ist für alle Kinder anstrengend, doch auf schwierige Kinder wirkt sich eine solche Situation besonders hart aus. Das Verhalten des Kindes wird sich während dieser Zeit ziemlich sicher verschlechtern, und die Eltern bringen noch zusätzliche Spannungen ins Spiel. Auf der anderen Seite bin ich fest davon überzeugt, daß es langfristig für ein Kind noch schlimmer ist, wenn die Eltern, die offensichtlich das Ende ihrer Beziehung erreicht haben, diese in einer

angespannten und freudlosen Atmosphäre »um des Kindes willen« fortführen.
Andere Probleme tauchen bei den Besuchszeiten auf. Aufgrund der unterschiedlichen Behandlung in zwei verschiedenen Haushalten erfährt das Kind die zwangsläufige Unvereinbarkeit von zwei Lebensmodellen. Doch gerade schwierige Kinder benötigen Gleichmäßigkeit und Routine; wenn, wie es bei manchen Scheidungen leider der Fall ist, diese Unvereinbarkeit absichtlich von dem einen Elternteil benutzt wird, um dem anderen zu schaden, so ist letztendlich das schwierige Kind das Opfer.
Mit der Scheidung wächst die Verantwortung der Mutter. Die Unterstützung, die in einer glücklichen Ehe vorhanden ist, wird ihr nicht mehr geboten. Und natürlich kann eine berufstätige alleinstehende Mutter nicht einfach ihren Job kündigen. Sie ist gezwungen, eine passende Betreuung zu finden oder das Problem auf irgendeine andere Art zu lösen. Die schiere Müdigkeit mag das Verhältnis zu ihrem Kind noch erschweren: Wie sollen Sie mit einem Wutausbruch fertig werden, nachdem Sie acht Stunden gearbeitet haben, danach noch beim Einkaufen waren und Abendessen gemacht haben? Alleinstehende Mütter stellen oft fest, daß ihnen nur wenig Zeit für sich selbst bleibt und sie dann eventuell mit Vorwürfen auf ihr Kind reagieren. Gleichzeitig ist die Beziehung zu ihrem schwierigen Kind meist sehr eng oder sogar zu eng.
Bei einer Wiederverheiratung tritt ein neuer, wichtiger Erwachsener in das Leben des Kindes. Wieder können Probleme mit Unvereinbarkeiten auftauchen, die gelöst werden müssen. Eltern, die am Wohl ihrer Kinder interessiert sind, sollten sich über die Einrichtungen informieren, die für Kinder geschaffen wurden, die mit zerstrittenen Ehen, Scheidung, alleinerziehenden Elternteilen und Stieffami-

lien zu tun haben. Wenn das Kind, das in solche Fälle verwickelt wird, ein besonders schwieriges Temperament besitzt, so muß dies auch berücksichtigt werden.

Das adoptierte schwierige Kind

Bei einer Adoption ergeben sich unausweichlich Probleme, die sich noch steigern, wenn es sich um ein schwieriges Kind handelt, genauso wie bei einer arbeitenden Mutter oder einem alleinerziehenden Elternteil. Es ist vielleicht hilfreich zu wissen, daß das Kind biologisch gesehen nicht Ihr eigenes ist, und somit ist die Schuldfrage bezüglich der Gene, der Schwangerschaft und der Geburt erheblich abgemildert. »Es kommt ja nicht von mir«, denken Sie. »Ich konnte während der Schwangerschaft nichts falsch machen.« Die Suche nach Gründen kann nämlich zu einem Spiel ausarten, bei dem man sich gegenseitig den Schwarzen Peter zuschiebt und jeder den anderen beschuldigt, an dem problematischen Seelenleben des Kindes schuld zu sein. Dies wenigstens entfällt, wenn man ein Kind adoptiert.

Wenn jedoch mit der Adoption irgendeine Ambivalenz verbunden ist, so wird dieses Gefühl durch ein schwieriges Kind noch intensiviert und verwandelt sich eventuell in eine ablehnendere Haltung dem Kind gegenüber. Stärkere Gefühle in der Art »Es ist nicht wirklich mein Kind« kommen vielleicht deutlicher zum Tragen. Eine weitere Reaktion, die mir manchmal begegnet, ist die Tendenz, jegliches Verhalten, auch das, was grundsätzlich dem Temperament zuzuschreiben ist, als psychologische Folgen der Adoption zu erklären. Wenn Sie solch eine Haltung einnehmen, dann kann es Ihnen leicht passieren, daß Sie nicht verstehen, um was es bei Ihrem Kind eigentlich geht.

In der Öffentlichkeit

Oft sind Eltern, die ihre Kinder zu Hause irgendwie meistern können, bei einem Kontakt mit der Außenwelt verloren. Viele Eltern meinen, als Eltern übermäßig viel Verantwortung tragen zu müssen, so daß sie sich voll verantwortlich fühlen, wenn sich ihr Kind in der Öffentlichkeit danebenbenimmt. Bei einem schwierigen Kind endet das Gefühl, daß jeder einen anstarrt und beurteilt, in einem Gefühl der Verlegenheit und Scham.

Geschäfte und Supermärkte. Diese Orte sind für aktive, ablenkbare, impulsive Kinder, die herumrennen und alles anfassen wollen, eine harte Prüfung. Dieses Verlangen, zusammen mit einer Überstimulierung durch das laute, geschäftige und hellerleuchtete Geschäft, kann schuld daran sein, daß dieses Kind außer Rand und Band gerät. Sogar wenn das Kind in einem Sport- oder Einkaufswagen sitzt, kann es Ärger geben; diese Kinder versuchen, alles zu pakken, was sie sehen. Sie verkünden lauthals, welche Artikel sie haben wollen. Es kann leicht zu Wutausbrüchen kommen.

Dies steht im Gegensatz zu einem Kind, das sich in neuen Situationen zurückzieht. Wenn man ein solches Kind in einen Supermarkt mitnimmt, bevor es dazu bereit ist, kann es aus verschiedenen Gründen zu einem Wutanfall kommen. Wenn sich das Kind in der neuen Situation generell unwohl fühlt, dann stellen Sie sich vor, was ein Supermarkt bedeutet. Zunächst sind da die geschäftigen Eingänge, in denen sich die Menschen drängen; dann der Lärmpegel, der normalerweise hoch ist, da Bestellungen und Lieferungen ausgerufen werden und dies alles noch übertönt wird von flotter Musik. Diese Szene wird noch durch grelles Licht

und durch die Anordnung von Farben, Strukturen, verschiedenen Verpackungen und Werbeplakaten verstärkt. An Wochenenden, wenn das Geschäft sehr voll ist, genügen die Menschen allein, um zu diesem Durcheinander der Stimuli beizutragen. Kombinieren Sie nun all dies mit dem wohlgemeinten Interesse Fremder, die ein verwirrtes, unglückliches Kind vor sich sehen und fragen »Was ist denn los?« oder Plätzchen oder Süßigkeiten anbieten, dann werden Sie sich mit einem Kind wiederfinden, das sich an Sie klammert, weint und vielleicht sogar schreit. Wenn Sie dies alles mit den Augen des Kindes betrachten, dann hilft Ihnen dies vielleicht, seine Not zu verstehen, aber was ist mit Ihren Problemen? Ihre Familie braucht nun einmal etwas zu essen. So versuchen Sie also, das Kind zu beruhigen, und dann marschieren Sie voll Energie in das Geschäft.
Die darauffolgende Szene, entweder mit einem nach allem greifenden oder einem zerstreuten, überaktiven Kind oder aber einem überängstlichen, zurückgezogenen Kind, ist extrem peinlich. Und schließlich sind noch eine Menge andere Eltern anwesend, mit ziemlich braven Kindern, und Ihres verursacht eine sehr auffällige Szene. Zu diesem Zeitpunkt wird Ihr Kind Ihre Versuche, es zu beruhigen, oder angebotene Leckereien, um es still zu halten, zurückweisen. Und Sie werden merken, daß jeder in dem Geschäft Sie anstarrt und über Ihre erzieherische Wirksamkeit Schlüsse zieht. Sie stellen sich vor, daß die Leute sagen: »Was für eine Mutter ist denn das?« »Sie kommt nicht einmal mit ihrem eigenen Kind zurecht. Solchen Leuten sollte das Einkaufen in Geschäften verboten werden.« Schlimmer noch ist, daß manche diese Dinge tatsächlich laut sagen oder Ihnen Ratschläge erteilen.

Restaurants. Hier gibt es keine Nischen, in die man eilen und in denen man sich verstecken könnte. Sie sind mitten im Blickfeld, in einem Raum voller Leute, die ein Essen, für das sie bezahlen, genießen wollen. Sie sind sich dessen bewußt, daß Ihr Kind diese Freude wahrscheinlich jedem vergällen wird. Die Eltern von sehr aktiven, schlecht anpassungsfähigen, unregelmäßigen Kindern oder von Kindern mit niedriger Sensibilitätsschwelle finden es sehr gewagt, auswärts zu essen. Stellen Sie sich ein Essen in einem Restaurant vor, bei dem einige oder alle der folgenden Dinge passieren:

– Ihr Kind weigert sich, das Restaurant zu betreten, obwohl Sie eines mit niedrigen, kindgerechten Autos ausgesucht haben, in denen die Kinder während des Essens sitzen und fahren können. Wenn Sie versuchen, Ihr Kind zum Eintritt in das Lokal zu bewegen, schreit es »nein, nein, nein!« Mit einem roten Kopf ziehen Sie sich zurück und sehen doch fünfzig andere Kinder glücklich beim Essen sitzen.
– Ihr Kind, das sich auf den Ausflug gefreut hat, weigert sich nun zu essen, mit der Begründung, daß es nicht hungrig ist.
– Ihr Kind kann sich nicht entscheiden, was es essen will.
– Ihr Kind protestiert beim Anblick einer quadratischen Pizza, weil es nur dreieckige Stücke gewöhnt ist.
– Ihr Kind weigert sich, in seinem Stuhl sitzen zu bleiben, und spaziert in einem Schnellimbiß umher und ärgert andere Kinder, indem es versucht, ihnen das Essen wegzunehmen.
– Ihr Kind wirft mit seinem Essen um sich oder verschüttet sein Getränk.
– Wenn die Situation wirklich eskaliert, tritt Ihr Kind nach

der Bedienung oder inszeniert einen richtig großen Wutausbruch.
– Ihr Kind benimmt sich so schlecht, daß Sie es im Restaurant anschreien, und Sie merken, daß jeder Sie wütend anstarrt.

Alles Neue und jede Situation in der Öffentlichkeit, die das erste Mal vorkommt, ja sogar spätere Besuche können ähnliche Reaktionen hervorrufen. Manche Kinder gewöhnen sich nie an neue Situationen und sind immer zuerst einmal verwirrt oder überstimuliert (oder beides). Der Zirkus, ein Film, eine Bühnenshow für Kinder oder sogar ein simples örtliches Marionettentheater können Reaktionen hervorrufen. Leider können diese Reaktionen nicht immer präzise vorhergesagt werden. Nicht alle Situationen verursachen solche Reaktionen, doch wenn nicht alle, welche sind es dann? Viele Dinge, die die meisten Kinder schrecklich aufregend finden, können ein schwieriges Kind total aus der Fassung bringen, doch da Sie wollen, daß Ihr Kind an der Kinderwelt teilnimmt, versuchen Sie weiterhin herauszufinden, welche Dinge Ihr Kind mag. Dies kann eine entmutigende Suche sein.

Nachbarn. Viele Eltern wollen das oftmals komische und unverständliche Verhalten ihrer Kinder verheimlichen. Doch die Nachbarn werden z. B. die ungewöhnliche Bekleidung eines Kindes mit niedriger Sensibilitätsschwelle bemerken, wenn es dieselbe Kleidung tagaus, tagein trägt oder keine Unterwäsche anzieht oder mitten im Winter Sommerkleidung trägt. Nachbarn hören die sehr intensiven Kinder schreien und beobachten vielleicht Temperamentsausbrüche. Sie sehen aber auch Eltern, die sich auf die Eigenheiten der Kinder einstellen, und dies läßt die gesamte Familie seltsam erscheinen. Die Eltern wissen nicht, wie sie das Verhalten ihres Kindes den anderen Leuten, die es täglich beobachten, vernünftig erklären sollen. Die Haltung der Nachbarn ist bei vielen Eltern schwieriger Kinder ein wunder Punkt.

Gleichaltrige. Was passiert zwischen dem schwierigen Kind und seinen Spielkameraden? Bei manchen ist dies kein Problem, bei anderen schon. Aktive, chaotische, erregbare Kinder haben wahrscheinlich Schwierigkeiten. Es fällt ihnen schwer, ihr Verlangen, jedermanns Spielzeug haben zu wollen, zu zügeln, und wenn sie nicht anpassungsfähig sind, dann fällt ihnen das Teilen schwer. Dies kann dann in wildes Benehmen, Schlagen oder gar Beißen ausarten. (Das Beißen ist eine der beschämendsten Erfahrungen, die eine Mutter mit einem schwierigen Kind macht, denn es scheint ein wahrhaft primitiver, aggressiver Akt zu sein. Die Mütter tun sich schwer zu erklären, warum ihr Kind so etwas tut, und sie verbieten ihm sogar strikt, an den Spielen anderer Kinder teilzunehmen.) Ein Kind, das sich am Anfang eher zurückzieht, bleibt vielleicht für längere Zeit am Rand der Gruppe. Später, wenn es dann etwas findet, was es wirklich interessiert, ist es von der Tätigkeit so fasziniert, daß es die anderen Kinder vergißt. Ein Kind mit niedriger Sensibilitätsschwelle, das immer dasselbe Hemd anhat oder sich weigert, warme Winterkleidung anzuziehen, wird eventuell von seinen Kameraden gehänselt. Spielsituationen, in denen nur zwei Kinder miteinander spielen, sind besser, weil das aktive Kind weniger Stimulation erfährt und das zurückgezogene Kind sich weniger bedroht fühlt. Doch das Teilen und das Miteinander können immer noch Probleme bereiten.

Die Eltern sind sehr eifrig bemüht, daß ihr Kind »akzeptiert«

und »geliebt« wird, daß es Freunde findet, so daß dies oft die schlimmste Nebenerscheinung ist, die es bei einem schwierigen Temperament zu akzeptieren gilt. Sie fragen sich, ob ihr Kind sogar von den anderen Kindern als »anders« oder »seltsam« angesehen wird.

Spielplätze. Nimmt man ein aktives Kind zu einem Spielplatz mit, dann ist dies vielleicht sogar besser, denn es ist generell gut, wenn Kinder wild umherrennen und einige ihrer Energien verpulvern. Doch wenn sie Streit mit anderen Kindern anfangen, sei es wegen eines Spielzeugs oder eines Spiels, dann kann dieser Verlust der Kontrolle über sich in Schläge, Treten oder Sandwerfen ausarten. Ein sehr aktives, überstimuliertes Kind nimmt das Spielzeug anderer Kinder und weigert sich, es wieder herauszugeben.
Ein Kind, das eher schüchtern ist und eine niedrige Sensibilitätsschwelle hat, schreit oder ist wütend, wenn es zu einem Spielplatz mitgenommen wird. Nach und nach gewöhnt es sich daran, doch weigert es sich dann, nach Hause zu gehen. Mütter solcher Kinder finden, daß diese Reaktion genauso peinlich sein kann wie die des Kindes, das wild wird.

Spielgruppen und Kindergärten

Die Mütter von sehr schwierigen Kindern finden, daß ihre Kinder ein besseres Verhalten an den Tag legen, wenn sie, die Mütter, nicht da sind. Auch diese Tatsache kann eine Quelle für Schuldgefühle der Eltern sein. Worauf diese Kinder in einer solchen Umgebung jedoch ansprechen, ist die konfliktfreie Atmosphäre und die Anwesenheit einer Person, die dem Kind im Grunde genommen neutral gegenübersteht. Wenn auch Sie festgestellt haben, daß sich Ihr Kind in der Schule *besser benimmt*, dann kennen Sie jetzt den Grund dafür. Wie Sie wissen, beginnt der Ärger erst, wenn es wieder nach Hause kommt.

Die Gewöhnung schwieriger Kinder an den Kindergarten hängt davon ab, wie die Situation sich mit ihrem Temperament verträgt. Dies wiederum hängt von der Konstellation der Charakteristika ab, die das Kind prägen. Manche Kinder haben keine Probleme; andere haben verschiedenartige Probleme. Darunter sind die folgenden zu finden:

- *Das höchst aktive und ablenkbare Kind.* Erregbarkeit, Impulsivität, Überdrehtheit und Schlagen sind einige der Probleme sowie Schwierigkeiten, dem Erzieher zuzuhören oder Aufmerksamkeit zu schenken, in der Reihe zu stehen und Anweisungen zu folgen. Eigenartigerweise verhalten sich diese Kinder bei Aufnahmegesprächen mustergültig, weil sie im Normalfall extrovertiert sind und in Situationen, in denen sie es mit nur einem Gegenüber zu tun haben, gut zurechtkommen.
- *Das Kind mit niedriger Sensibilitätsschwelle.* Empfindlichkeit gegenüber grellem Licht und großer Lautstärke sowie Überstimulierung aufgrund einer großen Kindergruppe können zu Problemen im Verhalten führen.
- *Das schüchterne, schlecht anpassungsfähige Kind.* Hier gibt es Probleme damit, jeden Tag von zu Hause wegzugehen, mit Übergängen fertig zu werden, eine Routine aufzustellen, und mit dem Teilen. Diese Kinder schneiden bei Aufnahmegesprächen nicht gut ab, weil sie an der Mutter hängen und furchtsam sind.
- *Das beharrliche Kind* wird stur und streitsüchtig sein. Lehrer werden sagen, daß es immer seinen eigenen Kopf durchsetzen möchte.

– *Das intensive Kind* übt auf die Erzieher wegen seiner so störenden Lautstärke einen Extradruck aus.

Aus diesen Verhaltensweisen in der Schule folgt, daß die Lehrer die Eltern auf eventuell vorhandene psychische Probleme oder eine »Hyperaktivität« ansprechen, was natürlich bei den Eltern Besorgtheit hervorruft. Eltern werden zu Lehrerkonferenzen gerufen und sind dann ärgerlich auf ihr Kind wegen seines »schlechten Benehmens«, was dann wiederum das Verhalten des Kindes nur noch verschlechtert. Somit wird ein Teufelskreis rund um die Schule aufgebaut.
Doch wie bereits gesagt, benehmen sich viele schwierige Kinder bei den Lehrern in der Schule besser. Einige Probleme bleiben jedoch dieselben wie bei den Eltern. Die Erzieher verwenden viel Zeit auf diese Kinder, und der Begriff der »Harmonie« ist auch für das Erzieher-Kind-Verhältnis sehr wichtig. Ebenso kommen die Erfahrung und die Persönlichkeit des Lehrers mit ins Spiel.

Kinderärzte

Der erste Arzt, den Sie mit Ihrem schwierigen Kind konsultieren, ist der Kinderarzt. Wenn die Diagnose, daß Ihr Kind Blähungen hat, nicht mehr greift (weil Blähungen normalerweise nach dem dritten oder vierten Monat aufhören), hat Ihnen Ihr Arzt vielleicht gesagt: »Sie haben ein vollkommen normales Kind. Sie müssen nur lernen, mit ihm zu leben.«
Manchen Ärzten sind nicht alle Theorien über das Temperament geläufig, und da sie auf diesem Gebiet unerfahren sind, können sie Ihnen vielleicht nicht mehr darüber sagen.

Sie sehen, daß das Kind normal ist und es keinen Grund für dieses Verhalten gibt. Und tatsächlich kann auch der Arzt das Verhalten *nicht sehen*, außer beim sehr aktiven Kind. Doch Sie selbst sind auch für das Verhältnis zwischen Arzt und Patient verantwortlich. Mütter haben oft Angst davor, von einem Kinderarzt beurteilt zu werden. Sie wollen nicht in einem schlechten Licht erscheinen und geben deshalb über das Verhalten des Kindes nicht so bereitwillig Auskunft, wie sie sollten. Wenn nun also der Arzt das Verhalten nicht mit eigenen Augen sehen kann und Sie es ihm nicht detailliert beschreiben, so ist der Arzt eher geneigt anzunehmen, daß *Sie* selbst das Problem sind.

Wenn Ihr Arzt Ihre Beschreibung akzeptiert und Ihnen etwas über das *angeborene schwierige Verhalten* Ihres Kindes erzählt, dann weiß er etwas über das Temperament und wird in der Lage sein, einen konstruktiven Rat zu erteilen. Wenn er davon nichts versteht, dann wird er möglicherweise annehmen, das Kind reagiere auf eine schlechte häusliche Situation.

Ein weiteres Problem eines beschäftigten Kinderarztes, selbst wenn er etwas von Temperament versteht, ist sein Zeitmangel. Wenn die Mutter nicht von sich aus einen Termin ausmacht, dann werden Arzt und Mutter nie dazu kommen, ausgiebig über das Verhalten des Kindes und eine mögliche Abhilfe zu sprechen.

In diesem und im vorhergehenden Kapitel haben wir die Wirkung des schwierigen Kindes auf seine Umgebung untersucht, auf seine Eltern, seine Geschwister, seine entfernte Verwandtschaft, Spielgefährten, Lehrer, Nachbarn und Ärzte. Die Eltern eines sehr schwierigen Kindes werden oft zu Hause nicht mit ihm fertig und meistens auch nicht außer Hause. Das Verhalten ihres Kindes scheint fast alles und jedes in ihrem Leben in Mitleidenschaft zu ziehen. Auf der

Suche nach praktikablen Lösungen wurde ihnen geraten, sie sollten »damit leben«. Ferner wurde ihnen gesagt: »Sie sind zu ängstlich, Sie verwirren das Kind«; es wurde ihnen geraten: »Sie sollten es wirklich nicht so behandeln, Sie vermasseln alles, machen alles falsch, verkorksen Ihr Kind.« Die Eltern werden ängstlich, schämen sich, fühlen sich schuldig und sind verärgert.

Kein Elternpaar will glauben, daß mit ihnen selbst oder dem Kind ernsthaft etwas nicht in Ordnung ist. Und wenn man ein schwieriges Kind hat, trifft dies eben nicht zu.

4. Ist das Kind »hyperaktiv«?

Wenn ich Eltern frage, was sie unter dem Begriff »hyperaktiv« verstehen, dann antworten sie mit einer Flut negativer Worte. »Destruktiv« ist eine sehr häufige Antwort und wird gefolgt von »gestört«, »unsozial«, »ängstlich«, »unaufmerksam«, »lernbehindert« oder schlichtweg »schlecht«.
Dieses Durcheinander spiegelt die mangelnde Übereinstimmung bezüglich der Diagnose von »Hyperaktivität« unter Fachleuten wider. In der Fachliteratur finden sich über siebzig Begriffe, die im Zusammenhang mit dem Terminus der »Hyperaktivität« entweder austauschbar oder sich überlappend genannt werden. Darunter befinden sich Begriffe wie: *organisch bedingt, minimale Hirnstörung, hyperkinetisches Syndrom, Lernschwäche, minimaler Gehirnschaden, das schwerfällige Kind, Konzentrationsmangel (mit oder ohne Hyperaktivität).*
Was bedeutet dies alles? Was sollen Sie tun, wenn Ihnen jemand sagt, Ihr Kind sei »hyperaktiv«?

Die Probleme mit der Diagnose

Es ist besonders bei Vorschulkindern problematisch, die Diagnose der »Hyperaktivität« zu stellen. Die verschiedenen Berufsgruppen wie z. B. Kinderärzte, Erzieher, Psychiater, Neurologen, Schulpsychologen und Therapeuten der verschiedensten Richtungen stützen sich auf unterschiedliche Kriterien, um das Syndrom zu definieren und einerseits von der Normalität sowie andererseits von ernsthafteren Störungen zu differenzieren. Die Kriterien zur Diagnose von »Konzentrationsschwäche, gepaart mit Hyperaktivität« sind relativ klar umrissen. Doch trotzdem sind sie stark abhängig von der Schilderung des Verhaltens des Kindes, die durch die Eltern und die Lehrer erfolgt. Daher sind die Kriterien ziemlich subjektiv. So etwas wie einen »Hyperaktivitätstest« gibt es nicht.

Die »Hyperaktivität« wird außerdem in anderen Ländern anders beurteilt. Einige ältere Studien, die in den Vereinigten Staaten angefertigt wurden, befanden, daß zwischen zehn und zwanzig Prozent aller Kinder im Schulalter »hyperaktiv« waren. Momentane Schätzungen, die auf strengeren Kriterien beruhen, bewegen sich zwischen drei und fünf Prozent aller Kleinkinder. In Großbritannien und auf dem europäischen Kontinent resultiert aus einem noch konservativeren Ansatz zu dieser Diagnose eine weitaus geringere Anzahl von Kindern, die als »hyperaktiv« bezeichnet werden. Bei erfahrenen Berufsgruppen, vor allem aus dem medizinischen Bereich, ist die Tendenz dahingehend, mehr Konservatismus und striktere Kriterien beim Stellen einer Diagnose walten zu lassen. Dies ist bestimmt positiv und hat zur Folge, daß weniger Kinder willkürlich einer Medikation unterzogen oder bestimmten Gruppen zugeordnet werden. Die verschiedenen Berufssparten haben jedoch als Gruppe noch einen weiten Weg vor sich, bevor sie sich darüber einigen können, was »Hyperaktivität« nun wirklich ist, besonders bei Kleinkindern.

Wie Sie bereits festgestellt haben, ist meine Vorstellung von Normalität ziemlich weit gefaßt. Ich glaube, daß ein ziemlich weites Spektrum von Verhaltensweisen unter den Begriff von Normalität fällt. Daher bin ich mit der Diagnose »Störung« bei einem Kleinkind extrem vorsichtig.

Das Wort »hyperaktiv« an sich kann auf zweierlei Art und Weise benutzt werden. Man kann es ganz einfach als Adjektiv betrachten, das eine Verhaltensdimension bezeichnet.

Wenn man es als solches – ohne emotionalen Unterton – benutzt, so hat der Begriff keine besondere Bedeutung. Er drückt lediglich ein sehr hohes Aktivitätsniveau aus. Am gebräuchlichsten ist es jedoch, den Begriff als Diagnose zu verwenden. Dann impliziert er Abnormalität und die Notwendigkeit einer Behandlung und führt uns sogleich in ein Dickicht gegensätzlicher Meinungen.

Die Not der Eltern

Ein Teil des Problems liegt in der ständigen Suche der Eltern nach einer Antwort auf die Frage: »Was ist mit meinem Kind los?« Wenn Mutter und Vater Schwierigkeiten haben, ihr Kind unter Kontrolle zu halten, und ihnen dadurch das Leben schwergemacht wird, so ist es in vielfacher Hinsicht tröstlicher zu wissen, daß das Kind nicht normal ist, weil dies die Verantwortung von ihnen nimmt. Doch wenn der Arzt sagt: »Es ist normal, Sie werden damit fertig werden müssen«, dann ist guter Rat teuer. Dies kann zu Hilflosigkeit führen, zu Selbstmitleid und einer Märtyrereinstellung sowie dazu, keine Hilfe mehr zu suchen. Doch versetzen Sie sich in die Lage des Kindes! Es wächst auf in dem Bewußtsein, seinen Eltern eine ständige Bürde zu sein, ihnen ein Kreuz aufzuerlegen.
Bei dem Bemühen herauszufinden, ob mit einem Kind, das sich anscheinend nicht ruhig halten kann und dessen Verhalten chaotisch erscheint, etwas nicht stimmt, können Eltern in einen Strudel der Diagnosen geraten. Sie gehen von Arzt zu Arzt, von Spezialist zu Spezialist und sind am Ende nur noch verwirrter. In manchen dieser Fälle wird vielleicht eine Diagnose gestellt, die auf sehr wenig Informationen beruht.

Ganz besonders in den ersten Jahren der Entwicklung des Kindes können die Eltern von Ärzten, die das Kind in jeweils verschiedener Umgebung sehen, unterschiedliche Meinungen zu hören bekommen. Ein Kinderarzt, der das Kind in einer geschäftigen Praxis zu Gesicht bekommt, bescheinigt ihm »Hyperaktivität«; eine Kindergärtnerin, die das Kind inmitten einer tobenden Gruppe beobachtet, meint auch, es wäre »hyperaktiv«, und deutet vielleicht vage an, daß man es auf eine eventuelle »Lernschwäche« hin beobachten sollte; ein Psychologe oder Psychiater, an den das Kind verwiesen worden ist, entscheidet, das Kind sei sehr aktiv, aber nicht »hyperaktiv«, und spricht von emotionalen und Familienproblemen, wohingegen ein Neurologe, der das Kind alleine untersucht, nachdem es ruhig in seinem freundlichen Wartezimmer gesessen hat, sagt, es sei »normal«! Wer hat nun recht? Diese professionellen Meinungen können insgesamt gesehen Verwirrung stiften. Das Problem liegt darin, daß die Bezeichnung »hyperaktiv« selbst bei weitem noch nicht geklärt ist. Wenn sogar kompetente Fachleute, die bei einem sehr jungen Kind eine Diagnose vornehmen, sich nicht auf die Kriterien einigen können, dann macht dies die Gültigkeit der Diagnose selbst sehr fraglich.

Man kann sicherlich Mitleid mit der Not der Eltern haben, die nach einer Antwort suchen. Als Eltern fühlen wir den Drang herauszufinden, was los ist, und die bestmögliche Hilfe zu bekommen. Deshalb können viele Eltern bequemer mit einer Diagnose leben, selbst wenn dabei eine Abnormalität angedeutet wird. Schließlich kann die Alternative dazu noch schlimmer ausfallen: Wenn dem Kind nichts fehlt, so müssen sie lernen, mit dieser Gegebenheit zu leben, oder die Schuld für sein Benehmen auf sich nehmen. »Wenn dem Kind nichts fehlt, dann muß es unser Fehler sein«, dies ist eine verbreitete Reaktion.

Somit sind die Eltern eines sogenannten hyperaktiven Kleinkindes in einer doppelten Schlinge gefangen. Die Andeutungen, daß das Kind normal sei, können genauso schwer zu ertragen sein wie die, daß es abnormal sei.

Das Dilemma mit der Hyperaktivität

Wie Sie gesehen haben, ist der Begriff »hyperaktiv« ein Sammelbecken für alle möglichen Arten von Fehlfunktionen im Verhalten und in der Erziehung geworden sowie auch ein Schlagwort, um einen Aspekt aus dem komplexen Verhalten eines Kindes herauszugreifen. Die Hyperaktivität an sich sollte nicht als Diagnose verwendet werden, sondern eher dazu, ein spezifisches Verhalten zu beschreiben, d. h. zu erklären, warum sich ein Kind anscheinend viel unruhiger verhält als »normalerweise«.
Hyperaktivität und Normalität sollten tatsächlich nicht als statische, sondern als dynamische Begriffe verstanden werden. Dies soll heißen, daß insbesondere ein Kleinkind nicht in allen Situationen hyperaktiv ist, vielleicht auch nicht in derselben Situation zu verschiedenen Zeitpunkten, und daß diese Aktivitätsebene in einem Spektrum gesehen wird, das von gemäßigt über sehr bis »hyper« geht. Es muß auch immer in Zusammenhang gesehen werden mit der Umgebung, der Tageszeit, der Laune des Kindes und der Art, wie es behandelt wird. Mit anderen Worten: Zeitweise erscheint das Kind »normal« und zeitweise »hyperaktiv«.
Sehen wir uns nun ein paar Beispiele dessen an, was ich unter einem *dynamischen* Begriff verstehe.

»Aber der Arzt sagt, er ist hyperaktiv!«

Jeremy ist fünf Jahre alt, laut, erregbar, oft sehr aktiv, und sein Arzt bezeichnete ihn als »hyperaktiv«. Wenn die Mutter mit Jeremy zum Arzt geht, wird er immer kribbelig, je länger er im Wartezimmer sitzt. Es fällt ihm schwer stillzusitzen, wenn er nichts dabei tun kann, und Jeremys Arzt hat eine gutgehende, überfüllte Praxis mit langen Wartezeiten. Während er dort ist, tobt Jeremy mit einigen der Kinder herum. Wenn der Arzt dann endlich Zeit für ihn hat, ist Jeremy überstimuliert, aufgekratzt und zappelig wie ein Fisch. Für den Arzt gibt es keinen Zweifel, daß dies ein hyperaktives Kind ist. Jeremys Mutter jedoch erzählt dem Arzt, daß sie nicht verstehen könne, warum der Junge zu Hause so gut zu haben sei, wenn er in seinem Zimmer spielt. Sie meint, ein hyperaktives Kind muß immer hyperaktiv sein, doch Jeremy spielt lange und ruhig mit seinen Legoklötzen. Im vergangenen Jahr benahm er sich im Kindergarten oft wild, doch dieses Jahr ist er in einer kleinen Kindergartengruppe mit einem ruhigen, geduldigen Erzieher, und er hat sich sehr gebessert. Wenn Jeremys Mutter dies dem Kinderarzt zu erklären versucht, so reagiert dieser skeptisch. Ist Jeremy hyperaktiv? Ist er manchmal hyperaktiv? Ist er normal oder nicht? Ist er manchmal abnormal? Ist dies möglich?

Der Wildfang

Claire ist eine Sechsjährige, die offenbar keine allzu großen Verhaltensprobleme hat, außer in der Schule. Sie besucht die erste Klasse einer Konfessionsschule und hat Probleme, weil sie, wie die Lehrer ihrer Mutter versichern, den Anordnungen nicht folgt, nicht in Reih und Glied stehen will, sich nach vorne drängt, während der Spielzeit sehr aufgedreht ist und andere Kinder geschlagen oder getreten hat. Die Lehrer schlagen vor, daß Claires Mutter mit dem Kind einen Psychologen oder Psychiater aufsuchen soll, da dies Anzeichen dafür sein könnten, daß sie möglicherweise ein emotionales Problem hat. Claires Mutter ist verwirrt; Claire ist ihr viertes Kind, neben drei Buben, und ihre Tochter erschien ihr niemals »hyperaktiv« oder unruhig. Wenn Claire einen ihrer Brüder schlägt, so schlägt dieser zurück; sie erschien niemals aktiver als die Jungen. Die Mutter weiß, daß Claire kein folgsames, ruhiges Kind ist, doch dies hat sie niemals ernsthaft beunruhigt. Was ist schon dabei, wenn das Kind von einer Beschäftigung zur anderen eilt und nicht dasitzt und mit Puppen spielt? Claires Mutter will keinen einschlägigen Arzt aufsuchen, doch die Schule bedrängt sie und deutet an, daß weitere, ernsthaftere Probleme hinzukommen könnten, wenn Claire »nicht geholfen würde«. Ist Claire hyperaktiv? Oder fällt ihr Benehmen nur in der Schule mehr auf? Hier haben wir ein deutliches Beispiel dafür, wie man dasselbe Benehmen als normal oder abnormal betrachten kann, je nach der Umgebung.

»Normalerweise ist er ein so guter Junge«

Am Tag vor Schulbeginn gleicht der große Schuhladen am Ort in der Regel einem Tollhaus. Die Mütter müssen oft zwei Stúnden darauf warten, daß ihren Kindern neue Schuhe für die Schule angepaßt werden. Die meisten Eltern versuchen, diesem Wahnsinn zu entgehen, doch wenn die Familie im Urlaub war, ist dies manchmal nicht zu vermeiden. Stevie ist dreieinhalb Jahre alt und normalerweise ein gemäßigt aktives, glückliches Kind, das manchmal zu Gefühlsausbrüchen neigt. Stevies Mutter nimmt ihn in den Schuhladen mit, um ihm für den Kindergarten ein Paar Freizeitschuhe zu kaufen. Bei ihrer Ankunft erhalten sie die Nummer 132. Die Verkäufer bedienen gerade die Nummern 45 und 46. Stevies Mutter beschließt, wieder zu gehen und später zurückzukommen; sie geht mit Stevie in ein benachbartes Geschäft, um ihm ein paar neue Polohemden zu kaufen. Er aber wird schon unruhig; seine Mutter verspricht ihm ein Eis, wenn die Schuhe gekauft sind. Sie kehren in das Schuhgeschäft zurück und nehmen Platz. Die Zeit vergeht, und Stevie wird zusehends ärgerlicher und zappeliger; wiederholt steht er auf und läuft kreuz und quer durch das Geschäft. Es bleibt nicht aus, daß er andere Kunden anrempelt und mit einem umhereilenden Verkäufer zusammenstößt. Er wird immer aufgekratzter, und schließlich kommt der Gefühlsausbruch. Er hat einem anderen Kind ein Spielzeug weggenommen. Als das andere Kind versucht, es zurückzubekommen, stößt er es zu Boden. Seine Mutter, der dies peinlich ist und die weiß, daß jeder im Geschäft sie anstarrt, versucht, ihm das Spielzeug wegzunehmen. Ein heftiger Wutausbruch ist die Folge. Schließlich packt sie ihn und zerrt ihn aus dem Schuhgeschäft. Sie kann noch zwei Mütter, die beim Ausgang sitzen, über sie sprechen hören. »Arme Frau«, sagen sie. »Ihr Kind ist hyperaktiv.«

Nehmen wir nun diesen letzten Fall eines gemäßigt aktiven, deutlich »normalen« Kindes, nämlich Stevie. Sein Benehmen paßt normalerweise nicht auf irgendeine Definition der Hyperaktivität, doch wenn er nach einem langweiligen Einkaufsbummel noch längere Zeit warten muß, wenn er auf einem Stuhl in einem überfüllten Geschäft sitzen muß, wenn er überstimuliert und quengelig wird, dann reagiert er mit einem wilden Benehmen. Doch kann man solch ein Kind »hyperaktiv« nennen? Natürlich nicht! Auch wenn er im Schuhgeschäft genauso aussieht und sich so benimmt wie ein hyperaktives Kind.

Sogar bei einem Kind wie Jeremy, dem Jungen mit seinem Problem beim Arztbesuch, gibt es immer Augenblicke, in denen sein Benehmen nicht ganz genau das widerspiegelt, was einige Fachleute als Hyperaktivität bezeichnen. In manchen Umgebungen, wie in seinem Zimmer zu Hause, kann er sich durchaus hinsetzen und seine Aufmerksamkeit auf etwas konzentrieren, das er mag. Er macht gute Fortschritte, wenn er mit seinem Lehrer in einer ruhigen, disziplinierten Klasse ist, obwohl er ein wenig mehr Aufmerksamkeit braucht. In der Arztpraxis und anderen überlauten Umgebungen jedoch verschlechtert sich sein Benehmen bis zu einem Punkt, an dem er »abnormal« zu sein scheint. In Claires Fall ist es interessant, wie ihr entspanntes Umfeld zu Hause und ihre Position als viertes Kind in einer Familie mit Jungen viele der Charakterzüge eines sogenannten hyperaktiven Kindes verdeckt haben. Eine kurze Aufmerksamkeitsphase, Erregbarkeit, Impulsivität, Aggressivität, chaotisches Spielverhalten – all dies geht im Wirbel eines solchen Haushaltes fast unter. Und Claire hat eine erfahrene und ruhige Mutter. Versuchen Sie sich dasselbe Kind in einem etwas steifen Haushalt als erstes Kind vorzustellen. Es würde auffallen wie ein bunter Hund. In einem solchen Haushalt würde sogar ein mäßig aktives Kind überaktiv erscheinen. Die physischen Beschränkungen in einer solchen Umgebung würden das Problem nur noch vertiefen. Claire und ihre Brüder wachsen in einem alten, weitläufigen Haus mit großen, etwas heruntergekommenen, gemütlichen Zimmern und einem großen Hof auf. Würde sie in einem kleinen Stadtappartement mit Nippes auf jedem Tisch aufwachsen, dann hätte sie ihren Eltern schon als Zweijährige Probleme gemacht.

Da sie in eine Konfessionsschule mit einem strengen Lehrer geht, wird Claire durch ihr Verhalten zu einem »Problemkind« gestempelt. Doch ist dies dasselbe Verhalten, das zu Hause akzeptiert und sogar gefördert wird. (Dies ist übrigens ein gutes Beispiel für ein gutes Zusammenspiel in der Familie und ein schlechtes in der Schule.) Wie also bezeichnen wir Claires Verhalten? Ist sie eine hyperaktive Querulantin, oder ist sie ein sehr aktiver Wildfang, der in die falsche Schule geht?

Die Bedeutung des Umfeldes

Diese drei Beispiele beleuchten deutlich die zwei zentralen Probleme, die der Begriff der »Hyperaktivität« aufwirft: Die Aktivitätsebene des Kleinkindes hängt fast immer vom weiteren Umfeld ab; die Grenzlinie zwischen normal und abnormal, die schon in ausgeprägten Fällen schwer zu ziehen ist, liegt oft im Ermessen des Betrachters. Wir haben es hier mit der Aktivitätsebene zu tun, die sich über ein Spektrum von leicht bis schwierig erstreckt, welches wiederum eingeteilt ist von niedrig bis sehr hoch. Kein Kind ist immer aktiv und wild. Das Kind interagiert mit seiner Umgebung. In verschiedenen Situationen und unter verschiedenen Umständen kann ein extrem aktives Kind ruhig sein, ein gemäßigt aktives Kind sich extrem überstimuliert zeigen. Die Tageszeit kann eine Rolle spielen, denn viele Kinder haben jeden Tag eine bestimmte Zeit, die ihre Mütter scherzhaft die »Geisterstunde« nennen, in der sie sich schlichtweg unmöglich verhalten. Hunger oder eine Diät können das Verhalten beeinflussen, wie viele Eltern intuitiv wissen. Es ist ebenfalls wichtig, wieviel Schlaf das Kind hatte. Fragen Sie die Mütter von Kleinkindern, wie ihre Kinder sich benehmen, wenn sie im Alter von zwei Jahren eine Schlafzeit auslassen. Außerdem wird jedes Kind, das Angst hat oder sich bedroht fühlt, ein extremes Verhalten an den Tag legen. Kann man wirklich definitiv behaupten, daß ein schreiendes, laut wütendes Kind in der Tür eines Supermarktes ein hyperaktives Kind ist, das von seinen Eltern gezügelt wird, oder handelt es sich um ein Kind, das alles Neue und Überwältigende haßt und von seinen Eltern gezwungen wird, mit an diesen hektischen oder fremden Ort zu gehen? Einem Passanten erscheint das Verhalten identisch, und die Eltern scheinen unfähig zu sein, das Kind »unter Kontrolle« zu bringen.

Schauen wir uns nun an, was in einigen Schulsituationen passieren kann. Auf Grund der kürzlichen Engpässe in den Erziehungsfonds beschäftigen viele Schulen weniger Lehrer und haben größere Klassen. In solchen Situationen ergibt sich wahrscheinlich öfter ungebärdiges Verhalten, und tatsächlich war noch vor einigen Jahren an manchen Schulen »Hyperaktivität« ein Synonym für ungebärdiges Verhalten. Ein Kind, das solches Verhalten an den Tag legt, aus welchen Gründen auch immer, aber vor allem ein Kind, das Schwierigkeiten hatte, mit der Klasse Schritt zu halten, wurde nur allzuoft als »hyperaktiv« bezeichnet. Diese Kinder wurden viel zu oft mit Medikamenten behandelt. Erst vor kurzem hat man begonnen, von diesen Praktiken abzulassen, doch an manchen Orten existieren sie immer noch.

Es gibt also viele Gründe, den Gebrauch des Begriffs »Hyperaktivität« in Frage zu stellen:

1. Ein Charakteristikum, ja ein Adjektiv, reicht nicht aus, um das ganze Kind zu beschreiben.
2. Die Grenzen der Normalität sind schwer zu definieren. »Anders« ist nicht zu verwechseln mit »unnormal«.
3. Die Umgebung, mit der das Verhalten einhergeht, ist sehr wichtig. Besonders relevant ist dies, wenn das Verhalten in der Schule am offenkundigsten gezeigt wird.
4. Das Alter des Kindes ist wichtig. Da ein Zweijähriger in der Regel aktiver ist als ein Vierjähriger, verschwimmen die Grenzen zwischen gemäßigter, hoher und sehr hoher Aktivitätsebene im Kleinkindalter. Bei älteren Kindern läßt sich diese Unterscheidung leichter treffen. Ärzte sollten bei der Diagnose »Hyperaktivität« viel mehr Zu-

rückhaltung üben, wenn es sich um sehr kleine Kinder handelt, und gute Ärzte tun dies auch.

5. Die Tageszeit spielt eine Rolle. Ein Kind in seiner »Geisterstunde«, ein hungriges Kind oder eines, das nicht geschlafen hat, wird aus diesen Gründen »hyperaktiv«. Und genauso, wie Erwachsene in ihrem täglichen Verhalten zyklische Biorhythmen feststellen und erfahren, ist dies auch bei Kindern der Fall. Ist Ihr Kind ein »Tagmensch« oder ein »Nachtmensch?« Diese Hochs und Tiefs können seine Aktivitätsebene beeinflussen.
6. Auch die Ernährung spielt eine Rolle. Viele Mütter haben bei ihren Kindern Reaktionen auf zuckerhaltige Speisen oder Speisen mit Zusätzen festgestellt. Auch die Ärzte bemerken immer häufiger einen Zusammenhang zwischen Nahrung und Verhalten.
7. Am wichtigsten aber ist, wer die Diagnose stellt und welche Kriterien zugrunde gelegt werden. Der Psychiater hat eine Auswahl an Kriterien, der Kinderarzt eine andere, der Neurologe wieder eine andere. Objektive Kriterien, um bei Kleinkindern ein »abnormales« Verhalten zu definieren, existieren einfach nicht. Die Ärzte sollten nur eine Diagnose auf Grund einer gänzlich objektiven Bewertung erstellen, und jede Diagnose hat nur so viel Gültigkeit wie die Kriterien, auf denen sie beruht.

Eine neue Perspektive: die Mithereinnahme des Temperaments

Wenn wir aufhören, ein sehr kleines Kind als »hyperaktiv« zu betrachten, und es statt dessen als *schwieriges Kind mit einer hohen Aktivitätsebene* sehen, dann öffnen sich neue Horizonte. Wir können damit beginnen, das Kind als Gesamtheit und nicht nur als ein Charakteristikum zu betrachten. Somit können wir dem Kind und der Familie Hilfe anbieten ohne die Fußangel einer diagnostischen Zuordnung und einer »Behandlung«.

Sie müssen sich immer vergegenwärtigen, daß die Aktivitätsebene nur einer der neun Temperamentsbereiche ist. Sogenannte hyperaktive Kinder sind *nicht nur* höchst aktiv. Sie sind auch anderweitig vom Temperament her schwierig. Sie sind ablenkbar. Sie passen sich normalerweise nur schlecht an und haben Probleme, wenn sich die Situation ändert oder in eine andere übergeht. Sie sind bei allem, was sie tun, sehr intensiv, also laut und erregbar. Ihr Schlaf- und Essensrhythmus ist oft unregelmäßig. Ihre Sensibilitätsschwelle ist möglicherweise niedrig, z. B. gegenüber lauten Geräuschen, grellem Licht, dem Tragegefühl von Kleidung; ganz allgemein gilt, daß sie leicht überdrehen. (Gewöhnlich sind diese Kinder jedoch eher forsch als schüchtern, und ihre Veranlagung ist sonnig und heiter.)

Da so viele schwierige Charakteristika auf sie zutreffen, ist es mehr als sinnvoll, viele der sogenannten hyperaktiven Kinder unter der allgemeinen Rubrik »vom Temperament her schwierige Kinder« zu führen.

Denken Sie daran, was passieren würde, wenn ein anderer schwieriger Wesenszug dazugenommen würde, das Kind als solches zu beschreiben:

Louise schreckt vor neuen Situationen zurück. Sogar noch im Alter von dreieinhalb Jahren bereiten ihr neue Örtlichkeiten, neue Menschen und neue Dinge so viele Probleme, daß ihre Mutter sie fast nirgendwo mit hinnehmen kann. Sie kauert sich in eine Ecke, hängt wie ein Klette an ihrer Mutter oder schreit. Als Louise einem Psychologen vorgestellt wurde, dessen Praxis sie nie zuvor betreten hatte und der ihr vollkommen fremd war, zog sie sich sofort zurück. Aufgrund des einen Besuches könnte der Psychologe dieses Kind fälschlicherweise als »ängstlich« bezeichnen, doch ein guter Psychologe würde dies wahrscheinlich nicht tun, da eine solche Entscheidung nicht auf der Basis eines einzigen Treffens fallen sollte. Natürlich würde kein Mensch von einem »hyperzurückgezogenen« Kind sprechen, so wie man dies bei »hyperaktiven« Kindern tut. Noch würden wir dieses Kind, das dem Temperamentszug der schlechten Laune unterworfen ist, als »deprimiert« oder »hypernegativ« bezeichnen, nur weil es ernsthaft ist, selten lächelt und vielleicht mürrisch ist und schmollt. (Hier ist es wichtig zu betonen, daß negative Laune keine Depression ist. Eine Depression zeigt sich bei Kindern in Form von dauernder Traurigkeit, Appetitverlust, Schlafstörungen, niedriger Energieebene und anderen Symptomen, die wir auch bei der Erwachsenendepression finden.) Wenn kein anderes Charakteristikum ein Kind wirklich beschreibt, warum dann die Aktivitätsebene?

Die Geschichte von Joshua: Großzügiger gesehen

Betrachten wir eine ganz gewöhnliche Begebenheit, in die ein kleiner Junge verwickelt ist, der als »hyperaktiv« von seinem Kinderarzt eingestuft wurde. Und während wir ihn beobachten, sollten wir auch beachten, wie seine anderen Temperamentszüge mit hereinspielen. Denken Sie daran, daß sehr aktive Kinder wegen ihres wilden Verhaltens auffallen, doch wenn Sie genauer hinsehen, werden Sie merken, daß noch viel mehr passiert.

Joshua wurde zur Geburtstagsparty eines seiner Spielkameraden aus der Gruppe der Vierjährigen im Kindergarten eingeladen. Seine Mutter, die zu ihrem kleinen Sohn sehr zärtlich und liebevoll ist, ist wegen seines sehr häufig wilden und störenden Verhaltens besorgt und geht nicht oft mit ihm auf solche Partys. Dies jedoch ist eine Party für Joshuas besten Freund, und so hat sie die Einladung angenommen. Ihre Unruhe wegen Joshuas Zustand wurde auch durch einen Besuch bei einem Neurologen, der nichts finden konnte, nicht behoben. Die Meinung des Kinderarztes scheint durch viele Verhaltensweisen von Joshua bestätigt zu werden.

Zu Hause jedoch, in ruhiger Umgebung, kann Joshua durchaus ruhig einer Platte zuhören. Und wenn es eine seiner Lieblingsplatten ist, dann ist er sogar besonders aufmerksam (er ist *ausdauernd*). Doch an dem Tag, an dem die Party stattfindet, macht seine Mutter den Fehler, ihn beim Plattenhören zu stören, um ihm zu sagen, daß es an der Zeit sei, sich für die Party umzuziehen. Er jedoch ist von dieser Tätigkeit ganz *gefangengenommen* und will nicht gestört werden. Der Konflikt eskaliert, Joshua beginnt, laut und wütend zu schreien (er ist ein sehr *intensives* Kind). Als er sich beruhigt hat, bringt ihm seine Mutter seine neuen Sachen, die sie ihm für die Party gekauft hat, doch Joshua besteht darauf, seine alte Kleidung anzuziehen, weil er daran gewöhnt ist (*schlechte Anpassungsfähigkeit*) und weil sie sich besser anfühlt: Er sagt, die neuen Sachen seien zu eng und kratzten (gegenüber Berührungen hat er eine *niedrige Sensibilitätsschwelle*). Als ihn seine Mutter nach fast einstündigem Kampf zwingt, die neuen Sachen anzuziehen, hat er noch einen Wutanfall. Schließlich gibt sie nach und erlaubt ihm, wenigstens seine alten und ausgetretenen Schuhe statt der modernen anzuziehen. Als sie dann endlich so weit sind, daß sie gehen können, sind beide, Kind und Mutter, verärgert und reizbar. Sie sind noch nicht einmal außer Haus und haben schon einige Machtproben hinter sich.

Als sie zu der Party kommen, spielen einige Kinder schon friedlich miteinander. Doch je mehr Kinder und Mütter ankommen, um so lauter und voller wird es, da die Party an Umfang zunimmt und das geschäftige Treiben ansteigt. Die Kinder jagen umher und schlagen auf die silbernen Heliumballons, deren Schnüre von der Decke baumeln; der Vater des Geburtstagskindes macht Blitzlichtfotos. Abgelenkt und überstimuliert durch den Lärm, das Licht, das Geschrei der Kinder und das Kommen und Gehen der Erwachsenen, wird Joshua »immer erregter«; seine Mutter erkennt die Alarmzeichen, hofft jedoch, daß man die Kinder bald auffordern wird, sich zu Tisch zu setzen. (Joshuas Reaktion auf die Party zeigt seine *Ablenkbarkeit* und seine *niedrige Sensibilitätsschwelle* gegenüber Lärm, Licht und generelle Überstimulierung.)

Als sich schon alle Kinder zu Tisch gesetzt haben und ihre Schlumpfmützen, Trompeten und Partytüten betrachten, weigert sich Joshua noch immer, sich zu setzen. Er läuft weiterhin im Haus umher und nimmt alle Spielsachen, Bücher, Spiele und Geburtstagsgeschenke in Reichweite in die Hand. Seiner Mutter sagt er, er wolle nicht essen, da er nicht hungrig sei (und er ist es wirklich nicht, da er einen *unregelmäßigen Tagesrhythmus* hat). Seine Anwesenheit beginnt, sich störend auf die anderen Kinder auf der Party auszuwirken. Seine Mutter bringt ihn dazu, mit ihr in eine Ecke zu gehen, sich hinzusetzen und einem Spielzeugplattenspieler zuzuhören, der seinem eigenen zu Hause gleicht. Er hampelt aber immer noch herum und versucht, aufzustehen und wieder umherzulaufen, doch seine Mutter beruhigt ihn und findet eine seiner Lieblingsplatten unter denen seines Freundes. Schließlich hört Joshua der Musik zu und singt bei einigen Liedern mit. Dann jedoch wird die Zaubershow angekündigt, und seine Mutter macht den Plattenspieler abrupt aus und nimmt ihn weg. Joshua wird wütend (wegen seiner *schlechten Anpassungsfähigkeit* ist er noch in dieser Tätigkeit gefangen, und es ist für ihn fast unmöglich, sich so schnell auf etwas anderes einzustellen). Er läuft um die Gruppe der sitzenden Kinder herum, stört die Vorführung und zieht die anderen Kinder an den Haaren, den Kleidern und greift nach ihren Partyüberraschungen. Ein Kind nimmt Joshua seine Partytüte weg, da verliert Joshua die Kontrolle und tritt das Kind. Seine Mutter, die genug hat und der das alles fürchterlich peinlich ist, packt ihr sich windendes, schreiendes Kind und zerrt es weg, wobei sie denkt, daß der Kinderarzt recht hatte und der Neurologe nicht wußte, wovon er sprach. Auch die anderen Eltern auf der Party hätten dem Kinderarzt nur recht geben können; sie alle sind sich einig, daß dies ein hyperaktives Kind ist. Doch wenn wir Joshuas Aktionen auflösen und sie eine nach der anderen studieren, dann können wir sehen, daß es eine Konstellation schwieriger Charakterzüge ist, die Joshuas Verhalten ausmachen, und nicht nur das eine Charaktermerkmal der hohen Aktivität. Die Aktivitätsebene wird meist deshalb hervorgehoben, da sie der *sozial auffälligste* Charakterzug ist. Sie hebt das Kind aus der Menge hervor und ist auch am leichtesten zu bestimmen. Wie viele Beobachter kennen oder verstehen denn die Theorien der niedrigen Sensibilitätsschwelle oder der unregelmäßigen Tagesrhythmen? Und sogar die empfindsamsten Eltern sind sich oft nicht bewußt, welche Probleme von einer schlechten Anpassungsfähigkeit des Kindes herrühren.

Jetzt sollte es klar sein, daß bei diesen Kindern viele verschiedene Dinge ablaufen; den Umgang mit ihnen zu lernen heißt, ihr gesamtes Temperament zu verstehen – und nicht nur die hohe Aktivitätsebene. Betrachten Sie sie als schwierige Kinder, dann können Sie lernen, mit ihnen fertig zu werden.

Wann ist eine Diagnose nötig?

Eine ärztliche Diagnose ist für einige Kinder anzuraten, zum Beispiel für ein Kind, das extrem aktiv ist, wo immer es sich auch befinden mag, das nie still sitzt, dessen Aktionen zufällig und nicht zielorientiert sind, das ständig alle Dinge berührt, das immer Schwierigkeiten mit der Konzentration hat, das nicht folgt und das immer die anderen unterbricht. Solch ein Kind benötigt eine genaue Untersuchung durch einen kompetenten Facharzt, und bei ihm trifft die Diagnose einer »Konzentrationsschwäche, gepaart mit Hyperaktivität« zu.

Wenn sich keine weiteren verwirrenden Änderungen in der Terminologie ergeben, dann haben wir gute Chancen, daß die verschiedenen Fachleute sich auf einheitliche Beschreibungen der Verhaltensweisen einigen, die nötig sind, um diese Diagnose zu stellen. Zumindest werden wir dann alle dasselbe meinen, wenn wir bei einem Schulkind von »Konzentrationsschwäche, gepaart mit Hyperaktivität« (engl. *attention deficit hyperactivity disorder*, ADHD) sprechen. Das ist ein echter Vorteil. Selbst wenn es keinen objektiven Test gibt, nützt uns dies viel, solange wir wissen, daß die Diagnose von ADHD für das Auftreten von einigen, ganz bestimmten Verhaltensweisen steht.

Zwar werden zur Zeit interessante Forschungen über die biochemischen und neurophysiologischen Ursachen unseres Verhaltens angestellt, doch bisher gibt es keinen Hinweis darauf, daß ADHD ein wirklich medizinisches Problem ist. Kinder mit dieser Diagnose sind mit größerer Wahrscheinlichkeit Jungen als Mädchen. Außerdem zeigen sie im Vergleich zu anderen Kindern vermehrt folgende verwandte Verhaltensweisen:

- eine Vorgeschichte mit Schwangerschafts- und Geburtskomplikationen,
- eine verspätete Sprachentwicklung,
- spezifische Lernschwächen, die sich im Schulalter einstellen,
- das Auftreten ähnlicher Probleme in der Familie,
- motorische Störungen (unkontrolliertes Zucken).

Solch ein Kind muß natürlich gründlich untersucht werden und braucht eventuell eine Sprachtherapie, einen guten Privatlehrer, sein eigenes Zimmer zum Zurückziehen oder sogar eine Sondergruppe. Eventuell ist versuchsweise die Einnahme von Medikamenten angebracht. Denken Sie immer daran, daß Medikamente nicht die einzige Behandlung sein sollen und daß diese Behandlung, ebenfalls versuchsweise, abgebrochen werden kann, sobald die Dinge sich bessern. Im allgemeinen haben sich solche Medikamente als wirksam und recht sicher für Kinder im Schulalter herausgestellt. Bei einem Vorschulkind sollten Medikamente nur als letzte Rettung herangezogen werden, wenn andere Maßnahmen, um das Verhalten in den Griff zu bekommen, fehlgeschlagen sind. (In Kapitel 11 wird genauer auf die Einnahme von Medikamenten eingegangen werden.) Sie werden die Meinung von einem oder mehreren Spezialisten einholen. Achten Sie darauf, daß diese Fachleute ihre Aktivitäten miteinander koordinieren. Einer von ihnen sollte die Oberaufsicht übertragen bekommen; ein Kinderarzt ist die am besten geeignete Person für eine solche Funktion.
Eine weitere Mahnung zur Vorsicht sei jedoch noch angebracht: Das Umfeld der Lernschwäche ist zu einer Industrie mit sozialen, politischen und ökonomischen Verzweigungen geworden. Der Begriff selbst ist noch abgegriffener als der der »Hyperaktivität« und ruft genausoviel Verwirrung

und Ängstlichkeit bei den Eltern hervor. Eltern, deren Kind eine *Lernbehinderung* hat, selbst wenn es nur eine unbedeutende ist, können leicht in ein Netz von Spezialisten geraten, die mit einem verwirrenden Sortiment ausgeklügelter Tests bewaffnet sind, die oft zu Eindrücken und Verordnungen führen, die sowohl vage als auch ominös klingen.

Schon das Wort »Behinderung« deutet an, daß irgend etwas ernsthaft nicht in Ordnung ist.

Es sei noch einmal darauf hingewiesen, daß wir eine viel vorsichtigere Haltung einnehmen müssen. Es gibt natürlich wirklich lernbehinderte Kinder. Sie benötigen die spezielle Hilfe kompetenter Ärzte, die strikten Kriterien folgen, um ihre Diagnose zu stellen. Es gibt jedoch viel mehr Kinder, die mit dem Lernen ein paar Schwierigkeiten haben und die niemals als »lernbehindert« bezeichnet werden dürfen.

Wie schon zu Beginn dieses Kapitels bemerkt, ist »hyperaktiv« ein Adjektiv. Es beschreibt ein Verhalten, definiert aber nicht den Grund für dieses Verhalten. Hyperaktives Verhalten muß nicht vom Temperament abhängen: Hirnschäden, ernsthafte emotionale und geistige Behinderungen oder physische Leiden können der Grund dafür sein. (Richtlinien, wie Sie weitere fachkundige Hilfe für diese Kinder bekommen können, bieten wir in Kapitel 11 an.)

5. Ein Tag im Leben eines schwierigen Kindes

Die Geschichte, die Sie nun lesen werden, handelt von einem sehr schwierigen Kind, einem richtigen »Mutterkiller«. Nur wenige Kinder sind so schwer zu erziehen wie dieses. Doch der Unterschied besteht im Schwierigkeitsgrad und nicht in den grundlegenden Elementen; ich beschreibe dieses Extrembeispiel, um Charakterzüge hervorzuheben, die Sie vielleicht in Ihrem weniger schwierigen Kind wiedererkennen.

Als Adam Johnson geboren wurde, erwartete seine Mutter, Marjorie, daß alles ähnlich wie bei seinem Bruder Jeremy verlaufen würde.

Sie war ein wenig enttäuscht, als sie erfuhr, daß es wieder ein Junge war, da sie glaubte, Mädchen seien »leichter zu haben«. Doch sie war froh, daß das Baby gesund war, freute sich auf einen gemütlichen Krankenhausaufenthalt und fühlte sich als sehr erfahrene Mutter, die einen zweiten Jungen mit Leichtigkeit erziehen konnte.

Schon im Krankenhaus hatte sie einige Probleme mit dem Füttern; später dann, als sie zu Hause war, ließen sich seine Essenszeiten nicht so leicht reglementieren, wie dies bei Jeremy der Fall gewesen war. Sie vermutete auch, daß er nicht gut schlief, weil er immer unruhig war, wenn sie ihn bei sich hatte, ein paar kurze Nickerchen machte, aus denen er leicht hochfuhr, was dann von lautem Geschrei begleitet war. Er schien lauter zu sein, als Jeremy in seinem Alter gewesen war, doch seine Mutter glaubte, es käme ihr nur so vor, weil sie an ein leiseres, älteres Kind (Jeremy war drei Jahre alt) gewöhnt war. Adams Vater Stephen war stolz auf

seinen zweiten Sohn, sagte, er wäre energisch und zäh, und prophezeite, daß Adam ein kleiner Lauser werden würde.
Weder Mutter noch Vater hätten ahnen können, was Adam und der Familie bevorstand. Adam Johnsons Probleme mit dem Essen, dem Schlafen und dem Weinen waren erst der Anfang. Sein unruhiges, mürrisches, unberechenbares Verhalten verschärfte sich, und seine Eltern verbrachten viele Nächte ohne erholsamen Schlaf. Adam wachte während der Nacht ständig auf und schien nie mit dem Weinen aufzuhören. Er schrie laut, nachdem er gefüttert und trockengelegt war. Er war überhaupt zappelig und reizbar, und es schien auch nichts zu nützen, wenn man ihn auf den Arm nahm. Ihn in den Armen zu wiegen tröstete ihn auch nicht; Musikspielzeuge erfreuten ihn nicht, und Rasseln lenkten ihn nicht ab. Seine Mutter war nicht überrascht, als der Kinderarzt feststellte, er habe Blähungen, und sie wartete die paar Monate, bis diese vergehen sollten, voller Spannung ab. Doch selbst nach einigen Monaten schrie Adam immer noch und schlief auch schlecht. Der Arzt hatte dafür keine Erklärung parat. Blähungen waren normalerweise mit vier Monaten vorbei. Marjorie Johnson war langsam am Ende ihrer Kräfte und gereizt, ihr Mann schlief nun in den schlimmsten Nächten im Parterre auf der Wohnzimmercouch, damit er nicht erschöpft vor Gericht erscheinen mußte (er hatte eine gutgehende Anwaltspraxis).
Zuerst gab Marjories Mutter eine Menge Ratschläge, doch als keiner etwas fruchtete, fühlte Marjorie sich unzulänglich und hilflos, als ihre Mutter sie näher befragte und ihr sagte, daß sie die Sache falsch angehe. Ihre Mutter war auch schon bei der Erziehung von Jeremy allzusehr beteiligt gewesen, aber das hatte Marjorie nicht weiter gestört, da er ein »gutes Baby« war. Nun glaubte sie, ihre Mutter habe recht und sie mache tatsächlich etwas falsch. Sie war eine schlechte Mut-

ter oder zumindest »keine so gute Mutter wie ihre eigene«. Doch obwohl Adams Großmutter eine Menge Ratschläge parat hatte, wie er zu behandeln sei, wenn sie die Familie besuchte (was sehr oft geschah, weil sie in der Nähe wohnte), nahm sie das Baby nie lange auf den Arm und bot sich auch nicht als Babysitter an. Seine Lautstärke, seine Unruhe und sein Zappeln schienen ihr Angst zu machen. Sie fühlte, daß sie ihn nicht »unter Kontrolle« würde halten können.

Als Adam sechs Monate alt war, bemerkte man bei seiner Familie die ersten Anzeichen seiner Wirkung. Marjorie konnte weder einkaufen gehen noch Jeremy in den Kindergarten bringen, noch ihre normalen Besorgungen machen, ohne sich Gedanken über ihr schreiendes Baby und darüber zu machen, was andere Mütter über sie dachten. Es schien ihr so, als starrten sie sie an, wenn ihr Baby nicht aufhörte zu schreien, und deshalb schämte sie sich noch mehr, daß sie ihn nicht stoppen konnte. Beruhigungsmittel halfen nichts; Marjorie versuchte es sogar mit einer winzigen Menge Scotch, den sie in seinen Orangensaft mischte. Nichts half, um ihn zu beruhigen, so schien es wenigstens. Die Ehe litt. Marjorie war dauernd müde, Stephen hatte keine Geduld mit ihr, und sie stritten sich oft darüber, wie sie die Probleme handhaben sollten. Stephen wollte, daß Marjorie das Baby schreien lassen sollte, bis es sich beruhigte, doch Marjorie glaubte, daß mit dem Baby irgend etwas nicht in Ordnung wäre und daß es Hilfe brauchte; wie konnte sie es also einfach schreien lassen?

Als Adam älter wurde, bemerkten die Eltern bei ihrem älteren Kind eine Änderung. Jeremy war ein freundliches, zufriedenes Kind, das gerne draußen im Garten oder in seinem Zimmer spielte, vor sich hin summte, wenn es mit seinen Legobausteinen oder im Sandkasten spielte. Natürlich war die Gegenwart des neuen Babys störend für ihn, doch als die Monate vergingen, bemerkten seine Eltern eine größere Änderung. Das Geschrei des Babys beunruhigte ihn, und er machte sich Sorgen. »Was ist mit Adam los?« fragte er. »Warum weint er die ganze Zeit? Warum schreit er?« Er stellte sich neben das Körbchen und versuchte, das Baby zu beruhigen. Marjorie bemerkte, daß Jeremy mehr an ihr hing, wenn sie weggingen, und daß er nicht mehr alleine spielen wollte, sondern seine Eltern ständig bat, zu kommen und ihm zu »helfen«. Adams Bedürfnisse ließen ihr wenig Zeit für Jeremy, und sie fragte sich, ob der ganze Streß ihm nicht auch Schaden zufügen würde. Dieses Gefühl machte die Last, für dieses »unmögliche« Baby zu sorgen, nur noch schlimmer.

Als Adam im Alter von ungefähr einem Jahr zu laufen begann, war die Ehe stark belastet und das Klima im Haus gespannt. Die Tatsache, daß Adam laufen oder besser gesagt rennen konnte (was er tat, sobald man ihn auf seine Füße stellte), machte die Angelegenheit nur noch komplizierter, denn er war ein kleines Ungeheuer. Das Haus mußte sozusagen babyfest gemacht werden, in einem Maße, wie das für Jeremy vor vier Jahren bei weitem nicht nötig gewesen war. Auch die Schlaf- und Essensstörungen hielten an und wurden noch durch Probleme kompliziert, wenn man Adam anzog, Adam einfing und Adam unter Kontrolle brachte. Strafen berührten ihn nicht. Marjorie glaubte nicht mehr, daß er »hilflos« und »traurig« sei, sondern sah in ihm ein »kleines Monster«, das »alles mit Absicht« tat.

Im Alter von drei Jahren war Adam ein wildes Kind. Entweder schlief er sehr viel oder sehr wenig, aber das war nicht berechenbar. Ihn zu füttern war nicht leicht, denn es war mühevoll, ihn dazu zu bringen, still bei Tisch zu sitzen, und noch mühevoller, Speisen zu finden, die ihm schmeckten. Er weigerte sich, Sachen anzuziehen, die er als »kratzig«

bezeichnete, was meist alle neuen Sachen betraf, und er schlief gerne in den Kleidern, die er gerade trug. Er zog nie Schlafanzüge an. Er saß nie still da, um ein Spiel zu spielen oder ein Puzzle zu machen, sondern nur, um den Musikkanal mit den ausgefallenen und lauten Rockvideos, die dort dauernd liefen, anzuschauen. Seine Mutter dachte sich nichts dabei und fragte sich amüsiert im stillen, ob ihr Sohn wohl ein neuer Mick Jagger würde. Sein Vater jedoch haßte dies und versuchte, Adam für Sportsendungen zu interessieren. Doch Adam hatte keine Geduld für Baseball und schrie so lange nach dem Musikkanal, bis sein Vater angewidert umschaltete.

Die dauernden Kämpfe forderten sowohl von Adam als auch von der Familie ihre Opfer. Adam hatte plötzlich in der Nacht Angst und hing nun mehr an seiner Mutter. Im Kindergarten war er ruhiger, doch manchmal »kam er zu sehr auf Touren« und verlor die Kontrolle über sich. Positiv wäre zu vermerken, daß Adam eine eher fröhliche Veranlagung hatte, wenn er gerade nicht ärgerlich oder traurig war. Sein Vater tollte gerne mit ihm herum und war stolz auf Adams »Zähigkeit«. Seine Mutter bevorzugte seine »Kreativität«. Er zeichnete gerne farbenprächtige Bilder von Blumen und Autos.

An einem normal verlaufenden Tag im Leben der Johnsons stand Adam im Mittelpunkt der Bühne, während seine Eltern, sein Bruder, die Großeltern, Freunde, Schulkameraden und Lehrer alle nur Nebenrollen spielten. Seiner Mutter kam es manchmal so vor, als drehe sich die Welt nur um ihr schwieriges Kind und sein schlechtes Benehmen; und gewissermaßen war dem auch so – denn jedermann reagierte auf seine Taten, die oft negativ waren und eine Reihe negativer Reaktionen verursachten.

Stephen Johnsons Radiowecker war unter der Woche auf

sechs Uhr morgens gestellt. Dann stand er auf und ging sofort unter die Dusche, während Marjorie noch einen Moment verweilte und sich sammelte, um sich auf die Kämpfe vorzubereiten, die sie erwarteten. Der Beginn am Morgen war immer das Schwerste, denn sie mußte immer wieder feststellen, daß sich wohl während der Nacht nichts geändert hatte oder vergangen war. Adam würde diesen Morgen genauso sein wie gestern, und all dies würde eben nicht wie ein böser Traum einfach verschwinden.

Sie stand auf und ging durch die Diele zum zweiten Badezimmer, um sich die Zähne zu putzen. Dann klopfte sie leise an Jeremys Tür, doch sie schaute nicht nach, ob er auf war. Das Getöse, das Adam morgens machte, würde ihn sowieso aufwecken. Sie atmete einmal tief durch und ging in Adams Zimmer. Das Chaos der über das Zimmer verstreuten Besitztümer sprang ihr immer gleich in die Augen. Sie liebte die Ordnung, und Jeremy war in dieser Beziehung ganz wie sie und hielt seine Bücher und Spiele peinlich getrennt in Ordnung. Adam packte alles, was in Reichweite war, und erst als sie für Jeremy ein Regal mit verschließbaren Schränken im unteren Bereich und hohen Regalbrettern weiter oben gekauft hatte, konnte er seine Sachen vor seinem Bruder in Sicherheit bringen. Sie stieg über die aufgehäuften Spielklötzchen und Spielzeuglaster und Autos, um an das Bett zu gelangen. Sie hatte es aufgegeben, Adam mit Decken oder Bettüchern zuzudecken, denn ihm war immer heiß, und er bewegte sich viel im Schlaf; er hatte nur eine Bettdecke, die als Haufen am Fußende des Bettes zusammengeknüllt war. Er lag auf der Seite, und seine Beine waren so angewinkelt, als ob er über einen Zaun springen würde. Seine Mutter zögerte, bevor sie ihn weckte. Im Haus war es nämlich nur still, wenn er schlief. Doch sie brauchte morgens zusätzliche Zeit; sonst käme er zu spät in den Kindergarten, und ihr Tag

wäre ruiniert. So hart es auch war, ihn abends ins Bett zu bekommen, ihn am Morgen zu aktivieren war noch viel schwieriger. Sie weckte ihn auf, und er setzte sich auf und rieb seine Augen. Sie gab ihm einen Kuß, und alles begann. »Geh ins Bad und putz dir die Zähne.« Er sprang aus dem Bett und begann, mit den Spielsachen auf dem Boden zu spielen. Sie wiederholte ihre Bitte. Er reagierte nicht. Sie öffnete die Schubladen seiner Kommode und nahm frische Sachen heraus. Er trug das Sweatshirt und die dazugehörigen Hosen von gestern. Marjorie zauberte ein Lächeln auf ihre Lippen. »Ziehen wir dieses schöne, saubere T-Shirt und die Jeans an«, sagte sie. »Nein«, entgegnete Adam. Sie handelte noch ein wenig mit ihm. Adam lehnte immer noch ab. Der Sweatshirtanzug war verkrumpelt und voller Flekken. Sie griff nach den Ärmeln, um ihm das Sweatshirt über den Kopf auszuziehen. Er heulte auf und befreite seine Arme aus ihrem Griff. Mit einem Seufzer legte sie die frischen Sachen beiseite und machte sich daran, ihn zum Zähneputzen zu bewegen. Sie verstand einfach nicht, warum es solch eine Plage war, ihn dazu zu bringen, einfache Dinge zu tun; alles, was sie wußte, war, daß vom Aufstehen an ein Kampf auf den anderen folgte.
Nachdem sie seine Schuhbänder einige Male auf- und zugeschnürt hatte, bis sie richtig geschnürt waren, widmete sie ihre Aufmerksamkeit ganz kurz Jeremy, der sich alleine gewaschen und angezogen hatte und in seinem Zimmer spielte. Manchmal glaubte sie, ihr älterer Sohn wäre zu ruhig und zu gut; sie wünschte, er wäre ein wenig spitzbübischer. Doch es passierte so selten, daß er nicht gehorchte, und wenn, dann als Reaktion auf Adam, der die ganze Aufmerksamkeit bekam. Sie wußte, daß sie später, wenn Jeremy älter sein würde, mit ihm Probleme haben würden. Im Moment war es unmöglich, ihm genügend Zeit und Aufmerksamkeit

zu widmen, weswegen sie sich als Mutter noch schuldiger und inkompetenter fühlte.
Stephen hatte in der Küche inzwischen den Kaffee für das Frühstück gemacht. Dankbar trank sie eine Tasse, während sie Cornflakes, Butter, Zucker und Milch auf den Tisch stellte. Das Zusammensein bei den Mahlzeiten wurde oft durch Adams Verhalten zunichte gemacht, doch es gab Tage, an denen das Frühstück leichter vonstatten ging als das Mittag- oder Abendessen. Oft hatte Adam morgens Hunger, und er schien das, was es zum Frühstück gab, lieber zu mögen als andere Speisen. Er aß immer Frosties mit viel Milch und einigen Handvoll Rosinen. Er zerstieß die Flakes so lange mit seinem Löffel, bis sie musig waren, dann aß er die Rosinen einzeln und dann erst die eingeweichten Frosties. Er wollte jeden Morgen dieselbe Schüssel haben, die aus seinen Babytagen stammte und am Boden einen Teddybären hatte.
Adam kam spät zum Frühstück, nach einigem Rufen und Drohungen, daß er zu spät in den Kindergarten käme. Stephen war mit dem Frühstück fertig und fuhr zum Bahnhof. Jeremy ging zur Schulbushaltestelle. Marjorie ließ Adam einen kurzen Moment alleine in der Küche, um sich eine lange Hose und eine Bluse anzuziehen, damit sie ihn zum Kindergarten bringen konnte. Als sie in die Küche zurückkam, sah sie, daß er den Kühlschrank aufgemacht und einen Viertelliter Milch in seine Schüssel und auch über den ganzen Küchentisch gegossen hatte. Adam schlug voll Vergnügen in die Milch am Boden, so daß es spritzte. Voller Ungeduld packte sie ihn und gab ihm einen Klaps auf den Hintern und schrie ihn an: »Du bist ein böser, ein sehr böser Junge!« Immer schlug sie Adam härter und schrie lauter auf ihn ein, als sie es bei Jeremy getan hatte; sie fühlte sich so angespannt und so überreizt, wenn sie mit Adam zu tun

hatte, und was noch schlimmer war, sie glaubte, er höre ihr nicht zu. Sie glaubte, daß er überhaupt nicht hören würde, wenn sie nicht brüllte und schrie. Wenn sie schrie, dann brüllte Adam gewöhnlich zurück: »Du Idiot, du mußt das alles aufräumen!«

Während der Fahrt zum Kindergarten, den Adam an drei Wochentagen vormittags besuchte, beruhigte sie sich und freute sich an ihrem Kind. Adam fuhr gerne mit dem Auto, und für einige Minuten konnte seine Mutter sich einreden, er wäre genauso wie die anderen Kinder, freundlich, nett und umgänglich. Sie lächelte ihn an und drückte ihm die Hand. Wenn er so war, konnte sie sich entspannen und sich mit ihm wohl fühlen. Und wenn er zurücklächelte, dann war er wirklich charmant. Trotz all der Probleme, die er mit alltäglichen Dingen hatte, war er doch ein liebenswertes Kind, wenigstens manchmal.

Bei der Ankunft im Kindergarten mußte Marjorie streng mit ihm sein, denn er änderte seine momentane Betätigung nicht gerne. Nach der Autofahrt sollte er aussteigen und in den Kindergarten gehen, was normalerweise ein großes Tamtam verursachte. Seine Mutter öffnete die Autotür und packte ihn beim Arm, um ihn herauszuzerren. Sie tat dies schnell, denn die Wutanfälle vor dem Kindergarten waren ihr sehr sehr peinlich. Die anderen Kinder hüpften auf dem Weg und eilten in das Gebäude hinein, während Adam sich mit Händen und Füßen sträubte, brüllte und weinte. Wenn er dann im Gebäude war und die anderen Kinder herumrennen sah, dann wurde er lebendig und nahm enthusiastisch an ihrem Spiel teil. Ihn jedoch so weit zu bekommen war oft eine Riesenaufgabe.

Die nächsten vier Stunden verbrachte Adam mit einer Gruppe von fünfzehn Drei- bis Vierjährigen. Ihm gefiel das aktive Spielen, doch seine Erzieher hatten immer ein wachsames

Auge auf ihn, denn wenn er sich zu sehr erregte, dann würde er um sich schlagen. Er hatte schon einige Kinder geschlagen oder getreten, und obwohl man ihm gesagt hatte, daß solch ein Verhalten nicht toleriert würde, schien er nicht anders zu können. Wenn er einmal überstimuliert war, dann schlug er zu, wenn ihm jemand in die Quere kam, ihm sein Spielzeug wegzunehmen versuchte oder sein Spiel unterbrechen wollte. Die Lehrer hatten es gelernt, ihm mehr Zeit zuzugestehen, damit er sich beruhigen konnte, bevor sie versuchten, ihn für ein anderes Spiel zu gewinnen. Doch mit seiner Weigerung, sich an die Regeln zu halten, kamen seine Erzieher nicht zurecht; jeden Tag versuchten sie, ihn dazu zu bringen, sich ruhig hinzusetzen oder mit den anderen Kindern in einer Reihe zu stehen. Sie bestanden darauf, versuchten, ihn zu bestechen, sie straften ihn, sie schrien ihn an, doch nichts half. Immer hielt er sich am Rande der Sing- oder der Vorlesegruppe auf oder schoß an die Spitze der Reihe von Kindern, die am Brunnen warteten. Sie hatten mit seiner Mutter darüber gesprochen, und sie hatte ihnen erzählt, daß er beim Essen nicht lange stillsitzen konnte, doch wenn ihn etwas interessierte, säße er normalerweise lange da und spielte. Insgeheim waren sich seine Erzieher darin einig, daß Adam in der Grundschule Anpassungsschwierigkeiten haben würde.

Eine Aktivität, bei der Adam gerne still dasaß, war Malen, und an diesem besonderen Tag bekamen die Kinder Pinsel und Farben, um ein Bild von ihrem Zuhause zu malen. Adam arbeitete hart an seinem Bild und malte ein farbenfrohes, ansprechendes Haus. Auch zu Hause malte er gerne, und seine Mutter half ihm bereitwillig dabei und ermutigte ihn dazu. Weder seine Eltern noch seine Erzieher konnten seine Kreativität mit seinem sonst »wilden« Verhalten in Einklang bringen.

Während der Spielzeit im Freien schlug Adam dann über die Stränge und stieß einen der kleineren Jungen von der Schaukel. Das Kind verletzte sich beim Fallen das Knie, und Adam hätte ihm beinahe die Schaukel, die er beanspruchte, auf den Kopf geschlagen. Seine Erzieherin warnte ihn davor, dies noch einmal zu tun, doch er schaute weg und schien nicht zuzuhören. Er packte einen Ball und lief davon.

Als die Zeit um war, holte Marjorie Adam im Kindergarten ab. Er zeigte ihr sein Gemälde ihres Hauses, sie lobte ihn für das schöne Bild, und die beiden verstanden sich in diesem Moment prächtig. Doch dann sagte sie ihm, daß sie den Nachhauseweg ein wenig ändern müßten, denn sie wollte Milch kaufen. Da wurde Adam zornig. Er wollte den anderen Weg fahren, an den er gewöhnt war, und er machte eine Szene. Seine Mutter spürte das drohende Unheil, doch sie brauchte die Milch und ein paar andere Nahrungsmittel, und deshalb fuhr sie zu dem Geschäft. Adam, der in seine Frustration verstrickt war, mochte diese Autofahrt nicht. Als sie zum Supermarkt kamen, mußte ihn seine Mutter aus dem Auto zerren und gewaltsam in einen Einkaufswagen setzen. Jeder in dem Geschäft schien stehenzubleiben und sie anzustarren, als sie mit dem schreienden, rotgesichtigen Kind im Wagen eintrat. Sie konnte ihn nicht dazu bringen aufzuhören, auch nicht, als sie ihm einige Dinge, die er mochte, in die Hand gab; er schmiß die Plätzchen auf den Boden, verweigerte die Kartoffelchips und Salzbrezeln, und die Situation spitzte sich zu. Um den Einkauf möglichst kurz zu machen, zahlte sie ein paar Artikel und trug ihn dann aus dem Laden hinaus.

Die schlechte Laune setzte sich fort bis zum Abendessen, das er nicht anrührte, und reichte bis in seine »ruhige Phase« in seinem Zimmer hinein, während der Marjorie ihn seine

Spielsachen herumwerfen hörte. Auf einmal fing er an zu schreien; er rannte weinend aus seinem Zimmer und rief: »Mami.« Er hatte sich leicht in den Finger geschnitten und hatte Angst vor dem Blut. Seine Mutter wusch den kleinen Schnitt aus und machte einen gekonnten Verband um den Finger, doch er erregte sich noch fast eine Stunde lang darüber. Nach der Szene im Supermarkt war dies nun fast zuviel für Marjorie, die sich darauf freute, daß Jeremy bald nach Hause käme, so daß sie dann beide Kinder baden konnte. Als Jeremy aus der Schule kam, schickte sie die beiden Jungen in den Hinterhof zum Spielen und sank völlig erschöpft in einen Stuhl. Kein Tag verging, an dem es nicht zumindest ein halbes Dutzend Vorfälle mit Adam gab. Nie war es ruhig, nie ging alles glatt.

Jeremy kam einige Male hereingestürmt, um ihr über Adams schlechtes Betragen zu berichten: Adam nahm ihm seinen Baseballschläger weg, Adam rannte der Katze des Nachbarn nach, Adam hatte ihn getreten. Stephen wollte Jeremy schon früher lehren zurückzutreten, was Marjorie für völlig falsch hielt. Stephen schien Adams »Härte« zu *mögen* und dachte, Jeremy sei schwach und eine »Memme«. Dies brachte manche Disziplinierungsmaßnahmen durcheinander: Adams schlechtes Benehmen schien manchmal gut zu sein, während Jeremy dabei als der »ganz Brave« herauskam. Marjorie war dadurch so verunsichert, daß sie sich dabei ertappte, daß sie vieles aus dem gemischten Spiel der Brüder einfach ignorierte, da sie froh war, sie für eine Weile los zu sein.

Nach dem Spiel im Freien kamen die Jungen herein, um fernzusehen. Es gab immer Streit wegen des Programms, das gesehen wurde, denn Adam bestand jedesmal auf seiner Lieblingssendung. Marjorie hielt Jeremy oft an, das anzuschauen, was Adam wollte, denn Adam saß länger wie angewurzelt vor dem Fernseher, wenn sein Lieblingsprogramm lief. Heute jedoch wollte Jeremy sein Programm sehen, es kam zu einem Kampf, der mit einer umgestoßenen und kaputten Lampe endete. »Wartet nur, bis euer Vater das sieht!« schrie Marjorie, als Stephen gerade mit dem Wagen vorfuhr. Er kam herein, sah seine schreiende Frau, seinen älteren Sohn in Tränen, seinen Jüngsten herumlaufen und daß man noch nicht mit dem Abendessen begonnen hatte.

Marjorie verlangte, daß er die Kinder bestrafe. Stephen fragte sie, warum sie das nicht könne. »Warum wirst du mit diesen Kindern nicht fertig? Was ist mit dir los?«

Sie warf ihm vor, er wäre gefühllos. »Ich hatte einen total abscheulichen Tag, aber dir macht das gar nichts aus.«

»Warum muß ich dann dafür büßen?« fragte ihr Ehemann. »Und warum herrscht in diesem Hause niemals Ordnung? Könnte ich nicht mal einen Drink bekommen, wenn ich nach Hause komme? Was ist nur los mit dir? Du hast doch für keinen von uns etwas übrig!«

Daraufhin stürzte Marjorie in die Küche, schlug die Schranktüren zu und klapperte mit den Töpfen, als sie zu kochen begann. Stephen sagte zu den Kindern: »Laßt mich in Ruhe, haut ab!« Dann sah er die kaputte Lampe, ging ins Eßzimmer und holte sich einen Drink aus der Bar.

Immer wenn Adams Eltern sich stritten, verschlimmerte sich sein Benehmen. An diesem Abend nahm er einen Textmarker aus der Tischschublade in der Diele und fing an, ein Bild auf die Tapete zu malen.

Als Marjorie das sah, riß sie ihm den Stift aus der Hand und schrie: »Du furchtbares Kind, ich bringe dich um! Geh auf dein Zimmer!« Adam machte keine Bewegung und trat nur von einem Fuß auf den anderen. »Hast du gehört! Geh auf dein Zimmer!«

Adam ging ins Wohnzimmer und machte den Fernseher an.
»Ich zähle bis drei«, warnte ihn seine Mutter. »Du tust besser, was ich dir gesagt habe, sonst …«
Sie wußte nicht, was sie ihm androhen sollte. Sollte sie den Fernseher ausschalten? Wie würde sie dann aber mit den Essensvorbereitungen fertig werden? Warum half ihr Mann nicht mit? Er war verschwunden, nach oben gegangen, um zu duschen und sich umzuziehen. Adam stand vor dem Fernsehgerät, und zwar sehr dicht davor, was sie ihm verboten hatte. Er hörte nicht auf sie, es war zwecklos.
»Adam«, rief sie, »es ist besser, du tust, was ich sage!« Dann ging sie zurück in die Küche.
Adam blieb am Fernseher kleben, bis es Abendessen gab.
Als Stephen wieder nach unten kam, war die kaputte Lampe im Wandschrank verstaut, der Tisch gedeckt, die Kinder schauten fern, und er konnte das Abendessen riechen. Mit einiger Genugtuung dachte er, das sei eher nach seinem Geschmack. Dann sah er plötzlich das Gemälde auf der Tapete, und er ging in die Küche, um seine Frau zur Rede zu stellen. Gestikulierend fragte er sie: »Wann ist *das* denn passiert?«
»Vor noch nicht allzu langer Zeit«, antwortete sie, ohne von ihrem Gemüsetopf aufzuschauen. »Ich habe Adam dafür bestraft.«
»Du weißt, daß er ein kleiner Junge ist. Mit Jungen muß man wirklich hart umgehen. Ich weiß das. Auch ich war einmal ein kleiner Junge. Meine Mutter sagt …«, fing er an.
»Ich weiß, was sie sagt«, unterbrach ihn Marjorie. »Adam ist aber nicht wie du. Er ist noch viel schlimmer. Er hört nicht, und er hat schreckliche Wutanfälle. Du hättest sehen sollen, was heute im Supermarkt passiert ist.«
»Du mußt strenger mit ihm sein«, sagte Stephen wieder. »Auf mich hört er.«

»Du bist auch nicht den ganzen Tag mit ihm zusammen«, antwortete sie müde.

»Okay, beim Abendessen werde ich die Sache in die Hand nehmen«, sagte er. »Ich werde dir zeigen, wie man es machen muß.«

»Viel Glück«, sagte Marjorie fast unhörbar. Zum Abendessen gab es Hähnchen. Adam mochte das nicht sehr gerne, deshalb hatte sie für ihn etwas Besonderes, nämlich eine bestimmte Pizza, die er gerne mochte. Dies wiederum ergab ein Problem mit Jeremy, der ebenfalls seine Leibspeise wollte, und so hatte sie für ihn einen Hot dog gemacht.

Stephen mixte sich einen weiteren Drink und sagte den Jungens, sie sollten sich die Hände waschen. Nun waren sie bereit zum Essen. Adam wollte nicht. Er wollte weiter fernsehen. Stephen machte den Fernseher aus. Adam heulte protestierend auf und machte ihn wieder an. Stephen machte ihn wieder aus. Adam griff nach dem Knopf. Sein Vater schlug ihn hart auf die Hand. Adam schrie, warf seinem Vater einen wütenden Blick zu, dann warf er sich auf den Boden, schlug mit den Füßen auf den Fußboden und schrie: »Fernsehen, fernsehen, fernsehen!«

Jeremy beobachtete das alles mit großen Augen.

»Geht jetzt hinüber und setzt euch an den Tisch«, befahl der Vater seinen Söhnen. Jeremy folgte sofort. Adam trat um sich und schrie.

»Hast du mich gehört?« brüllte Stephen. Er packte Adam, trug ihn ins Eßzimmer und setzte ihn in seinen Stuhl. Adam stand wieder auf; sein Vater zwang ihn, sitzen zu bleiben. Dies ging fünf Minuten so weiter, und schließlich gab Stephen auf. Adam ließ sich auf den Boden fallen und ließ seiner Wut freien Lauf. Marjorie trug das Essen auf.

Nachdem sie Adam einige Zeit lang nicht beachtet hatten, beruhigte er sich und ließ sich in seinen Stuhl setzen. Er schwang seine Beine und schlug damit gegen den Tisch. Niemand sagte etwas. Jeremy aß seinen Hot dog. Seine Eltern teilten sich das Huhn mit Gemüse. Adam biß in seine Pizza und spuckte sie dann aus.

»Was ist los?« fragte seine Mutter.

»Sie schmeckt komisch!«

»Es ist dieselbe Pizza wie immer«, log Marjorie. Sie hatte eine andere Sorte Tomatensauce benutzt, eine neue, für die sie einen Gutschein gehabt hatte. Adam merkte es immer, wenn sie die Marke einer seiner Lieblingszutaten änderte. Sie konnte ihm nichts vormachen. Sein Vater, der noch von der vorhergehenden Szene erschöpft war, erlaubte den Kindern, den Tisch zu verlassen, um fernzusehen. Er sagte: »Ich gebe auf.«

Seine Frau schaute ihn nur an. Er war schließlich erst kurz zu Hause.

»Du weißt ja gar nicht, wie es ist«, sagte sie herausfordernd zu ihm.

»Nein? Nun, du mußt ja auch nicht acht Stunden am Tag arbeiten und dann in dieses Chaos heimkehren«, antwortete er.

Die Stimmen wurden lauter. Den Streit hatten sie öfter, und er verlief jedesmal nach demselben Muster. Wenn Adam sich schlecht benommen hatte, griffen sie sich gegenseitig an. Stephen beschuldigte Marjorie, die Kinder nicht genügend zu bestrafen. Marjorie reagierte darauf übermütterlich und verteidigte Adam damit, daß er ja noch ein »Baby« sei und außerdem »gestört«; Stephen beschuldigte Marjorie daraufhin, seinen Sohn mit ihrer Mutterliebe zu überschütten. Dabei sei er nur ein zäher und widerspenstiger kleiner Junge, der lediglich eine starke Hand brauchte, die ihn führte, und auch eine gelegentliche Tracht Prügel.

»Warum hast du solche Angst davor, ihm einen Dämpfer zu

versetzen?« fuhr Stephen fort. »Du bist doch schließlich seine Mutter. Du läßt ihm ja sogar noch einen Mord durchgehen! Ein großer Teil des Problems bist nämlich du, seine Mutter, das kann ich dir sagen.«

Sie warf ihre Gabel auf den Tisch. »Dann bleib du jeden Tag mit ihm zu Hause. Du siehst dann schon, was er tut. Er ist nicht wie andere Kinder. Er ist anders als Jeremy. Frage seine Erzieher im Kindergarten.«

»Ich sage ja nur, wenn du härter wärest ...«

»Ich spüle ab und nehme dann ein Bad. Sei du hart.«

Mit diesen Worten stand Marjorie auf, stieß die Küchentür auf, die sich dann hinter ihr schloß. Stephen schaute auf die Uhr und beschloß, die Kinder für das Bett vorzubereiten.

Adam, der im Wohnzimmer war, klebte förmlich an der Mattscheibe. Eine seiner Lieblingsshows lief gerade, ein Polizeifilm mit heulenden Sirenen, wilden Autoszenen und quietschenden Motorrädern.

Mit lauter, den Fernseher übertönender Stimme sagte Stephen: »Adam und Jeremy, es ist Zeit fürs Bett.« Adam machte keine Anstalten. Jeremy schaute auf und fragte: »Wo ist Mutti?«

»Sie ruht sich aus.«

»Warum? Ist sie uns böse?« fragte Jeremy. Er war ein besorgtes Kind, das immer gefallen wollte.

»Sie ist nur müde. Gehen wir rauf.«

»Mutti sagte, wir müßten heute abend baden«, sagte Jeremy.

Wieder einmal fiel es Stephen auf, was für ein Musterknabe ihr älteres Kind geworden war. War es, weil Adam so böse war und Marjorie ihm zuviel durchgehen ließ? Er ärgerte sich noch mehr über seine Frau. »Kommt, Jungs.«

Adam machte weiterhin keine Anstalten. Sein Vater schaltete den Fernseher aus. Sofort fing Adam an zu schreien, und

zwar durchdringend. »Nein, Adam. Es ist Zeit fürs Bad, und dann geht's ab ins Bett!«
»Nein!« schrie Adam.
Sein Vater hob ihn hoch. Adam schlug und trat um sich. Stephen versohlte ihm den Hintern. Adam trat um so härter zu und biß seinen Vater dann in die Hand. »Du kleines ...«, entfuhr es Stephen, und dann schlug er ihm ins Gesicht. Adam warf sich schreiend und um sich tretend auf den Boden. Jeremy stand abseits und schaute zu. »Mutti wird darüber nicht begeistert sein«, sagte er. »Sie läßt ihn alles sehen, was er will.«
»Nun, ich nicht«, antwortete Stephen. Er hob Adam so hoch, daß ihn die herumrudernden Arme und Beine nicht trafen, und trug ihn die Treppen hinauf. Im Badezimmer legte er ihn auf den Boden. Der Wutanfall ging weiter. Sein Vater schrie ihn an, er solle damit endgültig aufhören. Er drohte ihm eine weitere Tracht Prügel an. Er drohte mit einem Fernsehverbot. Er schrie, bis er heiser war, und es machte ihm nichts aus, daß Marjorie das hörte. Er würde ihr schon zeigen, wie man diese Situation meisterte! Er schloß die Badezimmertür, um den Wutanfall abzuwarten. Er schaute auf die Uhr. Es war Viertel vor acht. Gegen halb neun zeigte Adam die ersten Ermüdungserscheinungen, um Viertel vor neun hatte er beinahe aufgehört zu schreien. Stephen war erschöpft. Er beschloß, das Bad auszulassen. Er nahm Adam und trug ihn in sein Zimmer. Jeremy war bereits in seinem Zimmer und hatte seinen Schlafanzug angezogen. Plötzlich fühlte Stephen sich sehr erleichtert, daß sein älterer Sohn solch ein Lamm war.
»Gut, nun ziehen wir den Schlafanzug an«, sagte Stephen.
»Nein«, entgegnete Adam.
Dieses Kind war einfach zu widerspenstig. Es suchte förmlich nach Streit. »Du legst es darauf an«, sagte Stephen. »Du

tust das absichtlich.« Er muß böse auf mich sein, weil Marjorie nicht da ist, um ihn wie gewöhnlich zu verwöhnen, dachte er.
»Keinen Schlafanzug«, sagte Adam.
»Du ziehst ihn an, ob du nun willst oder nicht«, antwortete Stephen. Während er dies sagte, griff er nach Adams Jogginganzug, den er in der Nacht zuvor und am heutigen Tage getragen hatte. Adam begann zu heulen.
»Mutti läßt ihn in seinen Kleidern schlafen«, sagte Jeremy, der in der Tür stand.
»Ich will nicht hören, was Mutti tut!« schrie Stephen. »Ich regle das auf meine Weise!« Jeremy brach in Tränen aus und ging zurück in sein Zimmer.
Stephen versuchte nun, dem sich windenden und um sich tretenden Adam die Kleider auszuziehen. Stephen konnte sich nicht erklären, warum Adam so stark war, warum er nicht müde und bettreif war nach so vielen emotionsgeladenen Szenen und Wutanfällen.
Nach einem Kampf von ein paar Minuten hatte es Stephen geschafft, Adam die Hose auszuziehen, doch nicht das Sweatshirt. Er beschloß, dies zu lassen. »Gut«, sagte er keuchend, »es ist Zeit zum Schlafen.«
»Mami«, sagte Adam.
»Sie wird in einer Minute kommen.«
Es war Stephens Traumvorstellung gewesen, Adam blitzsauber und gebadet, ruhig und in frischem Schlafanzug, fest zugedeckt und nahe dem Einschlafen zu präsentieren. Doch wie konnte er es zulassen, daß Marjorie das heillose Durcheinander in Bett und Zimmer sah, das ihr Kampf hinterlassen hatte? Außerdem war Adams Gesicht tränenverschmiert und schmutzig. Stephen war nicht sehr erfolgreich damit gewesen, sein Kind ins Bett zu bringen. Er wußte nicht einmal, wohin Jeremy gegangen war, geschweige

denn, was er mit ihm anstellen sollte. Der Ärger mit Adam reichte für einen Abend.

»Also Adam, jetzt schläfst du ein. Ich mache das Licht aus.«

»Nein«, schrie Adam.

»Doch«, sagte er. »Es ist spät und an der Zeit, daß du schläfst.«

»Ich bin nicht müde. Ich möchte fernsehen.«

»Nichts da«, sagte Stephen, »es ist Zeit fürs Bett.«

Adam begann zu heulen.

»Nun gut, du kannst aufbleiben, aber nur in deinem Zimmer und nur für ein paar Minuten.«

Adam hörte sofort mit dem Geheule auf, stand auf und spielte mit seinen Spielsachen, die über den Boden verstreut lagen.

Stephen, der erschöpft war, ging nach unten, um sich einen Drink zu genehmigen. Er wußte nicht mehr, was er tun sollte.

Er ließ sich in einen Sessel fallen und schloß seine Augen. Später, wenn er sich dann besser fühlen würde, würde er sich bei Marjorie entschuldigen. Die Realität sah doch etwas anders aus, als er sich das vorgestellt hatte. Er wußte nicht, wie sie das alles jeden Tag schaffte. Nicht im Traum hätte er geglaubt, daß Adam so schwierig sein konnte.

Adams Familie ist ein Konglomerat, das sich aus den Erfahrungen einiger Familien mit extrem schwierigen Kindern zusammensetzt. Adam ist höchst aktiv, intensiv, kaum anpassungsfähig, ablenkbar und unregelmäßig in seinem Tagesablauf; er hat eine niedrige Sensibilitätsschwelle und schreckt vor neuen Situationen zurück. Aber wenn er nicht gerade verärgert ist oder weint, dann ist er ein Kind mit einem sonnigen Gemüt, das sich an Dingen erfreuen kann, das kreative künstlerische Fähigkeiten entwickelt und das,

wenn es richtig behandelt wird, zu einem interessanten, energischen und enthusiastischen Jugendlichen heranreifen könnte. Doch diese Familie hat Schwierigkeiten. Beide Eltern sind mit ihrer Weisheit am Ende, und es ist klar, daß irgend etwas oder irgend jemand nachgeben wird. Wer wird das sein? Adam, seine Mutter, sein Vater, sein älterer Bruder – oder gar die Ehe? Und dieser Tag mit seiner Auswahl an Krisen und Konfrontationen ist nur einer von vielen. Manche Tage sind leichter, andere schwerer. Doch kein Tag vergeht, ohne daß das schwierige Kind den Rhythmus und die Aktivitäten der Familie beeinflussen würde. Sie steht ständig im Schatten dieses Kindes.
Wenn Sie vorhaben, mit Ihrem schwierigen Kind ein Programm zu starten, dann sollten Sie sich noch einmal die folgenden grundlegenden Prinzipien ins Gedächtnis rufen:

– Der Ausdruck »schwierig« ist relativ. Wie schwierig ist Ihr Kind in *genau Ihrer Familie*? Das Prinzip des Zusammenspiels ist hier ganz besonders wichtig.
– Schwierige Kinder sind nicht alle gleich. Ihr Kind mag sich in vielem von Adam unterscheiden. Was *Ihr* Kind schwierig macht, hängt von seiner eigenen Kombination schwieriger Charakterzüge ab.
– Das Ausmaß der Veränderungen, das für Ihr Kind benötigt wird, wird nicht nur davon abhängen, wie schwierig es ist, sondern auch davon, wie tief die Familie schon in einen Teufelskreis verstrickt ist.

Beginnen wir nun mit einer umfassenden Studie speziell Ihres Kindes.

Teil II

Ein Programm für Ihr schwieriges Kind

Einführung

Sie sind im Begriff, ein Programm zu absolvieren, das Sie bei beständiger Anwendung dazu befähigen wird, die Situation Ihres Kindes und Ihrer Familie zu verbessern. Viele der Prinzipien und Techniken, die Sie dabei lernen werden, wurden von mir schon jahrelang angewendet. Einige stammen aus dem Programm für die Familien schwieriger Kinder, das ich am Beth Israel Medical Center und in meiner Privatpraxis in New York City erstellt habe.

Die Philosophie des Programms basiert auf dem Glauben, daß die meisten Eltern ihre Haltung und ihr Verhalten durch *Erziehung* entscheidend verändern können. Wenn Sie fähig sind, zu lernen, Ihr Kind und sein schwieriges Temperament zu verstehen, dann werden Sie begreifen, was mit ihm und Ihrer Familie passiert.

Nach und nach werden Sie ein *Experte* für das Temperament und das Verhalten Ihres Kindes werden. Und da Experten besser mit den Dingen zurechtkommen, wird es Ihnen genauso gehen. Sie werden nicht mehr so sehr in Ihre eigenen Gefühle verstrickt sein, weil Sie jetzt Abstand nehmen und objektiver sein können. Haben Sie dann eine neutralere Perspektive eingenommen, können Sie flexibler, offener und im positiven Sinne bestimmter werden, also eine Führungsperson.

Wenn Sie das Programm absolvieren, so wird es zuerst Ihr Denken und Ihre Reaktionsweise ändern. Sie werden einige bestimmte Prinzipien und Techniken erlernen, um Ihr Kind führen zu können.

Die fünf Bestandteile Ihres Programms

Die Einschätzung – das Problem wird umrissen

Der erste Teil des Programms ermöglicht es Ihnen als Eltern, Ihre Situation transparenter zu machen. Sie werden Ihr Kind studieren und sich auf wichtige Familienprobleme konzentrieren, wie zum Beispiel die Reaktion der Mutter und des Vaters auf das Kind, Strafen und andere relevante Bereiche. Diese Einschätzung, die Sie selbst in Kapitel 6 durchführen werden, ist die Basis für Ihren Entscheidungsprozeß in bezug auf Ihr Kind. Sie wird Ihnen ein verständliches Bild Ihrer spezifischen Familiensituation liefern.

Das Wiedererlangen der elterlichen Autorität

Um Sie auf Ihren rechtmäßigen Führungsplatz in Ihrer Familie zurückzubringen, müssen Sie neue Wege erlernen, wie man elterliche Autorität geltend machen kann. Kapitel 7 umreißt die Prinzipien einer klaren, effektiven Strafe. Sie werden sich langsam dazu erziehen, sich in das Temperament hineinzudenken und mit dem Verhalten umzugehen, statt emotional oder instinktiv auf etwas zu reagieren, was Sie als vermeintliche Motive des Kindes zu erkennen glauben. Sie werden merken, daß Sie weniger bestrafen werden, doch wenn Sie es einmal tun, dann werden Sie Erfolge erzielen. Sie werden lernen:

- sich zu lösen und zurückzuhalten
- eine neutrale Haltung einzunehmen
- nachzudenken und abzuwägen, bevor Sie reagieren
- die Hintergründe für das verwirrende Verhalten Ihres Kindes Zug um Zug aufzudecken, so, wie Sie auch lernen werden, es mit seinem schwierigen Temperament in Verbindung zu bringen

– die Frage »Warum tut er mir das an?« durch »Wie kann ich sein Verhalten richtig interpretieren lernen?« zu ersetzen.

Je mehr Sie zum Experten auf dem Gebiet Ihres Kindes werden, um so mehr werden Ihre negative Verstrickung mit dem Kind und Ihr Beitrag zu dem Teufelskreis durch eine *erwachsene Haltung* ersetzt, die ihren Schwerpunkt auf Bestätigung, Freundlichkeit, Kürze, Festigkeit, klare Grenzen und Beständigkeit legt.

Führungstechniken

Sobald Sie und Ihr Partner Ihre Position als »Erwachsene vom Dienst« wiedergewonnen haben, werden Sie eine neue Haltung als Eltern einnehmen. Sie werden eine Vielfalt von Führungstechniken entwickeln, die ausgerichtet sind auf die Temperamentsfragen, die vielfach den Konflikten, Problemen und Fragen, die sich in Zusammenhang mit einem schwierigen Kind täglich ergeben, zugrunde liegen. Führung, so, wie das Wort hier gebraucht wird, ist grundverschieden von Bestrafung. Führung hat mit Verständnis zu tun und läßt sich dann anwenden, wenn das Kind »sich nicht mehr zu helfen weiß«. Die Botschaft, die Sie Ihrem Kind übermitteln, ist: »Ich *verstehe* dich.« Diese Techniken können viele schwierige Verhaltensweisen, die mit dem Temperament zu tun haben und bei denen Strafen oder disziplinäre Maßnahmen versagen, verbessern. Mehr darüber lesen Sie in Kapitel 8.

In Kapitel 9, das unter dem Titel »Wie Sie alles kombinieren« steht, lernen Sie, die Führungstechniken mit Ihrem neuen disziplinären Ansatz zu kombinieren, um mit Ihrem Kind eine Vielzahl von alltäglichen Situationen erfolgreich zu bewältigen.

Wenn es sich um Kleinkinder handelt, dann sollte das Thema der Bestrafung überhaupt nicht zur Debatte stehen. Das einzige, was Sie wirklich tun können, ist, zu versuchen, das Verhalten des Kindes zu verstehen und damit, so gut Sie können, umzugehen. Sie können Ihr Kleinkind nicht ändern, um aus ihm ein »einfaches Baby« zu machen. Wenn Sie jedoch das Temperament Ihres Babys erkennen und lernen, damit zurechtzukommen, wie es in Kapitel 10 vorgeschlagen wird, dann kann dies Ihre Tage und Nächte angenehmer machen.

Anleitungen aus der Familie

Viele Probleme können aus dem Welleneffekt entstehen, der von einem schwierigen Kind erzeugt wird. Einige der Probleme sind durch die Anwendung der in diesem Programm beschriebenen Führungstechniken lösbar, während andere etwas mehr Aufmerksamkeit erfordern. Kapitel 11 mit dem Titel »Wiederaufbau« beinhaltet Vorschläge, die Fragen Ihres Familienlebens betreffen, für die Sie besondere Unterstützung benötigen. Hierzu zählen das Verhältnis zu den Eltern, Geschwistern, dem größeren Familienkreis und Gleichaltrigen sowie besondere Abschnitte, die Schule und Kinderarzt betreffen.
Wenn Sie der Meinung sind, Ihr Kind oder Ihre Familie benötige speziellere, professionellere Hilfe, so bietet dieses Kapitel ebenfalls Richtlinien an, die Ihnen sagen, wann Sie diese Hilfe benötigen und wie Sie den richtigen Arzt konsultieren.

Fördergruppen

Der letzte Aspekt dieses Programms gibt Ihnen Ratschläge, wie Sie eine Eltern- oder Mütterfördergruppe ins Leben rufen können. Sie erhalten ebenso Vorschläge für Themen, die Sie während der Treffen diskutieren können, wie Sie Eltern anderer schwieriger Kinder kontaktieren und wie Sie eine solche Gruppe selbst leiten können. Sie werden den heißen Draht zu anderen Müttern schätzenlernen, Sie werden aber auch mit Ihren Gefühlen der Isolation und Entfremdung umzugehen haben. Fördergruppen können mit und ohne fachlichen Beistand organisiert werden; Sie werden lernen, wie man das macht, wo immer Sie leben. In Kapitel 11 ist alles genau beschrieben.

Das Programm versucht, in gut verständlicher Art und Weise mit allen Fragen umzugehen, die mit der Erziehung schwieriger Kinder zusammenhängen. Die Mutter eines im Grunde leicht erziehbaren Kindes mit einigen schwierigen Charakterzügen muß vielleicht lediglich einige ihrer Einstellungen ändern und sich einige Führungstechniken aneignen. Doch bevor Sie eine Entscheidung darüber treffen, welche Teile Ihre spezielle Situation betreffen und welche nicht, möchte ich Sie dringend bitten, die Kapitel 6 bis 11 zusammenhängend zu lesen, ohne etwas auszulassen.

6. Die Einschätzung Ihrer eigenen Situation: Die Fünf-Tage-Studie

Wenn die Eltern schwieriger Kinder das erste Mal zu mir in die Praxis kommen, so kann ich normalerweise einige Vermutungen anstellen: Sie haben Probleme mit der Erziehung ihres Kindes, sie fühlen sich frustriert, und sie haben zumindest einen Teil ihrer elterlichen Autorität eingebüßt. Ist das Kind sehr schwierig, so sind sie zudem verwirrt, fühlen sich oft schuldig und beschämt, ihre Ehe leidet, und sie haben das Gefühl, sie und ihr Kind wären »grundverschieden«. Doch obwohl diese Verallgemeinerungen normalerweise zutreffen, gibt es auch ebenso viele Unterschiede. Wie Sie bereits wissen, gleichen sich schwierige Kinder nicht in allen Dingen und demzufolge auch ihre Familien nicht. Habe ich die Probleme eines Kindes und seiner Familie in Erfahrung gebracht, so kann ich Ratschläge erteilen, die ihre Lage betreffen. Natürlich kann ich das in Ihrem Falle nicht, doch ich kann Ihnen zeigen, wie Sie selbst die Lage einschätzen können, in der sich Ihr Kind und Ihre Familie befinden. Das Ziel ist es, Sie, liebe Eltern, zu Experten für Ihr Kind zu machen.

Am besten lesen Sie beide dieses Buch erst einmal vollständig durch, bevor Sie mit Ihrer Einschätzung beginnen. Wahrnehmbare Verbesserungen können sich manchmal auch ohne ein direktes Zutun des Vaters ergeben, doch meiner Erfahrung nach stehen die Chancen auf Erfolg sehr viel höher, wenn beide Eltern aktiv beteiligt sind. Ein Tip für Mütter: Wenn Ihr Mann nicht das ganze Buch lesen möchte, dann bestehen Sie darauf, daß er wenigstens Kapitel 1 und die Kapitel 6 bis 11 liest.

Die Fünf-Tage-Studie

Dieser Vorgang soll sich über die nächsten fünf Tage hinziehen. Wenn Sie nicht sofort anfangen können, dann markieren Sie fünf aufeinanderfolgende Tage in Ihrem Kalender und reservieren Sie sie für diesen Zweck. Planen Sie, wenn möglich, ein Wochenende und vielleicht sogar ein paar arbeitsfreie Tage mit ein. Ihr Hauptziel in diesen fünf Tagen ist es, mit dem Verhalten Ihres Kindes und seinem Temperament sowie der Kombination aus diesen beiden Faktoren in verschiedenen alltäglichen Situationen eng vertraut zu werden.

Gleichzeitig sollten Sie sich selbst beobachten, Ihre Reaktionen auf das Kind und Ihre allgemeine Familiensituation.

Während dieser Zeitspanne sollten Sie folgendes tun:

- *Vereinfachen Sie Ihr Leben.* Treffen Sie möglichst wenig Verabredungen, nehmen Sie das Kind nicht zu unnötigen Besorgungen mit, gestalten Sie den Tagesablauf so einfach wie möglich für sich selbst.
- *Planen Sie viel Zeit ein, die Sie zusammen zur elterlichen Beratung nutzen.* Das ist wirklich wichtig. Der Arbeitsprozeß dieser Abschätzung sollte auf Gegenseitigkeit beruhen. Diskutieren Sie alles, und versuchen Sie Antworten zu finden, die Ihrer beider Gefühle ausdrücken.
- *Versuchen Sie, Ihre Antworten auf den folgenden Fragenkatalog in einem besonderen Notizbuch aufzuschreiben.* Ich weiß, daß einige Eltern dies als unnötige Belastung ansehen, doch wenn Sie die Dinge niederschreiben, hilft Ihnen das, Ihre Gedanken zu ordnen, und die niedergeschriebene Einschätzung wird Ihnen außerdem später nützlich sein, wenn Sie neue Wege der Disziplin und neue Führungstechniken erlernen. Es wird Ihnen auch als sichtbarer

Maßstab Ihres Erfolges dienen, wenn sich Ihre Lage zu bessern beginnt.

– *Äußerst wichtig ist, daß Sie exzessive und unwirksame Bestrafungen vermeiden.* Versuchen Sie, weitmöglichst Drohungen, Anbrüllen, Schreien und Prügel zu unterlassen, während Sie die Lage abwägen. Schreiben Sie nur nieder, was sich in dieser Zeit ereignet hat. Und denken Sie daran, daß Sie die eingeschränkte Strafe sehr kurz gestalten.

Diese Zeitspanne ist für viele Eltern sehr schwierig, da sie sich Gedanken darüber machen, daß sie »nachgeben«, daß das Kind dies ausnützt und sie das letzte Quentchen Autorität verlieren.
Halten Sie sich das Ziel vor Augen. Sie studieren eine neue Denkweise und eine neue Methode zu reagieren. Bevor Sie jedoch etwas Neues anwenden können, müssen Sie mit dem, was Sie bisher getan haben, aufhören. Sich ein etabliertes Verhaltensmuster abzugewöhnen, selbst wenn es unwirksam ist, ist schwierig und braucht Zeit.

Ein Verhaltensbild Ihres Kindes

Betrachten Sie zuerst die Verhaltensarten, die in Ihrer Familie Probleme verursachen, die Dinge, die Ihr Kind tut und die Ihnen den meisten Ärger machen. Es folgt eine Liste mit den gängigsten Arten von Problemverhalten und einigen Varianten, wie sie mir von Eltern beschrieben wurden. Verwenden Sie diese Kategorien als Richtlinie, um Ihre eigene Liste in Ihrem Notizbuch niederzuschreiben.

Welche der folgenden Verhaltensweisen zeigt Ihr Kind?

Verhaltensweise	Beschreibung der Eltern
aufsässig	– tut, was er will – ignoriert, was ich sage – tut genau das Gegenteil dessen, was ich ihm sage
widerspenstig	– weigert sich zuzuhören – folgt Anweisungen nicht – trödelt – findet immer eine Entschuldigung
unaufmerksam	– hört nicht zu – »klinkt« sich völlig aus – hängt Tagträumen nach
stur	– muß seinen Kopf durchsetzen – akzeptiert kein »nein« als Antwort – unglaublich starker Wille
scheu	– sehr ängstlich – hängt an meinem Rockzipfel – verbirgt immer das Gesicht – hält sich zurück
eigen	– sehr pingelig – wählerisch – will nur bestimmte Dinge – wirklich schwer zufriedenzustellen – eigen, bemerkt immer Kleinigkeiten, die niemand sonst sieht

Verhaltensweise	Beschreibung der Eltern
klagt	jammert viel – schmollt – ist beleidigt – ist nie zufrieden
unterbricht	– stört die Unterhaltung Erwachsener – läßt mich nicht telefonieren
aufdringlich	– dringt in meine Privatsphäre ein – kommt, auch wenn es verboten wurde, in unser Zimmer
verbal ausfällig	– flucht viel – ruft den Leuten, sogar Erwachsenen, Namen nach – schreit
schlechte Manieren	– ist furchtbar bei Tisch – ist frech und pampig zu mir, hat immer das letzte Wort – nimmt anderen Kindern das Spielzeug weg – grob
egoistisch	– teilt das Spielzeug weder mit Geschwistern noch mit Freunden – alles ist »meines«
wildes Benehmen	– überdreht leicht – kommt schnell auf Touren

Verhaltensweise	Beschreibung der Eltern
impulsiv	– verursacht Unruhe – kann destruktiv sein; wirft mit Dingen oder macht sie kaputt – verliert die Kontrolle – bekommt wegen Kleinigkeiten Anfälle – schießt über das Ziel hinaus
physisch aggressiv	– stößt und schiebt andere Leute – schlägt, tritt oder beißt andere Kinder oder sogar Erwachsene
Wutausbrüche	– variieren in Länge und Intensität

Der nächste Schritt ist nun, die Verhaltensformen Ihres Kindes mit den Situationen oder Umgebungen zu kombinieren, in denen sie zu beobachten sind. Dies ist wichtig, denn ich möchte, daß Sie sehen, wie dasselbe Verhalten sich in verschiedenen Bereichen manifestieren kann. Ein Kind, das z. B. »widerspenstig« ist, zeigt dies, wenn man es anzieht (durch Trödelei), in der Schule (durch Entschuldigungen) und beim Essen (dadurch, daß es Ihre Kommentare bezüglich der Tischmanieren ignoriert). Fügen Sie getrost in Ihre Liste alle anderen Situationen und Umgebungen ein, die in Ihrem Fall in Frage kommen.

- Aufstehen am Morgen
- Anziehen, Kleidung
- Essenszeiten und Speisen

– Schlafenszeit und Schlafen
– Fernsehen
– Spielen
– Familienaktivitäten
– Interaktion mit Geschwistern
– Interaktion mit Gleichaltrigen
– Interaktion mit der Haushälterin
– Schule und Lehrer
– in der Öffentlichkeit
– Interaktion mit anderen Erwachsenen

Um Ihnen einen Anhaltspunkt zu geben, wie das fertige Verhaltensbild aussehen wird, zeige ich Ihnen ein Beispiel auf, das von den Eltern eines sehr schwierigen Kindes namens Janie erstellt wurde:

Ein Verhaltensbild von Janie, vier Jahre

Verhaltensweise	Situation oder Umgebung
widerspenstig	– Aufstehen am Morgen – Anziehen, Kleidung – Schlafenszeit und Schlafen – Essenszeiten und Speisen
stur	– Anziehen, Kleidung – Essenszeiten und Speisen – Schule und Lehrer
eigen	– Kleidung und Speisen
scheu	– Interaktion mit Erwachsenen – in der Öffentlichkeit

Verhaltensweise	Situation oder Umgebung
klagt	– Aufstehen am Morgen
	– Anziehen, Kleidung
	– Essenszeiten und Speisen
	– Schlafenszeit und Schlafen
	– Familienaktivitäten
	– Interaktion mit Geschwistern
	– in der Öffentlichkeit
egoistisch	– beim Fernsehen
	– Familienaktivitäten
	– Interaktion mit Gleichaltrigen
	– Interaktion mit Geschwistern
	– Schule
launische Anfälle	– Anziehen, Kleidung
	– in der Öffentlichkeit

Dieses Verhaltensbild ist sehr hilfreich für Sie, denn es ermöglicht Ihnen, Ihre wirren Eindrücke zu ordnen und festzustellen, daß es in dem Problemverhalten Ihres Kindes ein inneres Muster und Zusammenhänge gibt. Seine Reaktionen in der Schule sind vielleicht eng mit denen verbunden, die es zeigt, wenn Sie es anziehen. Somit kann eine Verhaltensweise in mehr als einer Umgebung Probleme bereiten.

Ein Temperamentsquerschnitt Ihres Kindes

Wenn Sie lernen, richtig mit Ihrem Kind umzugehen, besteht die Hälfte des Kampfes darin, die Temperamentseigenschaften zu erkennen, die oftmals Problemverhalten hervorrufen. Später werden Sie dann feststellen, daß – wenn Sie die Temperamentseigenschaft gefunden haben, die dem Verhalten zugrunde liegt – Sie Ihr Kind eher *führen* als *strafen.*

Nun aber werden Sie einen Temperamentsquerschnitt Ihres Kindes erstellen. Beziehen Sie Ihre Information aus der folgenden Auflistung schwieriger Züge. Befragen Sie sich bei jedem dieser Bereiche über das Temperament Ihres Kindes. Ist es sehr aktiv? Legt es Unregelmäßigkeiten an den Tag? Ist es intensiv (laut)? Für jeden dieser Bereiche versuchen Sie nun, festzuhalten, *wie* schwierig Ihr Kind ist. Denken Sie daran, daß nicht zur Debatte steht, ob Ihr Kind insgesamt sehr schwierig ist, sondern ob es sehr schwierig, mittelmäßig schwierig oder nur wenig schwierig in diesem *einen* Feld ist.

Um Ihnen zu zeigen, wie das aussehen könnte, lasse ich dem noch auszufüllenden Temperamentsquerschnitt Ihres Kindes den Querschnitt Janies als Beispiel folgen.

Schwierige Wesenszüge

Hohe Aktivitätsebene

Sehr aktiv; immer mit irgend etwas beschäftigt; ermüdend; »möchte immer einen Schritt voraus sein«; wird wild oder »aufgedreht«; verliert die Beherrschung; wird leicht aggressiv; haßt es, eingeengt zu werden.

Ablenkbar
Hat Probleme damit, sich zu konzentrieren und aufzupassen, besonders wenn etwas nicht wirklich interessant ist; »hört nicht zu«; klinkt sich aus; hängt Tagträumen nach; vergißt, was man ihm gesagt hat.

Hohe Intensität
Laut – egal, ob es gerade traurig, ärgerlich oder glücklich ist.

Unregelmäßig
Unberechenbar. Man weiß nie, wann es hungrig oder müde ist; Konflikte beim Essen und Schlafen; die Laune wechselt plötzlich; wacht nachts auf; hat aus unerklärlichen Gründen gute und schlechte Tage.

Negative Ausdauer
Eigensinnig; nörgelt, jammert oder verhandelt endlos, wenn es etwas will; läßt nicht locker, gibt nicht auf; scheint sich »zu verrennen«; hat lang anhaltende Wutanfälle.

Niedrige Sensibilitätsschwelle
»Empfindlich« – eher im physischen als im emotionalen Bereich; extrem abhängig von Farben, Licht, Erscheinung, Stoff, Geräuschen, Geruch oder Temperatur (auch von einzelnen dieser Faktoren); »kreativ«, jedoch mit starken und ungewöhnlichen Vorlieben, die zum Teil hinderlich sind; Kleidung muß sich richtig anfühlen und richtig aussehen, was das Anziehen zu einem Problem werden läßt; lehnt bestimmte Nahrungsmittel wegen ihres Aussehens, Geruchs oder Geschmacks ab; heikel beim Essen; wird durch grelles Licht und laute Umgebung beeinträchtigt und überstimu-

liert; weigert sich, sich warm anzuziehen, wenn es draußen kalt ist.

Anfänglicher Rückzug

Scheu und zurückhaltend gegenüber Fremden; mag keine unbekannten Situationen; verweigert sich oder protestiert durch Weinen oder Festklammern; reagiert auf Zwang häufig mit Wutanfällen.

Paßt sich schlecht an

Hat Probleme mit Übergangssituationen und Veränderungen; unflexibel, sehr eigen; bemerkt die geringsten Veränderungen; gewöhnt sich an Dinge und möchte diese nicht mehr aufgeben; hat Schwierigkeiten, sich an Neuerungen anzupassen, möchte z. B. immer und immer wieder dieselben Kleider oder das gleiche Essen.

Negative Laune

Die Grundstimmung ist ernst oder mürrisch; zeigt sein Vergnügen nicht offen; kein »sonniges« Gemüt.

Ihr Kind

	sehr schwierig	mäßig schwierig	wenig schwierig
Aktivitätsebene	O	O	O
Ablenkbarkeit	O	O	O
Intensität	O	O	O
Regelmäßigkeit	O	O	O
Negative Ausdauer	O	O	O
Sensibilitätsschwelle	O	O	O

sehr	mäßig schwierig	wenig schwierig	schwierig
Annäherung/ Rückzug	○	○	○
Anpassungsfähigkeit	○	○	○
Laune	○	○	○

Ein Temperamentsquerschnitt von Janie, vier Jahre

	sehr schwierig	mäßig schwierig	wenig schwierig
Aktivitätsebene	○	○	○
Ablenkbarkeit	○	○	○
Intensität	○	✔	○
Regelmäßigkeit	○	✔	○
Negative Ausdauer	✔	○	○
Sensibilitätsschwelle	✔	○	○
Annäherung/ Rückzug	○	✔	○
Anpassungsfähigkeit	✔	○	○
Laune	✔	○	○

Verbindung zwischen Verhalten und Temperament

Immer wenn Sie das Verhalten Ihres Kindes in Verbindung mit einem schwierigen Temperamentszug bringen können, erscheint das Verhalten plötzlich nicht mehr so verwirrend.

Kehren Sie nun zum Verhaltensbild Ihres Kindes zurück. Gehen Sie noch einmal jeden Verhaltenstypus durch und die Umgebung, in der er auftritt. Stellen Sie sich die Frage: »Kann ich dieses Verhalten irgendwie mit dem Temperament meines Kindes in Verbindung bringen?« Immer wenn Sie eine solche Verbindung zu erkennen glauben, dann setzen sie ein »T« hinter das Verhalten. Tun Sie das auch, wenn die Verbindung nicht hundertprozentig klar ist. Klagendes Verhalten zum Beispiel kann manchmal klar mit schlechter Anpassungsfähigkeit kombiniert sein (wenn ein Übergang mit im Spiel ist), kann aber bei einer anderen Gelegenheit nicht eindeutig zuzuordnen sein. Setzen Sie in solchen Fällen dennoch ein »T« hinter das Verhalten, doch merken Sie sich diesen Fall.

Zum besseren Verständnis stellen wir bei Janie eine Verbindung zwischen ihrem Verhalten und ihrem Temperament her:

Ihr widerspenstiges, stures Verhalten tritt oft zutage, wenn man sie anzieht. Sie besteht darauf, immer dieselben alten Jeans zu tragen. Sie mag einige Sachen nicht oder sagt, sie fühlten sich nicht »richtig« an. Dies resultiert aus schlechter Anpassungsfähigkeit, gepaart mit einer niedrigen Sensibilitätsschwelle gegenüber dem Tragegefühl von Kleidung. Wenn die Frage der Kleidung und des Anziehens zum Problem wird und ihre Mutter darauf besteht, daß sie gewisse Dinge trägt, dann kann dies zu einem Wutanfall führen.

Die Schwierigkeiten mit dem Zubettgehen stehen in Zusammenhang mit ihren unregelmäßigen Schlafgewohnheiten, die von frühester Kindheit an bestanden haben. Ihre Eltern versuchen, sie zum Schlafen zu bringen, doch das Kind ist nicht jeden Abend zur selben Zeit müde; somit wird das Zubettgehen jeden Abend zu einem Kampf.

Eigenes und stures Verhalten beim Essen kann man einer Kombination aus schlechter Anpassungsfähigkeit, niedriger Sensibilitätsschwelle gegenüber Geschmack und Geruch von Speisen und unregelmäßigem Appetit zuschreiben.

Janies generell egoistische Haltung, die sich beim Fernsehen zeigt (sie will nur *ihre* Shows sehen), beim Spiel mit ihren Kameraden und Geschwistern, ihrem Verhalten in der Schule und bei Familienaktivitäten, kann man mit ihrer schlechten Anpassungsfähigkeit in Verbindung bringen. Sie »verstrickt« sich in das, was sie gerade tut, und will diese Tätigkeit nicht aufgeben.

Ihre Scheu, die sich dadurch äußert, daß sie an Mutters Rockzipfel hängt und sich vor Fremden und in der Öffentlichkeit zurückhält, resultiert möglicherweise aus ihrem anfänglichen Rückzugsverhalten, gepaart mit ihrer niedrigen Sensibilitätsschwelle, was darin gipfelt, daß sie normalerweise überstimuliert ist. Wenn zuviel zusammenkommt, kann dies auch zu einem Wutanfall führen.

Ein großer Teil ihres Problemverhaltens in der Schule hängt mit ihren Schwierigkeiten zusammen, die sie mit Übergängen, dem Wechsel im Tagesablauf und mit dem Teilen hat. Dies wiederum ist ein Resultat ihrer schlechten Anpassungsfähigkeit. Und schließlich kann man Janies generell klagendes, scheinbar »unglückliches« Verhalten ihrer schlechten Laune zuordnen.

Bitte beachten Sie, daß Janies Eltern zwei Bereiche nicht bewertet haben, nämlich die Aktivitätsebene und die Ablenkbarkeit, da bei beiden keine Probleme auftreten.

Wenn Sie den Temperamentsquerschnitt Ihres Kindes noch einmal durchgehen, werden Sie vielleicht überrascht sein zu sehen, wie viele problematische Verhaltensweisen Sie direkt oder indirekt mit den dem Kind angeborenen Temperamentszügen verbinden konnten. Diese Information ist der Schlüssel zum Erfolg Ihres Programms. In den folgenden Wochen werden Sie immer wieder darauf zurückkommen.

Familienfragen

Teil I dieses Buches machte Sie mit dem Teufelskreis vertraut und der Vielfalt der Möglichkeiten, wie eine Familie durch ein schwieriges Kind betroffen sein kann. Nehmen Sie nun Ihre eigene Situation und finden Sie heraus, wie Ihre *eigene* Familie betroffen ist. Hierbei ist es ganz wichtig, daß Sie dies zusammen, als Ehepaar, durchgehen. Sie sollten viel über diesen Punkt sprechen. Versuchen Sie, die Lage von Ihrer beider Standpunkt aus zu betrachten.

1. Auf welche Weise ist die Mutter betroffen?
Zur Diskussion stehen Fragen wie Erschöpfung, Verwirrung, ein Gefühl der Isolation und der Unzulänglichkeit, das Gefühl, geächtet und »anders« zu sein, Schuld und Ärger.
2. Auf welche Weise ist der Vater betroffen?
Fühlen Sie sich aus der Mutter-Kind-Beziehung ausgeschlossen? Glauben Sie, Ihre Frau macht ihre Sache als Mutter schlecht? Fühlen auch Sie sich ärgerlich, schuldig oder erschöpft?
3. Auf welche Weise sind die Geschwister betroffen?
Hierzu zählen Fakten wie die Geschwister, die sich zu gut benehmen (um im Kontrast zu dem schwierigen Kind zu stehen), die sich schlecht benehmen (um Aufmerksamkeit zu erregen), das Gefühl, daß sie vernachlässigt werden, oder die Tatsache, daß sich diese Kinder zurückziehen.
4. Wie sieht es mit Ihrer Ehe aus?
Fehlt es Ihnen an Zeit füreinander? Streiten Sie viel wegen

der Behandlung des Kindes? Geben Sie sich immer gegenseitig die Schuld? Leidet Ihr Verhältnis zueinander ganz allgemein?

5. Wie steht es mit dem Verhältnis zur Verwandtschaft?
Hierzu zählt das Verhältnis zu Eltern, Schwiegereltern und Geschwistern. Kritisiert Ihre Familie Sie oft im Zusammenhang mit Ihrer Erziehungsweise? Werden Zusammenkünfte ungünstig beeinflußt? Streiten Sie viel mit Ihrer Mutter oder Schwiegermutter (oder beiden) über das Kind?

6. Verschlechtern sich andere Probleme innerhalb der Familie?
Probleme mit dem Alkohol, Geldsorgen, die Tendenz eines Elternteils zu Depressionen und andere Probleme können vertieft werden.

Bitte benutzen Sie diese Diskussion aber nicht dazu, alte Wunden wieder aufzureißen, sich gegenseitig zu beschuldigen oder neuen Streit zu entfachen. Versuchen Sie statt dessen, nach neuen Informationen darüber Ausschau zu halten, wie die Mitglieder Ihrer Familie fühlen und reagieren. Alle Familien schwieriger Kinder sind bis zu einem gewissen Grad davon betroffen.

Der Abnutzungseffekt

Wenn Sie also wissen, wie der Teufelskreis Sie und Ihre Familie in Mitleidenschaft zieht, ist es höchste Zeit, darüber nachzudenken, welche Auswirkungen er auf Ihr schwieriges Kind hat. Es kann nämlich ebenfalls an sekundären Problemen leiden, die sich aus Spannungen und Reibereien ergeben. Fragen Sie sich, ob Ihr Kind:

	Ja	Nein
oft ärgerlich scheint	O	O
an Ihnen hängt (auch wenn kein anfänglicher Rückzug im Spiel ist)	O	O
oft ängstlich ist	O	O
regelmäßig Alpträume hat	O	O
überempfindlich und leicht zum Weinen zu bringen ist	O	O
sich selbst nicht zu mögen scheint	O	O
Dinge sagt wie »Ich bin schlecht«	O	O

Viele dieser Probleme lassen wahrscheinlich nach, wenn Sie die Prinzipien dieses Programms anwenden. Sie werden auch einige gefühlvolle Ansätze lernen, um speziell mit dem aus dem Abnutzungseffekt resultierenden Verhalten zurechtkommen zu können. Wenn die Probleme später, trotz der verbesserten Atmosphäre innerhalb der Familie, fortbestehen, dann brauchen Sie eventuell die Hilfe eines Fachmanns für Ihr Kind.

Sind Ihre disziplinären Maßnahmen wirkungsvoll?

Unwirksame disziplinäre Maßnahmen sind eines der größten Probleme in einer Familie mit einem schwierigen Kind. Versuchen Sie die folgenden Fragen ehrlich zu beantworten. Sie sind nicht dazu gedacht, Ihnen ein Gefühl der Unzulänglichkeit zu vermitteln, sondern eher dafür, Ihre Aufmerksamkeit auf »Methoden« zu lenken, die einfach bei einem schwierigen Kind nicht greifen. Das »Ja« auf dem Fragebogen bedeutet unwirksame Techniken und Frustrationen, mit denen Sie nicht leben müssen. Die Antwort heißt erstaunlicherweise nicht *mehr* Strafe, sondern *weniger*, wie Sie aus dem folgenden Kapitel ersehen werden.

	Ja	Nein
Schreien und brüllen Sie viel?	○	○
Steigen Sie auf die Ebene des Kindes herab? (Wenn es Sie schlägt, schlagen Sie zurück?)	○	○
Bestrafen Sie das Kind öfter, als Sie eigentlich wollen?	○	○
Sagen Sie immer »nein« zu Ihrem Kind?	○	○
Meinen Sie, Sie müßten sich ständig wiederholen?	○	○
Kämpfen Sie viel mit Ihrem Kind?	○	○
Erklären Sie ihrem Kind ständig irgend etwas?	○	○
Verhandeln Sie oft mit ihm?	○	○
Lassen Sie Ihr Kind oft versprechen, dies oder das nicht mehr zu tun?	○	○
Drohen Sie mit Strafen, die Sie nicht wirklich ausführen wollen?	○	○
Zeigen Sie Überreaktionen mit großen Strafen für etwas, das sich später als relativ minimal herausstellt?	○	○
Versuchen Sie Ihre Strafen zu kompensieren, indem Sie Ihr Kind verwöhnen?	○	○

	Ja	Nein
Reagieren Sie und Ihr Ehepartner unterschiedlich auf dasselbe Verhalten?	O	O
Wissen Sie manchmal keine Antwort?	O	O
Scheint das Kind stärker zu sein als Sie?	O	O
Finden Sie, daß, je mehr Sie das Kind strafen, es um so mehr tut, was es nicht sollte?	O	O
Nörgeln Sie dauernd an ihm herum?	O	O
Ändern Sie häufig Ihre Meinung in bezug auf die Bestrafungsmethoden?	O	O
Geben Sie oft nach?	O	O

Denken Sie nun an erfolgreiche Methoden, Ihr Kind zu behandeln. Haben Sie jemals etwas spontan versucht – was Sie vielleicht nicht einmal für eine »Strafe« hielten – und waren äußerst überrascht darüber, wie schnell Ihr Kind darauf reagierte?

Gibt es eine Strafe, die besonders bei Ihrem Kind zu wirken scheint? Wenn Sie Ihre Erfolge erkennen und aufschreiben, auch wenn es nur relativ wenige zu sein scheinen, wird Ihnen dies später bei der Suche nach kreativen Lösungen für Ihr Kind und Ihre Familie helfen.

Die Liste über »relevantes Betragen«

Einer der Hauptgründe für wirkungslose Erziehungsmaßnahmen ist, daß Eltern von ihrem Kind so gefordert und so gereizt sind, daß sie auf so ziemlich alles, was es tut, reagieren. Und je stärker sie reagieren, um so schlimmer benimmt sich das Kind. In gewisser Weise wird dem Kind somit immer mehr Aufmerksamkeit zuteil. Übertriebene Aufmerksamkeit ist, selbst wenn sie negativ ist, eine so mächtige »Belohnung« für das Kind, daß sie das unerwünschte Verhalten eigentlich nur noch verstärkt. Sie müssen lernen, sich zurückzuhalten und in weitaus weniger Situationen zu reagieren, indem Sie sich z. B. fragen: »Ist der Punkt nun wirklich wichtig?«, »Kann ich dieses Verhalten zulassen?«, »Was passiert, wenn ich einfach abwarte?«, »Habe ich etwas zu verlieren, wenn ich nichts tue?«

Um Ihnen zu helfen, seltener zu reagieren, brauchen wir eine umfassende Liste. Wenn ich eine Familie behandele, dann bitte ich die Mutter und den Vater, je eine Liste mit den Verhaltensweisen ihres Kindes anzufertigen, die *wirklich* nicht akzeptabel sind. »Relevantes Betragen« nenne ich *ein Betragen, von dem Sie als Eltern das Gefühl haben, Sie müßten eingreifen und es ändern.* Wenn Sie über die einzelnen Verhaltensweisen nachdenken, dann überlegen Sie, was Sie bei realistischer Betrachtung erwarten können. So mag z. B. ruhiges Sitzen bei Tisch für Sie sehr wichtig sein, doch vielleicht erwarten Sie damit zu viel vom Verhalten Ihres Kindes? Vielleicht sollten Sie bei einigen Dingen einfach mehr loslassen. Versuchen Sie, nur *wirklich wichtige* Dinge in Ihre Liste für »relevantes Betragen« aufzunehmen.

Sobald Sie diese Liste erstellt haben und sicher sind, daß die darin enthaltenen Verhaltensweisen objektiv gesehen relevant sind (überprüfen Sie noch einmal jeden einzelnen Punkt), dann tauschen Sie Ihre Liste mit der Ihres Partners. Die Listen werden sicherlich Unterschiede aufweisen. Nun sollten Sie miteinander verhandeln, um sich schließlich auf eine Liste zu einigen, auf der nur Punkte zu finden sind, die für Sie beide relevant sind. Auch in Ihren Verhandlungen sollten Sie sich bemühen, Ihre Ergebnisse auf größtmögliche Objektivität und nicht auf Ihre Empfindlichkeit zu

stützen. So geraten z. B. viele Mütter in Kämpfe darüber, was ihr Kind anzieht oder was es zum Frühstück ißt. Sie sagen dann Dinge wie: »Sie hört nicht darauf, was für sie gut ist, sondern sie möchte immer ihren eigenen Kopf durchsetzen.« Alles wird zum Thema, und die allmorgendliche Forderung des Kindes nach Kartoffelchips anstelle von Müsli nimmt krisenhafte Ausmaße an. Die Mutter befaßt sich in übertriebenem Ausmaß mit der Ernährung. Sie macht sich Sorgen über die Zukunft. Sie schwankt dazwischen, ärgerlich zu werden oder nachzugeben. Doch nun sollte die Mutter versuchen – solange der Kinderarzt mit der Nahrungsaufnahme des Kindes zufrieden ist –, ein solches Benehmen als irrelevant zu betrachten. Später, wenn die gesamte Atmosphäre in der Familie sich verbessert hat, kann sie immer noch auf die Kartoffelchips zurückkommen. Eine weitere, besonders ärgerliche Verhaltensweise dieser Kinder ist Fluchen oder das Benutzen von Schimpfwörtern. Viele schwierige Kinder beschimpfen ihre Eltern als »blöd« oder auch schlimmer. Verständlicherweise werden Eltern daraufhin sauer. Doch genau diese Reaktion sollten Sie, im Hinblick auf Ihre Liste, als irrelevant betrachten. Um es zu wiederholen: Sie können später immer noch darauf zurückkommen. Wahrscheinlich gibt es wichtigere Punkte, und auf die sollten Sie sich jetzt konzentrieren.
Hier sind einige Anhaltspunkte, die Ihnen helfen sollen, Ihre Liste so eng wie möglich zu fassen:

1. Listen Sie keine Motivationen auf, sondern nur Verhaltensweisen. Konzentrieren Sie sich auf die Tatsache, daß Ihr Kind sich nicht umziehen möchte, und nicht darauf, daß es sich nicht umziehen möchte, *weil* »es immer seinen Kopf durchsetzen möchte«.
2. Ist der Punkt wirklich wichtig? Lassen Sie sich nicht vom

Gefühl der bloßen Verärgerung leiten. Ist es wirklich so wichtig, daß er seine Spielsachen so laut aufeinanderschlägt? Oder ist es wichtiger, daß er auch auf seine Geschwister mit diesen Spielsachen einschlägt?

3. Ist der Punkt für beide Elternteile wichtig? Ihre endgültige Liste muß für beide vereinbar sein, da Sie beide auf diese Verhaltensweisen reagieren müssen.
4. Sind Sie objektiv? Betrachten Sie Ihre Liste (und Ihr Kind) mit ein wenig Abstand, und bemühen Sie sich um eine rationale Einschätzung des Verhaltens. Machen Sie die Listen nicht, während das Kind in der Nähe ist. Machen Sie sie, wenn Sie beide entspannt sind. Setzen Sie sich in ein ruhiges Zimmer, in dem Sie nicht abgelenkt werden (z. B. vom Fernseher). Und nehmen Sie sich lieber ein wenig mehr Zeit für eine Diskussion, als einfach aufs Geratewohl ein paar Dinge aufzuschreiben und die Sache dann für »erledigt« zu erklären.
5. Wie ausgeprägt ist das Verhalten? Kommt es jede Nacht vor oder nur manchmal?
6. Halten Sie sich nicht mit Zukunftsperspektiven auf. Handeln Sie im Hier und Jetzt. Die Persönlichkeit Ihres Kindes, wenn es einmal älter ist, steht hier nicht zur Debatte. (Was wird aus ihm werden, wenn ich ihm erlaube zu fluchen/sich bei Tisch schlecht zu benehmen/sich zu weigern, Besucher zu begrüßen? Ich habe Angst, daß sie ein schlechter Mensch wird, usw.)

Der Prozeß des Herausfindens und Verhandelns einer für Sie beide annehmbaren Liste *wirklich* relevanter Verhaltensweisen ist nicht einfach. Lassen Sie sich nicht entmutigen, wenn es nicht sofort klappt. Vielleicht müssen Sie mehr Zeit darauf verwenden, als Sie dachten, um sich über die Dinge klarzuwerden. Doch ich kann gar nicht nachdrücklich genug betonen, wie wichtig dieser Prozeß ist, denn diese Liste wird die Basis Ihrer wirksamen Erziehungsmaßnahmen werden, und das Konzept von relevantem bzw. irrelevantem Betragen wird in jeder Situation benutzt, in der elterliche Autorität gefragt ist.

Nehmen Sie Ihre endgültige Liste unter dem Titel »Relevantes Verhalten« in Ihr Notizbuch auf.

Zum Abschluß: Scheuen Sie sich nicht, Ihre Liste zu verändern oder zu verfeinern. Etwas Neues oder Wichtiges mag vorfallen, das mit aufgenommen werden sollte. Oder aber Sie beschließen, daß Sie einen Punkt wieder ausstreichen wollen.

Um Ihnen bei der Liste zu helfen, betrachten wir die möglichen Listen eines fiktiven Paares, Susan und Douglas, deren dreieinhalbjähriger Sohn Robby ein klassisch schwieriges Kind ist. Nach der ersten Runde haben sie folgendes aufgeschrieben:

Liste der Mutter	Liste des Vaters
ißt zu viele Hot dogs	schmollt und ist immer schlecht gelaunt
beißt andere Kinder	freut sich nicht über Geschenke
weigert sich, seine Spielsachen zu teilen	faßt alle meine Sachen an
hat lang andauernde Wutanfälle	hört mir nicht zu
macht absichtlich Sachen kaputt	benimmt sich ungezogen gegenüber Fremden
zieht keine neuen Kleider an	sieht zuviel fern

Liste der Mutter	Liste des Vaters
hat entsetzliche Tischmanieren	kommt nachts in unser Bett
schreit und weint laut, wenn er badet	weint zu oft
möchte immer seinen Kopf durchsetzen	beißt Kinder
unmöglich, ihn irgendwohin mitzunehmen	hat furchtbare Wutanfälle

Nun tauschen sie ihre Listen aus und beginnen zu diskutieren. Douglas sagt sofort: »Warum stört es dich, daß er so viele Hot dogs ißt?« Susan erklärt, daß sie dem Kind oft einen Hot dog zum Mittagessen gibt, weil ihm das schmeckt und weil es einfacher ist, als ihm irgend etwas zu kochen, was er gewöhnlich zurückweist. Sie befürchtet, ihm damit zu schaden. Doch nach einiger Diskussion kommen sie darauf, daß es nicht wirklich um den Hot dog geht; ihr Sohn ist im großen und ganzen gesund. Der Kinderarzt hat ihnen gesagt, daß sie sich um sein Essen keine Sorgen machen müssen. Die Hot dogs werden von der Liste gestrichen. Susan bemerkt den Eintrag auf Douglas' Liste: »kommt nachts in unser Bett«. Sie fühle sich dadurch nicht gestört, sagt sie zu ihrem Mann. »Ich finde, das ist unser Zimmer, und wir sollten auch einen Platz haben, an den wir uns zurückziehen können«, sagt er. Susan nimmt Robby in Schutz, sie macht sich Sorgen um seine Angst in der Nacht. Douglas besteht auf der Möglichkeit, alleine zu sein. Nach langer Diskussion bleibt dieser Punkt auf der Liste. Sie beraten über Tischmanieren, denn wenn sie diesen Punkt mit Beißen und Wutanfällen vergleichen, so erscheint er ihnen viel weniger wichtig. Sie beschließen, Werfen mit Essen drinzulassen, die kleineren Beispiele für schlechte Manieren jedoch nicht aufzunehmen. Susan erklärt, daß Douglas' Eintrag »hört mir nicht zu« zu ungenau sei und verändert werden sollte. Er erklärt, daß »macht absichtlich Sachen kaputt« die Frage nach der Motivation aufwerfe. Er hat das Gefühl, als passiere es meistens zufällig. Beide beschließen, ihre Sachen eher außerhalb von Robbys Reichweite aufzubewahren und stärker auf ihn aufzupassen, wenn er sehr aufgedreht ist. Auch sind sie sich darüber einig, daß Schreien während des Badens nicht so schlimm ist. Nachdem sie sich noch ein wenig länger unterhalten haben, sieht die Liste folgendermaßen aus:

hat schwere, lang anhaltende Wutanfälle
beißt andere Kinder
unmöglich, ihn irgendwohin mitzunehmen
wirft bei Tisch mit Essen um sich
zieht keine neuen Sachen an
gehorcht nicht
schmollt und ist immer schlecht gelaunt
kommt nachts in unser Bett
schreit zuviel

Das ist kein schlechtes Beispiel für eine Liste mit relevantem Betragen, aber sie könnte noch ein paar Verbesserungen gebrauchen. Die Eltern kommen auf Robbys Temperamentprofil zurück. »Zieht keine neuen Sachen an« ist ein Punkt, der durch sein Temperament bedingt ist. Dieses Kind hat eine niedrige Sensibilitätsschwelle und ist empfindlich gegenüber dem Gefühl, das neue Anziehsachen verursachen. Außerdem weist er nur eine geringe Anpassungsfähigkeit auf. Er mag keine »neuen« Sachen, weil er Veränderungen nicht mag. Doch bei näherer Betrachtung zeigt sich, daß zwar beide Eltern genervt sind, man dem Problem aber durchaus ausweichen kann: Neue Kleidungsstücke kann man waschen und damit weicher machen. Die Eltern könnten Kleider kaufen, die denen gleichen, die das Kind gerne mag, und somit einen Konflikt vermeiden. Oder sie könnten das Problem völlig ignorieren und versuchen, nicht so wichtig zu nehmen, wie Robby angezogen ist. »Schmollt und hat immer schlechte Laune« kann auch ein Ausdruck des Temperaments des Kindes sein (negative Laune); doch selbst wenn dies nicht ganz richtig ist, so ist es doch nicht die Art von Verhalten, die man bestrafen sollte. Temperamentbedingte Probleme können oft auf besondere Art behandelt werden, wie Sie in Kapitel 8 sehen werden.

Schildern Sie das Verhalten so genau wie möglich. Susan schreibt: »unmöglich, ihn irgendwohin mitzunehmen«, doch dies drückt eher ihre Erschöpfung aus und beschreibt nicht sein Verhalten, gegen das sie Einwände hat. Ist es unmöglich, Robby irgendwohin mitzunehmen wegen seiner Wutanfälle, seines Weinens, seines Klammerns oder weil er immer so wild wird? Hat sein Temperament irgend etwas damit zu tun? Wann und wo scheint Robbys Geschrei übertrieben und nicht angebracht? Gibt es besondere Situationen, in denen er auffällig wird? Und wie sieht es mit »gehorcht nicht« aus? Vielleicht erwarten Susan und Douglas in zu vielen Situationen Gehorsam. Sie sollten die speziellen Momente von Ungehorsam genauer eingrenzen. Auf Ihrer Liste sollten fünf oder sechs Verhaltensweisen stehen, von denen Sie beide der Meinung sind, daß sie geändert werden sollen. Dazu können alle möglichen Verhaltensweisen zählen wie Wutausbrüche, physische Aggressivität bis hin zum Übermaß (Beißen gehört hierher), unerwünschtes Eindringen in das Rückzugsgebiet der Eltern (Schlafen im Elternbett), wildes Benehmen in der Öffentlichkeit (Weglaufen und Regaleausräumen im Supermarkt), Unterbrechen von Unterhaltungen Erwachsener, die Weigerung, sich morgens anzuziehen, das Werfen mit Essen. Ganz allgemein gilt, daß Ihre endgültige Liste mit relevantem Betragen nur aus Verhaltensweisen bestehen sollte, die erstens wirklich nicht hingenommen werden können – und darin sollten Sie sich beide einig sein – und die, zumindest bis zu einem gewissen Maße, von Ihrem Kind auch kontrolliert werden können.

Noch ein letztes Wort

Folgendes wissen Sie nun über Ihre Situation:

- das Verhalten, das Ihnen am meisten Sorgen bereitet
- wo dieses Verhalten auftritt
- die zugrundeliegenden Temperamentszüge, die mit einigen Verhaltensweisen in Verbindung stehen
- ob Ihre Familie durch den Streß des Teufelskreises in Mitleidenschaft gezogen wird
- ob Ihr Kind Anzeichen des sogenannten Abnutzungseffekts zeigt
- wie wirksam bzw. unwirksam Ihre Strafen sind
- die Verhaltensweisen, die *wirklich relevant* sind – so daß beide Eltern *immer* dagegen antreten sollten.

Und nun werden Sie lernen, was Sie mit all diesem Wissen tun sollen.

7. Das Wiedererlangen der elterlichen Autorität Wirksame disziplinäre Maßnahmen

Meine erste Aufgabe bei der Betreuung einer Familie ist meistens, die Eltern davon zu überzeugen, daß sie die bisher angewandte »Bestrafung« ihrer Kinder aufgeben müssen. Obwohl sie wissen, daß die alte Methode nicht funktioniert hat, fürchten sie sich davor, wieder etwas ganz Neues anzufangen.

Die »Autorität«, die sie bisher zu gewinnen suchten, war meistens wirkungslos: Sie haben viel öfter nein gesagt, als notwendig war, sie haben sich immer wieder in Machtkämpfe verwickeln lassen, sie haben sich auf das Niveau ihres Kindes herunterbegeben, was Schreien und Drohungen anbelangt.

Ziel dieses Kapitels ist es, Ihnen dabei zu helfen, wirkungslose Disziplin gegen eine gesunde, starke, praktische und erwachsene Umgangsweise auszutauschen.

Versuchen Sie sich immer wieder das goldene Prinzip in Erinnerung zu rufen: *Je mehr Autorität Sie besitzen, desto weniger Strafe müssen Sie anwenden.*

Eine wirksame Disziplinierung von Kindern setzt sich aus zwei Komponenten zusammen – *geplante Aktionen* und *Reaktionen.*

Geplante Aktionen sind das Resultat der verschiedenen Entscheidungen der Eltern über Regeln, Routineabläufe, Erwartungen und Konsequenzen. Diese werden mit dem Kind in ruhigen Diskussionen besprochen, die auf *keinen* Fall während oder sofort nach einem hitzigen Streit stattfinden sollen.

Reaktionen sind direkte Antworten auf ein untragbares Verhalten. Ein Beispiel für Reaktion ist die Bestrafung.
Die Informationen, die Sie über Ihr Kind und über Ihre Familie während Ihrer Fünf-Tage-Studie zusammengetragen haben, sind die Basis für das in diesem Kapitel beschriebene Vorgehen.

Geplante Aktionen

Damit Sie wieder die Ihnen zustehende elterliche Rolle als »Bestimmer« in der Familie zurückgewinnen, muß eine umfassende Methode – eine Strategie – für den Umgang mit Ihrem Kind entwickelt werden. Wenn das Kind besonders schwierig zu erziehen ist, dann stehen Sie zweifellos vor der leidigen Frage: »Wer war zuerst da, die Henne oder das Ei?« Um dem Teufelskreis zu entkommen, benötigen Sie einen sorgfältigen Plan. Mindestens fünfundsiebzig Prozent aller wirksamen Disziplinierungsmaßnahmen sind das wohlüberlegte Resultat von Entscheidungen, die die Eltern fern von den alltäglichen Kämpfen mit dem schwierigen Kind getroffen haben.
Ich kann die Wichtigkeit solcher strategischen Diskussionen nicht oft genug betonen. Führen Sie diese Diskussionen, wenn die Kinder im Bett sind oder wenn Sie, die Eltern, nicht zu Hause sind. Versuchen Sie, eine Art Tagesordnung aufzustellen und problemlösende Verhaltensweisen zu entwickeln, und lassen Sie Ihre Diskussionen nicht in wehleidige Selbstanklagen ausarten.

Die Bedeutung von Regeln

Sobald Sie beide ein klar definiertes Bild von den Regeln, Erwartungen und Konsequenzen haben, sorgen Sie dafür, daß Ihr Kind darüber informiert wird. Zu oft gehen wir einfach davon aus, daß unsere Kinder wissen, was wir von Ihnen erwarten. Aber leider stimmt es nicht, daß Ihr Kind lediglich Ihrem Schreien und Drohen entnehmen kann, was Sie wollen. Es wird dem Kind leichter fallen, wenn Sie es in einem Moment, *fern einer hitzigen Streiterei*, darüber aufklären. Machen Sie sich klar, was Sie ihm sagen wollen, seien Sie sicher, daß auch Ihr Partner damit übereinstimmt, und setzen Sie sich mit dem Kind in einer ruhigen Umgebung zusammen. Seien Sie freundlich, aber unbeirrbar, und sagen Sie zum Beispiel: »Deine Mutter und ich haben darüber nachgedacht, daß du mit dem Essen am Tisch um dich wirfst. Es gibt jetzt eine neue Regel in unserem Haus, die das verbietet. Bitte bemühe dich, und wenn du dich nicht mehr zusammenreißen kannst, dann mußt du alleine in der Küche essen.« Vielleicht haben Sie das Ihrem Kind vorher schon einmal gesagt, aber nie auf diese klare, ruhige und nachdrückliche Art und wahrscheinlich auch nie unabhängig vom aktuellen Anlaß.

Während dieser geplanten Diskussionen werden die Kinder nicht nur über neue Regeln und Erwartungen informiert, sondern sie werden auch freundlich und nachdrücklich ermutigt, sich anzustrengen. Ich bin fest davon überzeugt, daß kleine Kinder – auch die schwierigen – ihren Eltern lieber gefallen, als mit ihnen zu streiten. Wenn wir uns ihnen auf diesem Weg nähern, so machen wir es ihnen leichter, ihren natürlichen Wünschen zu folgen. Und selbstverständlich ist es wichtig, wenn ein Kind Erfolge erzielt, seine Anstrengung auch anzuerkennen – nicht indem man jede

noch so kleine Bemühung überschwenglich lobt, sondern indem man das Kind liebevoll spüren läßt, daß Sie wahrgenommen haben, daß es sich bemüht, und daß Sie stolz auf es sind.
Welche Regeln sollten erstellt werden? Das hängt natürlich von der jeweiligen Familiensituation ab. Meines Erachtens gibt es keinen »Einheitsweg« für alle Familien. Wie lange Sie Ihr Kind zum Beispiel fernsehen lassen, hängt ganz allein von Ihnen ab; dafür kann ich keine Grundregel aufstellen. Trotzdem gibt es eine »Regel«, die ich empfehle: Achten Sie darauf, daß es einen bestimmten Bereich von Privatsphäre bei Ihnen zu Hause gibt. In vielen Familien haben die Kinder uneingeschränkten Zugang zu den Eltern – sie dürfen die Unterhaltung zwischen Erwachsenen unterbrechen, sie dürfen jederzeit in das Elternschlafzimmer kommen, sogar mit auf die Toilette. Das ist sicherlich falsch. Besonders in einer Familie, in der ein schwieriges Kind zu stark dominiert, müssen klare Regeln, die Privatsphäre betreffend, aufgestellt werden. Als Eltern sollten Sie die Möglichkeit haben, in Ihr Schlafzimmer oder zumindest ins Badezimmer zu gehen, die Tür zu schließen und alleine zu sein. Umgekehrt hat auch Ihr Kind, je nach Alter, ein Recht auf Privatsphäre. So müssen Sie zum Beispiel nicht dabeisein, wenn ein Vierjähriger auf die Toilette geht.

Strukturen und Routineabläufe

In unserer modernen Gesellschaft achten viele Eltern darauf, ihr Kind auf eine vielschichtige Zukunft vorzubereiten. Eine relativ frühe formelle Erziehung ist zur Norm geworden. Das Fernsehen zeigt Kinder oft als Erwachsene in Miniaturausgabe. Häufig sehe ich Vierjährige, die sich verhalten, als wären sie acht, und Zehnjährige, die als Teenager durchgehen könnten.

Über die gute Absicht, unsere Kleinen intellektuell anzuregen, vergessen wir oft, daß sie, was ihre Gefühle anbelangt, immer noch Kinder sind. Der sich daraus ergebende Mangel an Disziplin und Struktur kann nicht im Interesse der Kinder sein, ganz besonders nicht der schwierigen unter ihnen, die, als Nebeneffekt des Teufelskreises, als zu mächtig gesehen werden und bei denen die Eltern einen mehr oder weniger großen Teil ihrer Autorität verloren haben.

Struktur, eine sehr wichtige Komponente für wirksame Disziplin, hängt eng zusammen mit einem stetigen Nachdruck auf Voraussagbarkeit. Schwierige Kinder haben es eventuell leichter, wenn sie wissen, was von ihnen erwartet wird, *solange sich die Erwartungen nicht ständig ändern.* Viele Ereignisse und Tätigkeiten im täglichen Leben eines Kindes können besser strukturiert werden – Bettgehzeit, Mahlzeiten, Fernsehen, Baden, um ein paar Beispiele zu nennen. Jedesmal wenn eine Situation aus dem Gleichgewicht gerät und emotional belastet wird, können Sie sie verbessern, indem Sie eine gewisse Struktur hineinbringen. Wie bereits gesagt, sollen Sie Ihr Kind darüber jedoch nicht *während* dieser Situation informieren, sondern in einer ruhigen, geplanten Diskussion.

Auch Ihr eigenes Verhalten könnte von dieser Anstrengung profitieren. Nehmen wir zum Beispiel eine berufstätige Frau in einem anstrengenden Job, die fast jeden Tag bis in den Abend hinein arbeitet. Wann immer es möglich ist, hetzt sie um zwei Uhr schuldbewußt nach Hause, um etwas Zeit mit ihrem Kind zu verbringen. Die Mutter und auch das Kind hätten wahrscheinlich mehr davon, wenn sie anstatt dessen plante, an zwei bestimmten Tagen in der Woche um vier Uhr nach Hause zu kommen. Und viele Eltern haben festgestellt, daß es die Familienatmosphäre sehr entspannt, wenn der Vater es schafft, wochentags öfters zu einem richtigen Familienabendessen nach Hause zu kommen.

Struktur ist nicht dasselbe wie Strenge. Tatsächlich gehen Struktur und Flexibilität miteinander Hand in Hand, genauso wie Stärke und Freundlichkeit. Sie können darauf bestehen, daß Ihr Kind jeden Morgen zu einem bestimmten Zeitpunkt für die Schule angezogen ist, aber lassen Sie es selbst die Kleidung auswählen (auch wenn die Farbzusammenstellung Ihnen innerlich Übelkeit verursacht). Sie können für die Wochentage eine Bettgehzeit festlegen, aber seien Sie am Wochenende und während der Ferien flexibler. Das Kind kann am Wochenende einen festen Ausflug mit seinem Vater machen, aber es darf mit entscheiden, was unternommen wird.

Routine ist eine vorhersehbare Abfolge von festgelegten Ereignissen, die jeden Tag in derselben Reihenfolge ablaufen. Die meisten schwierigen Kinder bewähren sich in Routineabläufen. Hier gibt es eine echte Chance für die *positive* Ausdauer Ihres Kindes. Dieselbe Eigenschaft des Temperaments Ihrer kleinen Tochter, die sie wie eine Schallplatte mit Sprung betteln läßt, wenn sie irgend etwas möchte, oder sie lange mit sich selbst beschäftigen läßt, wird in diesem Falle für Sie arbeiten, sobald sie in einen Routineablauf eingebaut wird und sich somit zu einer »guten Gewohnheit« wendet. Und viele von ihren Kindern übermäßig beanspruchte Mütter werden zu ihrer Überraschung feststellen, daß sie, wenn ein Routineablauf eingeführt wurde, weitaus weniger gebraucht werden, als sie es sich je vorstellen konnten.

In vielen Familien sind routinemäßige Abläufe am Morgen und am Abend die wichtigsten, die es zu erstellen gibt. Hier sind einige Beispiele:

Morgens	*Abends*
Aufstehen	Spiel mit der ganzen Familie
Gang zum Badezimmer (Gesichtwaschen, Zähneputzen usw.)	Fernsehen
Anziehen	Gang zum Badezimmer
Frühstücken	Schlafanzug anziehen
(Fernsehen)	Vorlesen
Aufbrechen in die Schule	Schlafengehen

Es ist erlaubt, die Zeiten, zu denen diese Dinge stattfinden, flexibel zu gestalten, ebenso wie deren Dauer (die Zeiten, zu denen das Kind am Abend fernsieht, können verschieden sein), die *Reihenfolge* jedoch muß dieselbe bleiben. Immer nach dem Fernsehen geht das Kind ins Badezimmer und zieht sich dann den Schlafanzug an – in genau dieser Reihenfolge. Dabei können Sie das Kind über die Reihenfolge der Abläufe bei ihrer Festlegung mit entscheiden lassen. Fragen Sie, ob es den Schlafanzug lieber vor dem Zähneputzen anzieht oder umgekehrt. Geben Sie dem Kind das Gefühl, bei diesem neuen und aufregenden Spiel die Oberhand zu haben und aktiv daran teilzunehmen.

Wenn die Liste ausgewählt ist, dann machen Sie ein Diagramm, in das die Reihenfolge eingetragen wird. Seien Sie erfinderisch. Gestalten Sie das Diagramm in ansprechender Weise. Sie können aus Zeitschriften Bilder für die einzelnen Tätigkeiten ausschneiden (z. B. das Foto eines Kindes beim Frühstück, um diese Tätigkeit zu untermalen). Machen Sie diese Dinge zum Spiel, und beteiligen Sie Ihr Kind daran. Nehmen Sie dann einen bestimmten Tag, z. B. einen Montag, um anzufangen. Versuchen Sie nicht, die Abläufe erst nach und nach einzuführen, sondern bringen Sie gleich alle Tätigkeiten am selben Tag unter. Bei den ersten Malen, wenn Ihr Kind die Routineabläufe durchspielt, können Sie zur Unterstützung anwesend sein, doch später sollten Sie es dabei alleine lassen. Denken Sie daran: *Es ist der Routineablauf des Kindes* und nicht Ihrer. Väter können hier Hilfe leisten, indem sie übereifrige Mütter ein wenig bremsen.

Ein letzter Rat: Wenn Sie das Fernsehen in die morgendliche Routine einbauen, dann achten Sie darauf, daß es der letzte Punkt auf der Liste ist, direkt vor dem Aufbruch in die Schule. Machen Sie Ihrem Kind klar, daß es alle anderen Schritte beendet haben muß, bevor es fernsehen darf.

Geplante Belohnung

Viele Eltern glauben, daß sie wirksamere Strafen benötigen, um auf das häufige Fehlverhalten ihrer Kinder zu reagieren. Aber gibt es auch eine Möglichkeit, das Verhalten Ihres Kindes zu verbessern, *ohne* es zu bestrafen? Wie können Sie Ihr Kind dazu bringen, Ihnen zuzuhören und die Hausregeln zu befolgen? Viele, wenn nicht die meisten Eltern schwieriger Kinder beklagen sich ständig bei mir, daß sie dauernd rügen, bestrafen, nein sagen und trotzdem nicht das bekommen, was sie von ihren Kindern erwarten. Warum?

Wenn Sie Abstand nehmen und die Situation objektiv betrachten, so werden Sie merken, daß Sie und Ihr Kind sich in einer kritischen, negativen Phase befinden. Sie sehen nur noch das, was Ihr Kind immer wieder falsch macht, und versuchen ständig, es zu korrigieren. Dies funktioniert aber bei keinem Kind und auf gar keinen Fall bei einem schwierigen Kind.

Sie könnten Ihre momentane Gangart ändern und sich einer Haltung nähern, die die positiven Dinge, die Ihr Kind tut, hervorhebt.

»Aber«, so sagen Sie nun, »nehmen wir an, mein Kind tut niemals etwas Positives.«

Dann bieten Sie Ihrem Kind Anreize, sich positiv zu benehmen.

»Das heißt aber, es zu bestechen«, antworten Sie. Nein! Zwischen einer Bestechung und einer Belohnung besteht ein Unterschied. Bestechung ist im Spiel, wenn ein Elternteil versucht, sein Kind loszuwerden. Dieser Elternteil steht durch das Verhalten des Kindes unter Druck, und so sagt er: »Wenn du zu schreien aufhörst, dann kaufe ich dir eine Puppe.« Diese Antwort ist eine Verlegenheitslösung in einem angespannten emotionalen Klima. Wenn dies immer wieder geschieht, dann führt es zu einem verwöhnten Kind, das, bevor es etwas tut, seine Forderungen stellt.

Es ist möglich, daß schwierige Kinder ebenfalls verwöhnt sind, aber aus anderen Gründen. Ihre Eltern fühlen sich so schuldig, daß sie dies dadurch überkompensieren, daß sie dem Kind ständig Geschenke kaufen. Das Endresultat kann ein Kind sein, das sowohl unsicher als auch tyrannisch ist, ein weiteres Beispiel für den »Abnutzungseffekt«.

Bestechung und Verwöhnen sind für kein Kind gut, und insbesondere nicht für ein schwieriges Kind, doch *geplante Belohnungen* stehen auf einem ganz anderen Blatt.

Versuchen Sie, so darüber zu denken: Wenn ein Erwachsener in die Arbeit geht oder ein Teenager als Babysitter arbeitet, so hat sie keiner bestochen, damit sie das tun. Sie verdienen Geld. In ähnlicher Weise kann man ein Kind lehren, daß es für akzeptables Verhalten Belohnung erntet.

Die Prinzipien des Belohnungssystems

- Belohnungen werden *nach Plan* eingesetzt und nicht als Verlegenheitslösung.
- Die Einstellung, aus der heraus die Eltern agieren, ist neutral. Sie denken nach, handeln nicht emotional (wie z. B. »Schaff mir dieses Kind vom Halse!«).
- Eine Belohnung wird immer *nach* Vollendung der Tat gegeben, *nicht vorher.*
- Die Belohnung bezieht sich auf *bestimmte Verhaltensweisen*, nicht auf Grundhaltungen. Belohnen Sie Ihr Kind niemals dafür, daß es »lieb« oder »nett« war.
- Auch die Belohnung selbst sollte konkret bezeichnet werden und nicht einfach ein vages Versprechen auf »irgendwas Gutes« sein.

Das System arbeitet nach folgendem Prinzip: Wählen Sie eine bestimmte Verhaltensweise aus, die Ihr Kind annehmen soll. Zum Beispiel: »Bisher habe ich dich morgens angezogen. Wenn du dich fünfmal in der Woche am Morgen, bevor du zum Fernsehen kommst, alleine anziehen kannst, dann bekommst du ein Geschenk.« (Das Ziel von fünf Tagen ist willkürlich; wenn dies für Ihr Kind zu hoch gegriffen ist, dann setzen Sie ein niedrigeres Ziel. Setzen Sie realistische Ziele fest, und seien Sie sehr bestimmt.) Wenn Sie entschieden haben, was Ihr Kind tun soll, dann beschließen Sie zusammen mit Ihrem Kind die Belohnung. Darüber kann verhandelt werden. Und bleiben Sie dabei im Rahmen des Sinnvollen. Sie werden kein teures Videospiel für hundert Mark dafür kaufen, daß sich Ihr Kind zwei Tage lang die Zähne putzt. Behalten Sie die Interessen Ihres Kindes im Auge und bringen Sie es dazu, sich ein Geschenk auszuwählen.

Wenn es sich um eine sehr große Aufgabe handelt, dann ist es einfacher, sie in kleinere Verhaltenskombinationen aufzuteilen. Nehmen wir die Aufgabe an, daß das Kind sein Zimmer sauberhält. Dies erscheint Ihrem Kind zuerst unüberwindbar; deshalb also teilen Sie die Aufgaben auf. Das Bettenmachen ist der erste Teil, die Puppen auf das dafür vorgesehene Regal zu stellen der zweite und das Aufräumen der Kleider der dritte. Formulieren Sie Ihre Wünsche nicht ungenau; äußern Sie diese sehr bestimmt, so daß Sie beurteilen können, ob das Kind alles richtig oder falsch macht. Soll sie alle oder nur die meisten Puppen auf das Regal legen oder vielleicht nur die kleinen Puppen? Ihr Kind sollte klar und deutlich verstehen, was erwartet wird.

Die Belohnung für eine Routinesache: Das Sternchensystem

Wie schon gesagt, tun sich die meisten Kinder leicht mit Routineabläufen, vor allem wenn auch größere Abschnitte mit nicht verplanter Zeit aufgenommen werden. Bei einigen wird es ausreichen, das Routinesystem einfach einzuführen, andere brauchen ein Belohnungssystem, um damit zurechtzukommen.

Diese Methode kann bei Kindern ab drei Jahren angewendet werden.

Wenn Ihr Kind den Routineablauf einmal erfüllt, geben Sie ihm eine Minibelohnung, etwa ein Sternchen oder einen kleinen Aufkleber. Helfen Sie Ihrem Kind dabei, ein Buch oder eine Liste zu finden, wohinein die Belohnung geklebt werden kann. Für die meisten Kinder wird das Sternchensystem als Ansporn nicht ausreichen. Sagen Sie dem Kind, daß es eine größere Belohnung, ein Geschenk, erhalten wird,

wenn es den Routineablauf eine bestimmte Anzahl von Malen, *aber nicht unbedingt hintereinander*, durchlaufen hat. Von einem vierjährigen Kind etwa könnte man verlangen, die abendliche Routine fünf- oder sechsmal zu durchlaufen. Wenn das Kind einen Tag lang unterbricht, dann könnten Sie sagen: »Pech gehabt. Heute abend (oder früh) hast du dir keinen Stern verdient, aber vielleicht klappt es morgen wieder.« Das Geschenk sollte von Ihnen und Ihrem Kind ausgesucht werden, aber im Geschäft bleiben, bis die nötige Anzahl von Sternen verdient wurde.
Verwenden Sie dieses System, bis der Routineablauf des Kindes Teil des Familienlebens geworden ist. Machen Sie sich keine Sorgen; es ist sehr unwahrscheinlich, daß Ihr Kind wieder in alte Gewohnheiten verfällt, wenn Sie das Sternchensystem abgesetzt haben. Und wenn es wirklich Probleme gibt, dann können Sie immer noch für eine kurze Zeit auf das Sternchensystem zurückkommen. Doch die Kinder wollen nicht zurückfallen. Sie mögen die ruhigere Atmosphäre und freuen sich, ihre Fähigkeiten zu spüren. In der Regel wird das Sternchensystem für Routineabläufe nicht länger als zwei Monate benötigt.
An drei Dinge sollten Sie denken:

- Erklären Sie klar und deutlich die einzelnen Schritte der Routine und die genaue Anzahl der Sterne, die nötig sind, um ein Geschenk zu verdienen.
- Zu Anfang können Sie den Ablauf überwachen, doch das bedeutet nur, Ihr Kind daran zu erinnern, daß es nun mit dem Spielen aufhören soll, um sich die Zähne zu putzen. Es bedeutet nicht, daß Sie Ihrem Kind die Entscheidung abnehmen. (Wenn Sie es schaffen, sich zurückzuhalten, dann haben vielleicht auch Sie ein Geschenk verdient.)
- Bestrafen Sie Ihr Kind nicht, wenn es die Routine nicht

einhält. Außer dem entgangenen Sternchen gibt es keine Strafe für eine unvollständige Routine.

Zusammengefaßt funktioniert das Sternchensystem wie folgt:

1. Wählen Sie eine Routine aus, die Sie einführen wollen.
2. Legen Sie zusammen mit dem Kind die Reihenfolge der Ereignisse fest. Variieren Sie diese Reihenfolge nie.
3. Legen Sie mit dem Kind ein attraktives Diagramm der Aktivitäten an.
4. Sagen Sie dem Kind, daß es jedesmal, wenn es die Routine erfüllt, einen Stern oder einen Aufkleber bekommt (es kann wählen).
5. Immer wenn es fünf Sterne beisammen hat (oder welche Zahl auch immer), bekommt es eine Belohnung (es sollte bei der Auswahl des Geschenkes dabeisein).

Machen Sie das Ganze zu einem Spaß, aber verfälschen Sie die Erwartungen nicht. Entweder das Kind verdient einen Stern oder nicht. Vergewissern Sie sich, daß das Kind weiß, was es zu tun hat. Denken Sie ebenfalls daran, daß die einzige »Strafe« in diesem System darin besteht, den Stern zu verweigern, mit der kurzen Begründung: »Pech gehabt. Heute abend hast du deinen Stern nicht verdient. Ich wünsche dir für morgen mehr Glück.«
Eine generelle Schlußbemerkung noch: Im großen und ganzen erzielt man bei schwierigen Kindern mit Belohnungen für akzeptables Verhalten größere Erfolge als mit Strafen für unakzeptables Verhalten. Wiederholte negative Reaktionen auf »schlechtes« Verhalten *vertiefen* dieses, anstatt es zu unterbinden. Außerdem mögen die Eltern das Belohnungssystem, da sie sich auf die Erfolge des Kindes kon-

zentrieren können und sie sich dann weniger schuldig fühlen.

Wirksame Reaktionen

Bestrafung ist nur ein Teil von Disziplin. Disziplin hat, wie Sie bereits wissen, mit der allgemeinen Verfassung der elterlichen Autorität zu tun und damit, wie Sie Regeln festlegen, mit Ihrer Knappheit und Festigkeit, mit Ihrer Verläßlichkeit und der Anwendung Ihrer Regeln.
Bestrafung ist die klare, starke Durchsetzung von Konsequenzen für ein unannehmbares Verhalten, für das das Kind verantwortlich ist und das als relevant für die Eltern definiert wurde. Im Idealfall soll dem Kind in einer ruhigen Unterhaltung mitgeteilt werden, welche Verhaltensweisen nicht mehr länger hingenommen werden. Ich glaube, daß Bestrafung am wirksamsten ist, wenn es sich hierbei um einen neutralen, objektiven Akt handelt, und daß Eltern versuchen sollten, ihre Emotionen so weit wie möglich zurückzuhalten, wenn sie bestrafen. Wie Sie sehen werden, bedeutet das, daß Sie auf das Verhalten Ihres Kindes anders reagieren sollen.

Neutralität: Denken und nicht fühlen

Bevor Sie auf wirksame Art und Weise mit dem Verhalten Ihres Kindes umgehen können, müssen Sie eine objektive Haltung annehmen. Dabei ist das Schlüsselwort für Sie *Neutralität.* Wenn sich Ihr Kind also schlecht benimmt, dann beachten Sie folgendes:

- Reagieren Sie nicht emotional oder instinktiv.
- Denken Sie daran, daß Ihre Reaktion aus dem Denken und nicht dem Fühlen kommen muß.
- Nehmen Sie nichts persönlich. Jedesmal wenn Sie sich fragen: »Warum tut es mir das an?«, sind automatisch ihre Gefühle mit im Spiel, und Sie sind auf dem Holzweg.
- Konzentrieren Sie sich auf das Verhalten Ihres Kindes und nicht auf seine Motive oder Launen.

Sie versuchen hier also, sich Ihrer gewohnten gefühlsmäßigen Reaktionen auf Ihr Kind zu bemächtigen. Halten Sie deshalb inne, denken Sie nach und halten Sie Ihre früheren automatischen Reaktionen auf das Verhalten des Kindes zurück: das sofort ausgesprochene »Nein«, die Drohungen, das Schreien. Versuchen Sie, Ihre Gefühle aus dem Spiel zu lassen und sie durch eine Haltung zu ersetzen, die ein Professor einnimmt, wenn er einen Fall studiert. Versuchen Sie, so abgeklärt und distanziert wie nur irgend möglich zu sein.

Bedeutet dies, daß Sie als Eltern wie ein Automat werden müssen, der auf sein Kind nur auf eine vorherberechnete Weise reagiert? Im Gegenteil! Wenn Sie sich mit Ihrem Kind zusammen wohler fühlen und Sie sich Ihrer Autorität sicherer sind, dann kommt die Spontaneität zurück. Sie müssen jedoch daran denken, daß in einem gut eingefahrenen Teufelskreis die instinktiven Reaktionen für Kinder und Eltern gleichermaßen negativ sind. Um eine neue Spontaneität zu lernen, müssen Sie zuerst zurückstecken.

Wenn Sie auf eine von drei unliebsamen Situationen in dieser Weise reagieren können, dann sind Sie auf Erfolgskurs. Lassen Sie sich nicht entmutigen, wenn es nicht jedesmal klappt. Alte Gewohnheiten kann man sich nicht über Nacht abgewöhnen.

Jedesmal, wenn Sie eine Verhaltensweise mit einem Temperamentszug verbinden können, wird es Ihnen viel leichter fallen zu wissen, was Sie tun sollen. Wenn das Verhalten vom Temperament herrührt, kann das Kind gewissermaßen »nicht anders«. Wenn Sie jedoch diese Verbindung zwischen dem schwierigen Temperament und dem herausfordernden Verhalten erkennen können, so wird Ihre Haltung automatisch von mehr Mitleid geprägt sein.

Während Ihrer Fünf-Tage-Studie haben Sie sich auf das Temperament, das Verhalten und die Verbindung zwischen den beiden konzentriert. Üben Sie sich weiterhin darin, nach dieser Verbindung zu suchen, und fügen Sie neue Beobachtungen hinzu.

Wenn nun Ihr Kind etwas tut, was Sie ärgert, irritiert oder eine Strafe provoziert, dann fragen Sie sich, ob dieses Verhalten mit dem Temperament in Verbindung gebracht werden könnte. Ihr Kind hat einen Wutanfall. Was könnte ihn ausgelöst haben? Eine Änderung der Beschäftigung? Ein neues Kleidungsstück? Ein überfülltes Geschäft? Übersehen Sie bitte auch nicht die kleinsten Faktoren. Bekommt Ihre Tochter einen Tobsuchtsanfall, wenn Sie verlangen, daß sie ihre Unterwäsche wechselt? Fragen Sie sich, wie die neue Unterwäsche ist. Ist sie lila statt weiß? Vielleicht ist Ihr Kind auf Grund einer niedrigen Sensibilitätsschwelle extrem sensibel gegenüber Farben.

Auch auf Übergangssituationen sollten Sie ein Auge haben, denn sie können bei Kindern mit schlechter Anpassungsfähigkeit Problemverhalten beschleunigen. Allein die Tatsache, daß Sie Ihr Kind, das draußen spielte, zum Essen hereinrufen, kann einen stürmischen Protest heraufbeschwören. Wenn Ihr Kind also zu weinen anfängt, dann halten Sie inne und versuchen Sie herauszufinden, ob irgendein Wechsel im Spiel ist: ein Ausbruch aus der Routine, ein Wechsel der Beschäftigung, ein Wechsel der Gangart, all das kann ein Kind aufsässig machen.

Fragen Sie sich: Ist es relevant?

Wie Sie bereits gesehen haben, ist übertriebene Bestrafung wirkungslos und trägt nur dazu bei, den Teufelskreis weiterzutreiben. Sie sollen weniger, dafür aber um so wirksamer bestrafen.

Wenn Sie das »Ich kann nichts dafür«-Verhalten (das eindeutig vom Temperament abhängt) erkannt haben und schließlich gelernt haben, damit umzugehen – eher durch Anleitung als durch Bestrafung –, dann kommen Sie mehr oder weniger auf die Liste des »relevanten Verhaltens«, die Sie im letzten Kapitel angelegt haben. Für diese Art von »bösem«, oft manipulativem Verhalten *kann* das Kind etwas; und wenn man ihm deutlich gesagt hat, daß das verboten ist, dann muß es lernen, daß es Konsequenzen mit sich führt, wenn es sich absichtlich schlecht benimmt.

Bestrafung ist symbolisch

Die meisten Eltern wissen nicht, daß Ausmaß und Strenge der Bestrafung nicht viel ausmachen. Fünf Minuten lang allein in seinem Zimmer sein zu müssen macht fast ebensoviel Eindruck auf ein Kind wie sechzig Minuten. Es ist sogar unvernünftig, von einem kleinen Kind zu erwarten, daß es längere Zeit alleine in seinem Zimmer bleibt.

Sie verlieren Ihre Autorität nicht, wenn die Strafe »leicht« zu sein scheint. Die Tatsache, daß Sie erklären, was Sie tun werden, und daß Sie dies dann vollziehen, macht die Strafe wirksam. Als allgemeine Regel sei gesagt: Gestalten Sie die Strafe in vernünftigem Maß, denken Sie daran, daß ein Klaps genauso wirkungsvoll ist wie richtige Prügel. Das Wichtigste dabei ist, daß Sie eine ernste, ja fast drohende Haltung einnehmen, wenn Sie strafen. Ihr Tonfall sollte vermitteln, daß Sie souverän sind und es ernst meinen. Lassen Sie Ihr Kind wissen, daß dies kein Spiel ist.

Seien Sie konsequent und klar mit Ihren Anweisungen

Jedes Kind funktioniert sozusagen am besten, wenn es weiß, daß seine Eltern auch meinen, was sie sagen. Eine bestimmte Art schlechten Benehmens, das zu Hause nicht erlaubt ist, sollte immer mit einer besonderen Strafe belegt werden. Ihre Regeln sollten klar und leicht zu verstehen sein. So weiß Ihr Kind ganz genau, was von ihm erwartet wird. Es ist eine *Regel.*

Entscheiden Sie zuerst, wie viele Grundregeln Sie benötigen werden, um wichtige Verhaltensweisen unter Kontrolle zu bringen, dann erklären Sie sie Ihrem Kind so einfach und objektiv wie irgend möglich: »In unserem Haus gibt es eine neue Regel. Von nun an darfst du niemanden mehr schlagen. Wenn du es dennoch tust, dann wirst du jedesmal damit bestraft werden, daß wir dich auf dein Zimmer schicken.« Wenn das Kind dann zum ersten Mal seine Schwester zu schlagen versucht, dann ist es in Ordnung, es daran zu erinnern. Doch wenn es dasselbe dann noch einmal versucht, dann handeln Sie schnell und wirksam. Sie ziehen Ihre Strafe durch. Er schlägt zu, Sie sagen ihm, daß er die Regeln verletzt habe, und schicken ihn sofort auf sein Zimmer.

Bestrafungen sollten so schnell wie möglich auf das Vergehen folgen. Schieben Sie nichts auf.

Bestrafen Sie nur Verhaltensweisen

Wenn sich Ihr Kind auf eine Art und Weise verhält, die, wie Sie ihm erklärt haben, nicht akzeptabel ist, dann sollte es sicherlich bestraft werden. Sie wollen jedoch nicht, daß es sich nichtsnutzig fühlt, nur weil es sich danebenbenommen hat. Versuchen Sie Aussprüche wie »böser Junge« oder »böses Mädchen« zu vermeiden. Sie wollen ja vermitteln, daß Sie eine bestimmte Verhaltensweise nicht billigen, aber nicht, daß Sie Ihr Kind nicht mehr lieben.
In diesem Zusammenhang sollten Sie auch vermeiden, nach Motiven zu suchen. Dies ist vielleicht nicht einfach, doch gibt es für diesen Vorschlag Gründe. Natürlich haben Kinder, auch schwierige, Motive für einige ihrer Taten. Im Falle eines wirklich schwierigen Kindes jedoch ergibt sich das Problem, daß das Verhalten oftmals so schwer zu verstehen ist, daß die Eltern Motive zuordnen, die nichts mit dem Kind zu tun haben. Deshalb tun Sie, vor allem in der Anfangsphase des Programms, gut daran, die Suche nach Motiven aufzuschieben.
Schließlich noch ein Rat: Verwechseln Sie »schlechte Laune« nicht mit schlechtem Verhalten. Ich weiß, daß ein weinerliches, schmollendes Kind Eltern verrückt machen kann, doch versuchen Sie Ihr Bestes, sich einzig und allein auf sein Verhalten und nicht auf seine Laune zu konzentrieren.

Seien Sie kurz und bündig: Wenn Sie Ihr Kind strafen, seien Sie mit Ihren Erklärungen immer sehr kurz und bündig. »Du hast dies oder das getan, das ist nicht erlaubt, dafür wirst du so und so bestraft.« Sagen Sie niemals mehr als das. Erklären Sie nicht zuviel.

Sie haben zum Beispiel einen schönen, polierten Sekretär in Ihrem Wohnzimmer. Ihr Sohn legt aber gerne seine Spielsachen darauf ab und spielt auch gerne darauf; Sie aber haben Angst, er könnte ihn verkratzen. Ein Elternteil, der wirklich alles erklären will, würde vielleicht folgendes sagen: »Johnny, das ist ein sehr wertvolles Möbelstück. Wenn du deine Spielsachen darauf legst, vor allem deine Spielzeugautos und Laster, dann besteht eine große Wahrscheinlichkeit, daß du es verkratzt. Und wenn du es verkratzt, dann muß Mutti das Möbelgeschäft anrufen und jemanden kommen lassen, der es wieder repariert, was eine Menge Geld kostet. Auch dein Vati wird wirklich böse sein. Deshalb spiele also nicht auf diesem Tisch.«

Sie sollten aber nur eine einzige Erklärung anbieten und nicht mehr:

»Johnny, du weißt, du darfst auf diesem Tisch nicht spielen, und wenn doch, dann darfst du die ›Electric Company‹ nicht mehr sehen.« Wenn Johnny Ihnen trotzt, dann sagen Sie: »Du weißt, es ist verboten, du hast es dennoch getan, und dies ist deine Strafe: keine ›Electric Company‹.«

Verhandeln Sie nicht: Viele Eltern schwieriger Kinder haben das Problem, daß in ihren Augen das schwierige Kind schon so mächtig geworden ist. Sie glauben, es mit einem Erwachsenen zu tun zu haben oder, im Gegenteil, daß sie selbst zu Kindern geworden sind, die versuchen, sich an dem Kind zu »rächen«. Mit schwierigen Kindern jedoch verhandelt man nicht, man legt Regeln fest. Und wenn Ihr Kind Sie nach dem Warum fragt und Sie die Sache für relevant erachten, dann antworten Sie: »Weil ich es so sage« oder »Weil das die Regel ist«. Dies soll aber nun nicht heißen, daß Sie zu einem willkürlich handelnden Tyrannen werden müssen. Die von Ihnen neu aufgestellten Regeln erscheinen Ihrem Kind wahrscheinlich durchaus sinnvoll. Das Ziel hierbei ist, Ihre Autorität auf neutrale und objektive Art und Weise zu festigen.

Nehmen wir zum Beispiel an, daß Ihre Tochter während der Mahlzeiten das Essen ausspuckt. Sie haben entschieden, daß dies ein für Sie wichtiges Verhalten ist. Sie sagen ihr, daß sie auf ihr Zimmer geschickt wird, wenn sie das Essen ausspuckt. Daraufhin tut sie dies sofort wieder, Sie erinnern sie ein einziges und letztes Mal an Ihre Worte, und sie tut es wieder.

Nun lassen Sie sich *nicht* auf den folgenden Dialog ein:

»Nun gut, Jennifer, geh auf dein Zimmer.«
»Mami bitte, ich habe es diesmal nicht so gemeint, es war ein Zufall.«
»Nun, ich aber meine, was ich sage.«
»Aber Mami, du hast mir diesen abscheulichen Hackbraten gegeben, der so schwer zu essen ist, er blieb zwischen meinen Zähnen hängen.«
»Du sollst aber jetzt auf dein Zimmer gehen.«
»Bitte Mami, bitte, ich werde es nicht mehr tun, wirklich, das war das letzte Mal.«
»Jennifer...«
»Vielleicht könnte ich statt dessen ins Wohnzimmer gehen?«

Diese Szene sollte ersetzt werden durch die folgende:

»Nun gut, Jennifer, ich habe dich gewarnt, du hast es wieder getan, nun mußt du für fünf Minuten auf dein Zimmer gehen.«
»Mami, bitte, ich habe es diesmal nicht so gemeint.«
»Deine Strafe ist, daß du auf dein Zimmer gehst. Keine weitere Diskussion mehr.«
»Warum?«
»Weil *ich* es sage.«

Die ideale »familienpolitische Struktur« in einer Familie mit einem schwierigen Kind orientiert sich eher an einer gütigen Diktatur als an der Demokratie. Das Kind bekommt *keine Stimme* in der Wahl seiner Bestrafung. Denken Sie nochmals daran: Sie wollen nicht zum Tyrannen werden, doch sehr wohl zu einer funktionierenden Führungsperson.

Bleiben Sie strikt: Statt ihr Kind anzuschreien oder anzubrüllen, sollten Sie lieber eine etwas bedrohlichere Stimmlage wählen. Versuchen Sie, so zu klingen, wie Sie es *meinen.* Vor allem bei einem kleinen Kind ist die Stimmlage sehr wichtig. Sprechen Sie nicht süßlich mit Ihrem Kind, so als ob Sie nicht wirklich vorhätten, Ihre Worte in die Tat umzusetzen:
»Nun Liebling, wir mögen das aber gar nicht, wenn du mit deinen Wachsmalstiften unsere Tapete bemalst. Liebe Kinder tun solche Dinge nicht, verstanden? Alles klar, Liebling? Nächstes Mal machst du ein schönes Bild, und zwar auf einem Stück Papier, und gibst es dann deiner Mami.«
Seien Sie statt dessen strikt:
»Ich will es nicht mehr erleben, daß du die Tapete oder sonst etwas bemalst. Du darfst nur in deinen Zeichenblock malen. Verstehst du?«

Viele Eltern sind sich dessen nicht bewußt, wie oft sie ihre Kinder darum bitten, ihr Verhalten zu bessern. Eine Mutter, die sagt: »Geh jetzt in dein Zimmer, o.k.?«, untergräbt damit ihre eigene Autorität. Erwartet sie von ihrer Tochter, daß diese antwortet: »Ja, Mama, ich bin einverstanden und gehe jetzt in mein Zimmer«?
Werden Sie sich über Ihre Verwendung von Personalpronomen klar. »Jetzt ist es Zeit für *uns*, ins Bett zu gehen« bedeutet etwas anderes als »Jetzt ist es Schlafenszeit für *dich!*«.

Warnen Sie nicht zuviel: Diese Regel hat zwei Seiten. Erstens müssen Sie darauf gefaßt sein, daß Ihr Kind Sie testen will, um sicherzugehen, daß Sie das, was Sie sagen, auch meinen. Ist dies der Fall, dann ist es wichtig, das auszuführen, was Sie ihm gesagt haben, anstatt es wiederholt zu warnen, ohne daß Taten folgen. Eine Warnung ist akzeptabel, doch danach heißt es handeln. Strenger Ton und Haltung sollten dabei angenommen werden.
Sie warnen also nicht wiederholt:

»Susan, spiele nicht mit Muttis teurer Uhr.«
»Susan, wenn du mit Muttis Uhr spielst, dann wirst du bestraft.«
»Susan, was habe ich dir gesagt, was passiert, wenn du mit Muttis Uhr spielst? Das ist das letzte Mal, daß ich dich warne.«
»Susan, hast du gehört? Ich sagte, du sollst *nicht* damit spielen. Noch einmal, und es wird dir schlecht ergehen.«

Statt dessen: eine Warnung und dann *Taten*.

»Susan, wenn du noch einmal mit meiner Uhr spielst, dann bekommst du nach dem Essen keinen Lutscher.«
»Gut, du hast wieder mit meiner Uhr gespielt, ich habe dich gewarnt. Kein Lutscher.«

Eltern führen oft ihre Warnungen nicht durch. Doch wenn Sie die Bestrafung einfach und kurz gestalten und das Kind weiß, was es nicht tun darf, dann sollte diese Angelegenheit einfacher und klarer werden.
Es gibt aber auch eine andere Art der Warnung, die für das Kind »zu viel« sein kann. Das sind Warnungen in Erwartung dessen, daß Ihr Kind etwas falsch macht. Dies kann passieren, wenn Ihr Kind irgendwohin gehen muß (z. B. zur Großmutter). Dann kann es sein, daß die Mutter in den Stunden vor dem Besuch aus Angst, daß etwas schiefgehen könnte, folgendermaßen handelt:

Wenn du bei Oma bist, dann fasse bitte nichts an. Sie mag das gar nicht, wenn du das tust.«
»Denk daran, daß du bei Oma nichts anrührst, verstanden?«
»Ich möchte nicht erleben, daß du Omas Sachen anrührst, klar?«

Warnen Sie Ihr Kind bei der Ankunft:

»Denk daran, daß du Omas Sachen nicht berührst, sie können kaputtgehen. Wenn du es tust, dann bekommst du keine Plätzchen und keine Milch.«

Seien Sie praktisch: Bestrafung steht im Zusammenhang mit dem Grund dafür, seien Sie flexibel und passen Sie Ihre Handlungen der jeweiligen Situation an. Sie müssen manchmal improvisieren und einfallsreich sein. Denken Sie auch

daran, daß das Alter des Kindes berücksichtigt werden muß. Sie können kein Zweijähriges auf sein Zimmer schicken, wenn es gar nicht versteht warum und deshalb nicht dort bleibt. Dieses Kind aber wird verstehen, wenn es eine Folge der Sesamstraße nicht sehen darf oder Sie ihm eine kleine Zwischenmahlzeit, die es gerne mag, verweigern.
Vielleicht müssen Sie improvisieren. Ein Kind, das sich in einer Einkaufspassage schlecht benimmt, kann nicht auf sein Zimmer geschickt werden, doch Sie wollen Ihre Strafe nicht auf später, wenn Sie zu Hause sind, verschieben. So sagen Sie ihm, daß es kein Eis bekommt, wenn es sich schlecht benimmt.

Seien Sie zielstrebig: Denken Sie immer daran, daß es das Ziel einer wirksamen disziplinären Maßnahme ist, daß Ihr Kind Ihnen gehorcht. Seine Haltung ist dabei nicht wichtig. Es muß vielleicht sein Gesicht wahren. Verwechseln Sie das nicht mit Ungehorsam; die Botschaft der Strafe dringt trotzdem durch. Wenn Ihr Kind zum Beispiel nicht folgt und Sie ihm sagen, daß es dafür bestraft wird und auf sein Zimmer gehen muß, dann sagt es vielleicht: »Ist mir egal, ich wollte sowieso nicht hier sein« und läuft in sein Zimmer. Ignorieren Sie das und betrachten Sie die Strafe dennoch als gültig.

Wie Sie aus allem, was ich in diesem Kapitel gesagt habe, ersehen können, macht Bestrafung nur einen Teil des Autoritätsverhaltens Erwachsener aus. Sobald Sie auch andere Aspekte wirksamer Disziplinierung anwenden, werden Sie sehen, daß Sie keine 25 verschiedenen Methoden der Bestrafung benötigen. Sie werden wahrscheinlich zwei oder drei brauchen, wie z. B. das Kind für eine kurze Zeit in sein Zimmer zu schicken oder ihm ein Privileg vorzuenthalten. Und vergessen Sie nicht die Bedeutung Ihres Tonfalls und

einer ernsthaften, strikten Haltung, besonders wenn Sie mit kleinen Kindern umgehen.
Viele Eltern fragen mich nach körperlichen Strafen. Ich finde es nicht schlimm, wenn Eltern mit Absicht und in voller Kontrolle über ihre Gefühle ihren Kindern einen Klaps auf den Po geben. Das kann die Luft reinigen und den Vorfall sehr schnell beenden. Ein Kind zu schlagen, wenn man seine Fassung verloren hat, ist etwas ganz anderes und sollte vermieden werden. Außerdem halte ich es für falsch, ein Kind zu erniedrigen, indem man es ins Gesicht schlägt. Wenn Ihr Handeln strikt und bündig sowie Teil eines ganzen Erziehungssystems ist, dann ist es nicht wirklich bestrafend. Tatsächlich bieten Sie Ihrem Kind die Wahl an, mit klaren Konsequenzen als Folge. Nehmen wir an, Ihre vierjährige Tochter kommt, nachdem Sie eine Routine fürs Schlafengehen entwickelt und damit den abendlichen Kämpfen ein Ende gesetzt haben, immer wieder aus ihrem Zimmer heraus. Sagen Sie ihr ruhig und ernsthaft, daß sie die Wahl hat, entweder bei offener oder bei geschlossener Tür in ihrem Zimmer zu bleiben, aber daß es keine andere Möglichkeit gibt. Wenn sie in der Nacht herauskommt, warnen Sie sie einmal, doch dann bringen Sie sie ohne jede weitere Diskussion in ihr Zimmer zurück und schließen die Tür für zwei Minuten (eine lange Zeit für ein kleines Kind). Sie wird wahrscheinlich wütend werden. Beißen Sie die Zähne zusammen, aber bleiben Sie hart. Wenn Sie sie herauskommen lassen, sagen Sie ihr: »Siehst du, Mama und Papa meinen es ernst. Du hast immer noch die Wahl. Laß es uns noch mal versuchen.« Es kann sein, daß Sie diese Prozedur noch ein paarmal wiederholen müssen, aber wenn Sie das auf eine einfache, relativ freundliche Art tun, dann stehen Ihre Chancen auf Erfolg ziemlich hoch.
Diese Prinzipien für eine wirksame Disziplinierung sollten

es Ihnen ermöglichen, die meisten Verhaltensweisen, die nicht mit dem Temperament zusammenhängen, wirksamer, strikter und direkter zu handhaben. Sie werden Ihr Leben weitaus besser unter Kontrolle haben und die Beziehung zu Ihrem Kind verbessern. Doch dies ist erst die eine Hälfte, denn im nächsten Kapitel werden Sie erfahren, wie man Verhaltensweisen behandelt, die mit dem Temperament des schwierigen Kindes zusammenhängen.

8. Die Beherrschung des Temperaments
Die praktische Anwendung des Verständnisses

Die Grundlagen für die elterliche Autorität, die Sie im letzten Kapitel kennengelernt haben, stehen nicht alleine da. Sie müssen vielmehr zusammen mit einer Reihe von Führungstechniken angewandt werden, die auf dem neuen Verständnis für das Temperament Ihres Kindes fußen.
Führung wird, im Gegensatz zur Bestrafung, dann bei einem schwierigen Kind angewendet, wenn der Erwachsene sich dessen klargeworden ist, daß das Kind nicht anders kann. Dies ist meist dann der Fall, wenn die Eltern die Verbindung zwischen Verhalten und dem zugrundeliegenden Temperament herstellen können. Die Führung kann jedoch auch bei einigen Formen des Abnutzungseffekts Anwendung finden, wie zum Beispiel bei extremer Ängstlichkeit. Bei der Führung ist die elterliche Haltung gegenüber dem Kind gefühlsbetonter und steht im Gegensatz zum härteren Ansatz, den man bei Strafen oder disziplinären Maßnahmen findet.
Genau wie bei der Disziplinierung kann auch Führung in zwei Kategorien eingeteilt werden: in unkoordinierte Reaktionen und geplante Aktionen, die Sie zu einem anderen Zeitpunkt entworfen haben, um schwieriges, vom Temperament beeinflußtes Verhalten zu vermeiden oder zu begrenzen.

Die Kategorisierung: Sie verstehen Ihr Kind

Als frischgebackener Experte, der viele Aspekte des Verhaltens seines Kindes und die zugrundeliegenden Temperamentszüge kennt, ist es an der Zeit, dem Kind zu zeigen, daß man es versteht. Den ersten Schritt in diesem Prozeß nennen wir *kategorisieren*, und Sie müssen die landläufige Bedeutung des Begriffs »Kategorisierung« vergessen. So, wie der Begriff hier verwendet wird, steht er dafür, daß man die vom Temperament abhängige Basis für ein Verhalten identifiziert, dieser dann einen Namen gibt und diese Information entweder mit dem Kind teilt oder sie selbst verwendet, um die eigene Haltung zu ändern. Im Grunde genommen sagen Sie Ihrem Kind damit: »Ich verstehe, was in dir vorgeht.« Denken Sie nicht an den pejorativen oder verletzenden Beiklang dieses Begriffs, weil er so, wie er in diesem Zusammenhang gebraucht wird, lediglich dazu dient, das Verständnis zwischen Ihnen und Ihrem Kind zu vertiefen; er soll Sie auch an die neutrale, objektive, aber freundliche Haltung erinnern, die Sie Ihrem Kind gegenüber einnehmen müssen.

Ihre Haltung ist eine der Schlüsselfragen in diesem Zusammenhang. Sie können keine Kategorisierung vornehmen oder irgendeine Technik anwenden, bevor Sie nicht eine neutrale und mitfühlende Haltung angenommen haben. Dies ist natürlich schwierig; gerade bei diesen Kindern schlagen die Wellen der Emotionen oft hoch. Es wird Ihnen nicht gelingen, sofort eine neutrale Haltung einzunehmen, doch lassen Sie sich dabei Zeit. Die Kategorisierung wird Ihnen helfen, neutraler zu werden. Aber manchmal werden Sie Ihrem Kind an die Kehle springen, und manchmal werden Sie die Kategorisierung vergessen. Sie müssen auch daran denken, daß Sie immer noch eine zweite Chance haben, die

Techniken auszufeilen. Sie müssen auf die Situationen bauen, in denen Sie mit Ihren Techniken Erfolg hatten, auch wenn sie zu Beginn vielleicht dünn gesät sind.
Wenn Sie Ihr Kind ein wenig verstehen und dieses Verständnis mit ihm teilen, dann wird das Kind nach und nach zu der Erkenntnis gelangen, daß Sie es verstehen, jedoch nur, wenn Sie dies alles mit einer freundlichen und neutralen Haltung unterlegen. In Ihrer Rolle als Eltern versuchen Sie natürlich, eine Kommunikationsebene mit dem Kind herzustellen, die auf Ihrem ehrlichen Verständnis der für das Kind wichtigen Probleme basiert. Anstatt auf das zu reagieren, was Ihnen das Kind vermeintlich antut, versuchen Sie, eine strikte, doch freundliche Aussage über sein Temperament zu machen.
Hier ein Beispiel dafür:
Nicht: »Du machst mich wahnsinnig.«
Sondern: »Du bist zu erregt.«

Ein weiteres Beispiel:
Nicht: »Warum machst du mir immer mit dem Zubettgehen solche Probleme?«
Sondern: »Ich weiß, daß du an manchen Abenden zu deiner gewohnten Schlafenszeit nicht müde bist.«

Wenn Sie über die Kategorisierung nachdenken, beginnen Sie auch damit, sich über die Temperamentsfrage Gedanken zu machen. Danach übersetzen Sie diese Informationen in eine verständliche Sprache. Sie würden nämlich nicht sagen: »Ich weiß, daß du eine niedrige Sensibilitätsschwelle hast und deshalb empfindlich darauf reagierst, wie sich manche Dinge anfühlen«, sondern eher: »Du bist sehr empfindlich gegenüber den Aufhängern in Kleidungsstücken.« Seien Sie sachbezogen, neutral und verwenden Sie keine

emotionsgeladene Sprache. Halten Sie Ihre Kategorisierung so stichhaltig und einfach wie möglich.
Die Kategorisierung trägt dazu bei, Ihrem Kind zu zeigen, daß Sie es verstehen. Bei Kindern, die älter als drei Jahre sind, können Diskussionen über deren Reaktionen auf Veränderungen oder auf das Tragegefühl von Kleidungsstükken sehr hilfreich sein. Wenn das Kind dann einmal einige seiner Temperamentszüge begreifen kann, wird es mehr Selbstkontrolle erlangen. Gut geführte Kinder sind in der Lage, ihren Eltern zu sagen: »Ich bin noch nicht daran gewöhnt. Laß mir mehr Zeit.«
Es folgen nun einige Kategorisierungsvorschläge. Sie können diese oder Ihre eigenen Kategorien anwenden. Aber Sie sollten sie einfach und freundlich halten und selbst ruhig bleiben. Ihr Tonfall ist wichtig, denn jedes beliebige Wort kann höchst geladen klingen, wenn es in Erregung ausgesprochen wird.

Temperamentszüge	Kategorisierung
Hohe Aktivitätsebene	Du bist übermäßig erregt. Du bist zu aufgedreht. Du wirst gleich wild.
Ablenkbarkeit	Ich weiß, es fällt dir schwer zuzuhören.
Hohe Intensität	Ich weiß, du hast eine laute Stimme, aber … Ich weiß, das Leisesprechen fällt dir schwer, aber …
Unregelmäßigkeit	Ich weiß, du bist jetzt nicht hungrig/müde.

Temperamentszüge	Kategorisierung
Negative Ausdauer	Ich weiß, daß es schwer für dich ist, aufzugeben, wenn du etwas wirklich willst. Du verrennst dich.
Niedrige Sensibilitätsschwelle	Ich weiß, daß dir, im Gegensatz zu anderen Leuten, heiß ist. Ich weiß, daß dieser Pulli sich nicht richtig anfühlt. Ich weiß, daß gewisse Dinge komisch riechen/schmecken/aussehen.
Anfänglicher Rückzug	Ich verstehe, das ist neu für dich. Ich weiß, du brauchst deine Zeit, bis du dich an einen neuen Ort gewöhnst. Ich weiß, daß dich neue Orte (Leute, Situationen) stören.
Schlechte Anpassungsfähigkeit	Ich weiß, du tust dich mit Änderungen schwer. Ich weiß, du bist gerade sehr beschäftigt, aber du bist dabei, dich in deine Tätigkeit zu verrennen. (Erklären Sie dem Kind, was das heißt.)
Negative Laune	Im Falle einer Laune ist die Zuordnung nicht für das Kind, sondern eher für Sie

Temperamentszüge	Kategorisierung
	selbst bestimmt. Dies hilft Ihnen, sich über ein Kind, das sich in einer ungewohnten Situation beklagt oder zu kritisieren anfängt, nicht zu ärgern, selbst wenn diese Situation andere Kinder glücklich machen würde. Sagen Sie zu sich selbst: »So ist er nun mal; er kann nichts dafür.«

Die Kategorisierungstechnik ist aber lediglich die Grundlage für eine neue Haltung gegenüber dem schwierigen Temperament Ihres Kindes. Es folgt nun eine Beschreibung bestimmter Führungstechniken, die dazu dienen sollen, die gängigsten Problemverhaltensweisen, die aus dem schwierigen Temperament resultieren, zu verhindern und auch vorzeitig zu unterbinden.

Wildes Verhalten

Wildes Verhalten wird oft bei *sehr aktiven* Kindern beobachtet, die leicht erregbar sind und deren Verhalten dann eskaliert. Zunächst ist das Kind sehr aktiv, wird dann erregbar, übererregt, wild und verliert dann die Kontrolle über sich. Eine goldene Regel ist hierbei das *frühe Einschreiten.* Sie müssen die Gefahrensignale erkennen, eine neutrale Haltung einnehmen, das Verhalten kategorisieren und dann einschreiten.

Eines der Hauptprobleme bei sehr aktiven Kindern ist die Tatsache, daß deren Verhalten sehr schnell zur Wildheit eskalieren kann. Versuchen Sie den Punkt herauszufinden, an dem das Kind sich übererregt zeigt, um dann einzuschreiten und entsprechend zu handeln. Sie wollen das Kind in den Griff bekommen, *bevor* es wild agiert und außer Kontrolle gerät. Mit anderen Worten, das Einschreiten sollte *früh* erfolgen.

Oft ist dieser Übergang so subtil, daß es nicht einfach ist, ihn zu erkennen. Sie sollten Ihr Kind in einer Vielzahl von Situationen beobachten, in denen sein Verhalten über das Ziel hinausschießt, um festzustellen, ob Sie die Progression lokalisieren können.

Entscheiden Sie für sich selbst, an welchem Punkt das Kind sozusagen vom dritten in den vierten Gang schaltet und dann in den Schnellgang. Als allgemeine Faustregel können Sie davon ausgehen, daß »vierter Gang und Schnellgang *nicht erlaubt sind*«. Sie wollen aber auch nicht so schnell handeln, daß Sie schon einschreiten, wenn es nur etwas übererregt ist. Das wäre ein wenig zu früh. Andererseits wollen Sie jedoch die schwindelerregende Eskalation vermeiden, die eintritt, wenn sein Verhalten außer Kontrolle gerät.

Manchmal geraten Kinder zu schnell an den Punkt, an dem sie die Kontrolle verlieren. In diesen Fällen werden Sie zu spät dran sein, um den Ausbruch zu verhindern. Besonders impulsive Kinder werden gelegentlich stoßen, kratzen oder ohne Vorwarnung um sich schlagen. Es ist sehr wichtig, daß Sie daran denken, daß diese Art von wildem oder impulsivem Verhalten meistens der Kontrolle Ihres Kindes entzogen ist und daß es daher nicht bestraft werden sollte. Es gibt einen Unterschied zwischen absichtlichem Fehlverhalten und impulsivem Kontrollverlust.

Wenn Sie einmal begonnen haben, nach dem Punkt zu suchen, an dem sich das Verhalten ändert, dann werden Sie auch lernen, die meisten Situationen zu entschärfen, bevor sie zu brisant werden. Wenn Sie früh eingreifen, dann können Sie das Kind vielleicht noch *ablenken*. Andernfalls muß es vielleicht *abkühlen* oder *Dampf ablassen*.

Abkühlung ist eine Technik, die man anwenden sollte, wenn das Kind gerade dabei ist, wild zu werden. Sie verhalten sich neutral, gehen auf das Kind zu, stellen Blickkontakt her, erklären dem Kind: »Du erregst dich zu sehr«, dann sagen Sie ihm, es solle sich beruhigen. Wenn nötig, tragen Sie es fort. Wenn Sie schon Experte sind und den Punkt früh erkennen, an welchem sich Veränderungen im Verhalten zeigen, können Sie das Kind vielleicht warnen, indem Sie sagen: »Du bist zu aufgeregt. Beruhige dich, oder du wirst mit deiner momentanen Beschäftigung aufhören müssen.« Sie sollten sich auch eine bestimmte »Abkühltätigkeit« überlegen, die das Kind beruhigt:

- Bei einem Kleinkind könnte dies ein bestimmtes Buch oder eine Schallplatte sein, die Sie zusammen anschauen oder anhören.
- Ist das Kind älter, genügt vielleicht eine so simple Aufforderung wie: »Komm her und setz dich auf meinen Schoß.«
- Die meisten sehr aktiven Kinder lieben es, mit oder im Wasser zu spielen. Setzen Sie sie ans Waschbecken oder in die Badewanne und lassen Sie sie ein wenig planschen. (Dies ist nicht nur dann gut, wenn das Kind sich beruhigen soll, sondern auch wenn Sie einmal eine halbe Stunde Zeit für sich selbst brauchen.)

- Auch ein Lieblingsprogramm im Fernsehen kann helfen, und wenn Sie einen Videorecorder besitzen, dann könnten Sie eine Lieblingsshow aufzeichnen, die Sie dann, wenn nötig, abspielen.
- Wenn Ihr Kind einen bestimmten Snack, Eis oder Obst mag, dann können Sie es dadurch beruhigen, daß Sie den Leckerbissen, das Hinsetzen und Genießen zu einer Abkühlphase umfunktionieren.

Was immer Sie auch als sogenannte Abkühltätigkeit auswählen, sie sollte immer mit der Folge verbunden sein, daß das Kind nun in einen niedrigeren Gang schaltet und ruhiger wird.
Seien Sie klug und einfallsreich, und halten Sie diese Beruhigungsphasen nicht für Belohnungen für schlechtes Verhalten. Wenn ein Kind schon zu weit fortgeschritten ist, bevor Sie eingreifen können, dann kann die Beruhigung einfach darin bestehen, daß Sie es aus dieser Situation herauslösen, den Wutanfall abwarten und dem Kind dabei helfen, sich wiederzufinden, anstatt die Eskalation fortschreiten zu lassen. In solch einem Fall ist es besser, nicht einmal mit dem Kind zu sprechen. Nehmen Sie es einfach hoch und bringen Sie es an einen anderen Ort.
Wenn Ihr Kind gelegentlich wirklich wild ist, dann versuchen Sie, einen Raum oder eine Ecke eines Raumes als »Beruhigungsecke« zu deklarieren. Diese Ecke sollte einfach ausgestattet sein. Denken Sie daran, daß es keine Bestrafung ist, eine Beruhigung zu erzwingen, sondern eine verständnisvolle Technik, um mit Überaktivität, die zu weit geht, fertig zu werden. Versuchen Sie deshalb, neutral zu bleiben.
Vielleicht müssen Sie auch den entgegengesetzten Weg wählen, die zweite Art einzuschreiten also, die wir als *Dampf-*

ablassen bezeichnet haben. Ein sehr aktives Kind kann in einem Stadtappartement oder auch in einem Haus an einem regnerischen Tag absolut verrückt spielen. Sie können auch in diesem Fall die Eskalation beobachten, wenngleich sie sich hier nicht in Minuten, sondern vielleicht innerhalb einer halben Stunde aufbaut. Auch in diesem Fall kategorisieren Sie: »Ich weiß, du bist kribbelig.« Wählen Sie dann eine Beschäftigung, die es dem Kind erlaubt, ein wenig Energie zu verbrauchen. Gehen Sie zum Spielplatz. Sollte es regnen, dann gehen Sie mit ihm in den Keller und lassen Sie es umherlaufen. Machen Sie Musik und tanzen Sie. Seien Sie nett: »Ich weiß, das Herumsitzen macht dich verrückt, tollen wir ein bißchen herum!«

Wenn Sie die Begriffe »Abkühlung« und »Dampf ablassen« in Gegenwart Ihres Kindes benutzen, dann wird es sich daran gewöhnen und auch wissen, was sie bedeuten.

Denken Sie auch immer daran: Je früher Sie in das eskalierende Verhalten eingreifen können, um so leichter ist es. Wenn Sie den Punkt verpassen, an dem das Kind in den Schnellgang schaltet und es wirklich wild wird, dann ist es wahrscheinlich, daß auch Sie Ihre neutrale Haltung aufgeben. Lassen Sie sich davon nicht entmutigen. Versuchen Sie einfach, das nächste Mal objektiv zu sein. Verhalten ändert sich nicht über Nacht, und es wird immer wieder Fälle geben, wo alles im Chaos und mit einem Wutanfall endet.

Unruhe

Bei *aktiven, ablenkbaren* Kindern ist ein *Gefühl für das Timing* sehr wichtig, vor allem in der Schule und bei den Hausaufgaben. Eltern oder Lehrer sollten sich die Frage stellen: »Wie lange kann er bei der momentanen Beschäftigung

ausharren?« Sie merken, wie das Kind unruhig, zappelig und unkonzentriert wird. Vielleicht rutscht es auf seinem Stuhl herum, starrt Löcher in die Luft, kratzt sich am Kopf, spielt mit seinem Bleistift oder dem Papier herum. Dies sind Verhaltensweisen, die dem »Aufgedrehtsein« vorausgehen können und die andeuten, daß sich die Energien bei dem Kind langsam aufbauen.
Es gibt eine Technik, genannt *Auszeit*, die Sie in dieser Situation anwenden können. »Ich sehe, daß du unruhig wirst.« Dann schalten Sie eine kurze Pause ein und geben dem Kind eine Beschäftigung, bei der ein wenig Energie freigesetzt wird. In der Schule kann der Lehrer das Kind beispielsweise bitten, die Tafel zu wischen, auf den Gang zu gehen, um einen Schluck Wasser zu trinken, einem anderen Lehrer eine Botschaft zu überbringen oder bei einer Aufgabe wie zum Beispiel Bücher-Aufräumen zu helfen. Die Eltern zu Hause könnten das Kind anweisen, den Papierkorb zu leeren, die Spülmaschine auszuräumen oder den Tisch zu decken. Sie können es auch eine Weile mit seinen Spielsachen spielen lassen oder einen der Vorschläge verwenden, die für das Dampfablassen gemacht wurden.
Während solcher Tätigkeiten wie Hausaufgabenmachen oder Einnahme der Mahlzeiten, die einer gewissen Planung mit dem Kind bedürfen, können die Eltern so etwas wie eine *geplante Pause* einschieben. Wenn Sie sehen, daß das Kind immer etwa zehn Minuten lang »durchhält«, bevor es zu quengeln beginnt, dann lassen Sie es alle zehn Minuten eine Pause machen; erlauben Sie ihm, vom Tisch aufzustehen und ein bißchen herumzulaufen, um dann zurückzukommen. Dieses Mittel ist auch sehr wertvoll für den Lehrer eines hochaktiven, leicht ablenkbaren Kindes.
Bei einem unruhigen, leicht erregbaren, impulsiven Kind gibt es noch zwei weitere Dinge zu bedenken. Eltern und

Lehrer weisen häufig darauf hin, daß sie nicht immer anwesend sind, wenn das Kind außer Kontrolle gerät. Die Explosion kann in der Kantine oder auf dem Spielplatz stattfinden. Nachträglich können Sie da wenig ausrichten. Lange Diskussionen darüber, was passiert ist, sind frustrierend und führen zu nichts. Es ist auch sinnlos, das Kind für ein Verhalten zu bestrafen, bei dem Sie nicht Zeuge waren und für das das Kind nichts konnte. Versuchen Sie sich auf eine kurze Bemerkung zu beschränken, wie: »Pech. Du hast wahrscheinlich die Beherrschung verloren. Versuch das nächste Mal, dich etwas zusammenzureißen.« Und versuchen Sie, für Ihr Kind eine bessere Betreuung in unstrukturierten Situationen zu arrangieren.

(Manchmal sind Kinder – ob sie nun wegen ihres Temperaments schwierig sind oder auch nicht – *absichtlich* unangenehm oder aggressiv. Diese Art von Verhalten ist eher berechnend als impulsiv, und wenn es von einem Erwachsenen wahrgenommen wird, sollte es sehr streng behandelt werden. In diesem Fall ist Bestrafung sicherlich angebracht.)

Das bringt mich zum zweiten Punkt. Diese hochgradig aktiven Kinder gedeihen mit Hilfe von Struktur. Ihr Kind wird sich im allgemeinen leichter tun, wenn Sie mehr Routine, Ruhe und Vorhersagbarkeit in sein tägliches Leben bringen, sowohl in der Schule als auch zu Hause.

Wie man mit einem Wechsel umgeht

Wieder einmal forschen Sie danach, was unter dem vordergründigen Verhalten vorgeht; seien Sie neutral, und ordnen Sie das Verhalten ein. Bei Problemen mit wechselnden Situationen liegen die Temperamentsprobleme der *schlechten Anpassungsfähigkeit* und/oder des *anfänglichen Rückzugs* vor. Die wichtigsten Techniken, die es hier zu erlernen gilt, sind die *Vorbereitung* einerseits und das Zugeständnis einer *Gewöhnungszeit* für eine neue Situation andererseits. Es ist sehr wichtig, daß Sie unterscheiden zwischen der Vorbereitung Ihres Kindes auf einen Wechsel und übertriebenem Warnen. Ängstliche Mütter »bereiten« ein Kind auf eine neue Situation dadurch vor, daß sie immer wieder Ihren Ängsten bezüglich des Verhaltens des Kindes Ausdruck verleihen, z. B.: »Heute nachmittag gehen wir zu einer Geburtstagsparty, ich will nicht, daß du nach dem Kuchen grapschst. Du solltest dich auf Geburtstagsparties gut benehmen.« Etwas später wiederholt die Mutter dies vielleicht folgendermaßen: »Denk daran, auf dieser Geburtstagsparty solltest du dich gut benehmen.« Eine Mutter, die übertrieben viel erklärt, sagt vielleicht: »Heute besuchen wir deine Freundin Claire. Wir müssen aus dem Haus gehen und den Bus nehmen. Du weißt doch – die Bushaltestelle, an der wir normalerweise warten. Wir werden einen Bus der Linie 10 besteigen, das ist der große blaue Bus, den du immer siehst. Erinnerst du dich noch an letzte Woche, als wir damit gefahren sind und du die Mutter mit den Zwillingen gesehen hast? Du hast mit den Babys gesprochen, und sie haben gelacht ...« Diese ständige Wiederholung und die übertriebenen Erklärungen haben zur Folge, daß sich die Ängstlichkeit der Mutter auf das Kind überträgt. Die Mutter sollte also statt dessen eine temperamentvolle Erklärung des bevorstehenden Wechsels abgeben, etwa so: »Heute nachmittag gehst du zu einer Geburtstagsparty, und ich weiß, daß das für dich etwas Neues ist; wenn du also in meiner Nähe bleiben willst, bis du dich eingewöhnt hast, dann ist das okay.« Wo sehen Sie den Unterschied zwischen der Vorbereitung und dem Warnen? Wenn *Sie* ängstlich sind und sich ständig wiederholen, dann ist es sehr wahrscheinlich, daß

Sie warnen. Wenn Sie sich kurz und bündig und neutral auf die Annäherung/Rückzugshaltung und die Anpassungsfähigkeit konzentrieren, und zwar nicht allzu früh, dann bereiten Sie das Kind vor.

Denken Sie ebenfalls daran, daß eine Situation, die Ihnen als Erwachsener alltäglich erscheint, für ein Kind vielleicht neu und schwierig sein kann. Eine Mutter, die denkt: »Mein Kind muß nicht darauf vorbereitet werden, wenn es zu einer Geburtstagsparty geht, weil es schon auf anderen Parties war«, vergißt, daß auf jeder Party andere Kinder sind, das Essen sowie die Umgebung und das Unterhaltungsangebot neu sind. Für ein Kind ist jede Party anders. Deshalb müssen Sie viel Gespür dafür haben, was Ihr Kind beunruhigen könnte.

Die *Gewöhnungszeit* ist für Sie ebenso wichtig wie für das Kind. Wenn Sie wissen, daß sich Ihr Kind in neuen oder ungewohnten Situationen zurückhält, dann können Sie sich entspannter fühlen und müssen es nicht drängen. Umgekehrt wird das Kind, wenn es weiß, daß Sie zur Unterstützung da sind, sich eher nach vorne trauen. Versuchen Sie trotzdem, die Balance zu finden. Es kann sich in Ihrer Nähe aufhalten, muß aber nicht auf Ihrem Schoß sitzen.

Das Prinzip, solche extrem scheuen und schwer anpassungsfähigen Kinder in ihrem eigenen Tempo vorgehen zu lassen, ist auch für Lehrer sehr wichtig. So ein Kind kann Wochen, sogar Monate brauchen, bis es völlig ins Klassenzimmer eingegliedert ist. Verwechseln Sie das nicht mit Angst, und halten Sie es nicht für ein emotionales Problem. Ermutigen Sie das Kind mit allen Mitteln, sich einzugliedern, aber drängen Sie es nicht, und versuchen Sie, seine Scheu nicht als negative Reaktion auf Ihre Fähigkeiten als Lehrer zu sehen.

Schwer anpassungsfähige Kinder tun sich gewöhnlich leich-

ter, wenn man ihnen die *Reihenfolge der Ereignisse,* z. B. eines geplanten Ausflugs, mitteilt.
Zum Beispiel so: »Heute fahren wir zu deinem Freund. Zuerst werden wir aus dem Haus und zur Bushaltestelle gehen, dann eine halbe Stunde lang mit dem Bus fahren und dann zu Johns Haus gehen.«
Oder: »Laß uns zum Essen gehen. Wir werden das Auto nehmen, zum Supermarkt fahren, um Saft zu kaufen, dann werden wir zu McDonald's fahren und dann wieder nach Hause, rechtzeitig für die Sesamstraße.«
Eines der wichtigsten Utensilien, die einem schlecht anpassungsfähigen Kind helfen sollen, sich an einen Wechsel zu gewöhnen, nennen wir die »Wechseluhr«. Sie kann bei Kindern ab zweieinhalb Jahren verwendet werden. Es soll eine batteriebetriebene Digitaluhr sein (Sekundenanzeige ist nicht nötig), die die Zeit ablesbar anzeigt, also 6.45 Uhr oder 11.15 Uhr. Diese Uhr sollte zu nichts anderem benutzt werden und dem Kind als Hilfsmittel vertraut sein, wenn sich eine Situation ändert. Wenn Sie wollen, können Sie die Uhr mit persönlichen Zusätzen versehen, z. B. mit bunten Aufklebern oder mit dem Namen Ihres Kindes. Sagen Sie Ihrem Kind, daß die Uhr ihm dabei helfen wird, von einer Tätigkeit zu einer anderen zu wechseln, und auch dabei, etwas zu beenden, bevor es mit etwas anderem beginnt. Es mag zum Beispiel problematisch für Ihr Kind sein, aus dem Haus zu gehen und die momentane Beschäftigung aufzugeben, um mit Ihnen im Auto irgendwohin zu fahren. Sie können ihm sagen, daß dieser Wechsel ihm mit dieser Uhr nicht so schwerfallen wird. Dann fangen Sie an, diese Uhr jedesmal zu verwenden, wenn ein einschneidender Wechsel bevorsteht, und für nichts anderes. (Denken Sie daran, daß Sie während der Studienphase die Wechsel kennengelernt haben, die Ihrem Kind Probleme bereiten.)

So funktioniert die Technik: In Ihrem Garten haben Sie ein Planschbecken. Ihre Tochter spielt gerne draußen, planscht in dem Becken, schüttet Wasser auf den Boden und fühlt sich dabei so richtig wohl. Wenn Sie sie zum Essen ins Haus rufen, dann weigert sie sich, und normalerweise endet die Angelegenheit mit einem Kampf oder einem Wutanfall. Nun aber nehmen Sie die Uhr und gehen nach draußen und zeigen Ihrem Kind, daß es 12.10 Uhr ist. Sie sagen zu ihm: »Wenn die letzte Zahl von Null auf Fünf gewechselt hat, dann mußt du hereinkommen und essen.«
Schwer anpassungsfähige Kinder hassen Überraschungen, deshalb müssen sie die Möglichkeit haben, sich auf die Veränderung innerhalb eines festgelegten Zeitraums vorzubereiten, der durch ein neutrales Medium, z. B. eine Uhr (und nicht durch Sie), festgelegt ist. Benutzen Sie die Uhr für jede Art von wichtigen Veränderungen – als Zeichen für das baldige Zubettgehen, für die Schule, fürs Einkaufen, das Ende des Fernsehschauens –, alles, worauf das Kind sich vorbereiten möchte. Wie jedes andere Mittel wird die Uhr ihre Wirksamkeit verlieren, wenn Sie sie zwanzigmal pro Tag benutzen.
Die älteren Kinder lernen bald, gut mit Techniken, die einen Wechsel erleichtern, zu arbeiten. Sie werden fragen, wieviel Zeit sie noch haben, oder bitten, in neuen Situationen nahe bei der Mutter bleiben zu können, oder sagen, daß sie noch ein wenig Zeit brauchen, oder sogar die Wechseluhr selbst bedienen. Trotz, Weigerungen und Wutanfälle werden durch eine harmonischere, kooperativere Haltung ersetzt. Um den Teufelskreis zu durchbrechen, ist es ein wichtiger Schritt, zu lernen, wie man mit einem Wechsel umgeht.

Unberechenbarkeit

Eltern sind durch das unberechenbare Verhalten ihrer Kinder verwirrt, und dieser Mangel an Berechenbarkeit ist vor allem in zwei Schlüsselbereichen ärgerlich, nämlich Appetit und Schlafen. Es ist sehr schwierig, mit einem Kind zurechtzukommen, das nicht ungefähr zur selben Zeit jeden Tag hungrig oder müde ist. Eltern und Kinder, die in solche Schlafens- und Essenskonflikte verstrickt sind, enden schließlich in einem Teufelskreis aus eskalierenden Forderungen und exzessiven Strafen; dies ist einer der kräfteraubendsten Bereiche. Das Temperamentsproblem ist die *Unregelmäßigkeit*, und der Schlüssel zur Lösung liegt darin, *die Bettzeit von der Schlafenszeit und die Essenszeit von den Mahlzeiten zu trennen.*

Kinder, die nicht jeden Abend zur selben Zeit müde sind, werden mit Händen und Füßen dagegen kämpfen, ins Bett gehen zu müssen. Dies wird zum brennendsten Familienproblem, da es Eltern und Geschwister in einen Konflikt mit dem unglücklichen Kind verwickelt, das nicht müde ist. Als Eltern haben Sie das Recht, das Zubettgehen zu erzwingen, doch Sie haben kein Recht dazu, Ihr Kind zu zwingen einzuschlafen. Kaufen Sie ein kleines Nachtlicht. Wenn die Bettzeit naht, muß das Kind in sein Bett gehen. Das Licht wird angemacht und die anderen Lichter im Raum gelöscht. Das Kind darf ein oder zwei kleine Spielsachen oder Bücher mit ins Bett nehmen, einen Plattenspieler oder Recorder leise laufen lassen. Doch es darf nicht mehr aus dem Bett heraus. Es ist *Bett*zeit, jedoch nicht Schlafenszeit. Es wird einschlafen, wenn es müde ist, was jeden Abend zu einer anderen Zeit sein kann. Doch *im* Bett ist es jeden Abend zur selben Zeit. Ihre Aussichten auf Erfolg werden sich auch vergrößern, wenn Sie Ihr Kind anhand einer festgelegten

Routine, wie wir sie im letzten Kapitel vorgestellt haben, an die Schlafenszeit heranführen.

Die Erlaubnis, daß das Kind Bücher oder Spielsachen mit ins Bett nehmen darf, sollte als besonderes Privileg behandelt werden. Sie können dem Kind zum Beispiel sagen, daß es dieses Privileg nicht mehr genießen wird, wenn es das Bett verläßt. Wenn Sie jedoch merken, daß Ihr Kind unmöglich alleine in seinem Zimmer bleiben kann, obwohl es ein Nachtlicht hat und auch die Spielsachen im Bett, dann haben Sie es eher mit Ängstlichkeit als mit Trotz zu tun. Später werden Sie auch in diesem Kapitel einige Techniken kennenlernen, die es Ihrem Kind ermöglichen, mit seinen Ängsten fertig zu werden.

Genausowenig können Sie auch ein Kind, das nicht hungrig ist, zwingen, zu den regelmäßigen Essenszeiten zu essen. Sie können aber sehr wohl darauf bestehen, daß es mit der Familie bei Tisch sitzt, während diese ißt. Es kann ein Glas Saft oder auch einen Teil seines Essens bekommen und zur Familienkonversation und Interaktion beitragen.

Es bleibt Ihrem Urteilsvermögen überlassen, wie lange Sie das Kind am Tisch sitzen lassen. Hierbei brauchen Sie Ihr Gefühl für das richtige Timing; ein kleines Kind hält dies nicht so lange aus wie ein älteres, und vor allem aktive Kinder haben Schwierigkeiten damit, längere Zeit stillzusitzen. Wenn das Kind zwischen den Mahlzeiten Hunger hat, dann sollten Sie ihm etwas zu essen geben. Dies ist dann die *Essenszeit.* Sie müssen hier aber den goldenen Mittelweg finden, denn die Mutter soll nicht zum Koch zu jeder Tageszeit werden. Gestalten Sie diese Zwischenmahlzeiten zwischen den Essenszeiten einfach; ein Sandwich, ein Teller Suppe und einige rohe Karotten reichen vollkommen. Sie müssen nicht jedesmal, wenn Ihr Kind ißt, Fleisch, Kartoffeln und zweierlei Gemüse servieren. Sie können auch fer-

tige Speisen einfrieren oder in den Kühlschrank stellen, um sie Ihrem Kind später zu geben.
Eine sehr wertvolle Taktik, die man bei unregelmäßigen Kindern anwenden kann, ist der sogenannte *Leckerbissenteller*. Erlauben Sie Ihrem Kind alles (in Grenzen) auszuwählen, was es mag und was auf einen großen Teller paßt: Karotten, Plätzchen, Rosinen, kaltes Fleisch, Käse, Kartoffelchips. Dann sagen Sie Ihrem Kind, daß es, wenn es zwischen den Mahlzeiten hungrig ist, von diesem *Leckerbissenteller* auswählen kann, was es will. Diese Technik kann man auch bei Kindern anwenden, die nachts ständig nach Milch, Plätzchen oder Wasser rufen. Ein solcher Leckerbissenteller kann dann vorbereitet und auf dem Nachttisch plaziert werden.
Denken Sie immer daran, daß Sie zwar die *Mahlzeiten* bestimmen können, doch nicht den Appetit Ihres Kindes.
Unberechenbare Kinder sind vielleicht auch launisch. Dies stellt ein größeres Problem dar, denn im Grunde genommen können Sie nichts dagegen tun. Sie müssen lernen, diese Launenhaftigkeit zu ignorieren. Nur ein paar Dinge sind in diesem Falle hilfreich: zum einen das innerliche Kategorisieren, indem Sie sich sagen: »Dies ist mein unberechenbares Kind«, und zum anderen, diese Launenwechsel nicht persönlich zu nehmen. In der Regel werden diese Launen seltener, je entspannter die Stimmung in der Familie ist.

Das Kind hört nicht zu

»Er hört mir nie zu«, das ist ein Satz, den man von vielen Eltern hört. In der Tat ist es eines der größten Probleme, die man mit schwierigen Kindern hat. Das Problem liegt hier normalerweise in der Ablenkbarkeit, und diese Kinder haben Probleme damit, sich zu konzentrieren, wenn sie nicht interessiert sind. Es ist falsch zu denken: »Er hört absichtlich nicht zu, weil er mir nicht zuhören will.« Sie sollten eher an Ihr leicht ablenkbares Kind denken, das Probleme damit hat aufzupassen.

Eine wichtige Technik in diesem Fall ist es, *Blickkontakt herzustellen.* Stellen Sie diesen her, bevor Sie Ihrem Kind sagen, was Sie von ihm wollen. Achten Sie dabei darauf, daß es nicht gerade an etwas anderes denkt. Es ist sehr wichtig, neutral zu bleiben. Wenn Sie in ärgerlichem Tonfall sagen: »Schau mich an!«, dann erreichen Sie das Gegenteil dessen, was Sie wollen. Nehmen Sie also eine neutrale Haltung an, sagen Sie sich: »Das ist mein ablenkbares Kind, und es kann nicht aufpassen.« Lenken Sie die Aufmerksamkeit des Kindes auf sich. Sagen Sie zu ihm: »Ich möchte, daß du mich ansiehst und mir zuhörst.« Denken Sie immer daran, *kurz und deutlich* zu sein. Das Kind wird nicht zuhören, wenn Ihre Erklärungen lang oder umständlich sind.

Dies ist auch mit den Lehrern in der Schule eine heikle Angelegenheit, da deren gängigste Klage bei ablenkbaren Kindern die ist, daß sie nicht zuhören. Schlagen Sie dem Lehrer diese Technik vor und erklären Sie ihm, daß der Blickkontakt sehr wichtig ist und daß das Kind nicht hinten, sondern eher vorne im Klassenzimmer sitzen sollte, wo der Lehrer oftmals Blickkontakt mit ihm aufnehmen kann.

Gejammer und »unglückliches« Verhalten

Eltern, die ständig jammernde Kinder haben, sind ebenfalls in einen Teufelskreis verstrickt, da sie versuchen, dieses Verhalten zu *unterbinden,* ohne den tieferen Grund dafür zu kennen. Der Temperamentszug, der oft solcher Jammerei, Mürrischkeit oder »unglücklichem« Verhalten zugrunde liegt, ist eine *vorwiegend negative Laune*. Ein Kind mit positiver Laune jammert wohl auch gelegentlich, doch hält dies nicht so lange an wie bei einem schwierigen Kind mit negativer Laune. Diese Kinder scheinen oft schlecht gelaunt zu sein. Sie neigen dazu, feierlich und ernsthaft zu sein. Sie sind nicht enthusiastisch und erscheinen ihren Eltern oft »beleidigt«. Wenn Ihr Kind die Dinge öfter negativ als positiv sieht, dann können Sie davon ausgehen, daß dies teilweise mit dem Temperament zusammenhängt. Haben Sie ein Kind, das vor neuen Situationen zurückschreckt und eine negative Laune hat, dann zieht es sich nicht einfach so zurück, sondern zieht sich unter Gejammer und Kritik zurück, etwa so: »Warum gehen wir denn nicht? Warum müssen wir hier sein? Ich mag nicht hier sein!« Ein Kind, das sich nicht anpassen kann, jammert vielleicht lange vor sich hin; es verrennt sich und hört und hört nicht auf. Eine schlechte Stimmung verschlimmert andere Schwierigkeiten. Eltern werden wütend mit diesen Kindern, fühlen sich schuldig, weil sie nichts tun können, um sie zu versöhnen, und das Problem des Zusammenspiels vertieft sich.

Um mit negativer Laune fertig zu werden, gibt es keine »Technik«. Der Schlüssel liegt im *Erkennen*, d. h., Sie müssen Ihren Standpunkt so verändern, daß Sie erkennen, daß es sich um ein temperamentbezogenes Problem handelt, daß die negative Laune bei diesem Kind die Norm ist und nicht die positive. Sie können dagegen nichts tun, außer das Verhalten zu kategorisieren (für sich selbst und nicht für das Kind), um sodann, so gut es eben geht, die Ausdrucksweisen dieser Laune zu ignorieren.

Die Eltern glauben oft, daß mit den Kindern wirklich etwas nicht stimme, daß sie unglücklich oder sogar depressiv seien. Dem ist aber nicht so, es sei denn, dieses Verhalten hat erst vor kurzem begonnen; in diesem Fall kann es nicht dem Temperament zugeschrieben werden. Es ist nicht immer einfach zu erkennen, ob die negative Haltung Ihres Kindes ihre Wurzeln im Temperament hat, doch dieses Wissen hilft Ihnen, Ihre Reaktion in Grenzen zu halten. Um es noch einmal zu wiederholen: Wenn sich die allgemeine Familienatmosphäre verbessert, dann wird das gleiche mit der Verfassung Ihres Kindes geschehen.

Das »Ich mag das nicht«-Verhalten

Meistens steht dieses Verhalten in engem Zusammenhang mit einer *niedrigen Sensibilitätsschwelle.* Es beinhaltet, daß Ihr Kind auf das Tragegefühl von Kleidung, auf Geschmack, Geruch, Töne, Temperatur, Lichter oder Farben empfindlich reagiert. Auch bei diesen Kindern sehen sich die Eltern wiederum oft in einem Teufelskreis, vor allem wenn das Kind besonders hartnäckig auf seinen Vorlieben besteht.

Hier ist das Kategorisieren sehr wichtig, ja, es ist Teil der Erkenntnis, daß das Kind nicht einfach trotzig, sondern wirklich beeinträchtigt ist. Fordern Sie dieses Verhalten nicht heraus. Kategorisieren und erkennen Sie es statt dessen:

»Ich weiß, du magst laute Musik nicht ...«

»Ich weiß, es fühlt sich nicht gut an, wenn deine Turnschuhe zu eng geschnürt sind ...«

»Ich weiß, du magst den Geschmack von Ketchup nicht ...«

»Ich weiß, dir wird ziemlich leicht warm ...«

Die Empfindlichkeit gegenüber dem Tragegefühl, der Textur und den Farben von Kleidung kann vor allem für modebewußte Mütter sehr ärgerlich sein, insbesondere wenn sie Mutter eines süßen Mädchens ist, das dem Verlangen seiner Mutter, »nett auszusehen«, vollkommen ablehnend gegenübersteht.

Hier heißt es, diese *Hemmschwelle nicht herauszufordern*, sondern das damit verbundene Verhalten eher als irrelevant zu behandeln. Der »Geschmack« des Kindes und sein Wohlbehagen werden durch diese Schwelle ausgedrückt. Warum sollte man daraus ein Problem machen?

– Ihr Kind will jeden Tag dasselbe weiche, alte Paar Kordhosen tragen. Sie kaufen Ihrem Kind neue Hosen aus glänzendem Baumwollmaterial. Es weigert sich, diese Hosen anzuziehen. Sie bestehen darauf. Doch ist es das wert? Soll sich Ihr Kind so anziehen, daß es sich wohl fühlt, oder nach Ihrem Geschmack?
– Ihr Kind liebt einfache, weiße Baumwollunterhosen. Großmutter kauft ihm knallblaue Unterhosen. Das Kind will sie nicht anziehen. Ihnen erscheint dies dumm, aber ist es einen Streit wert? Es *mag* das Knallblau nicht, weil es dadurch wirklich »irritiert« wird.
– Wenn die Schuhbänder zugebunden sind, beklagt sich Ihr Junge immer wieder, daß sie sich nicht richtig gebunden anfühlen. Sie geraten ständig in Streitereien darüber, wie oft Sie sie denn noch neu binden müssen. Sie könnten jedoch dieses Problem dadurch aus der Welt schaffen, daß Sie Schuhe mit Klettverschluß kaufen. Es wäre ebenfalls hilfreich zu erkennen, daß das Tragegefühl von Schuhen wirklich ein Problem der Sensibilitätsschwelle ist.
– Ihre Tochter ist der Meinung, daß Rot, Rosa und Grün zusammenpassen oder daß ihre feinsten Schuhe am besten zu Jeans aussehen. Jeden Morgen gibt es einen

Kampf darüber, was sie in der Schule anzieht. Ist das nicht sinnlos? Versuchen Sie statt dessen, stolz auf ihr »Flair« zu sein und die Blicke der anderen Mütter zu ignorieren.

Ähnliche Probleme mit den Vorlieben des Kindes ergeben sich auch in Essensfragen. Ein Kind mit einem sehr sensiblen Geschmackssinn ist häufig heikel in seiner Essenswahl. Sofern keine Ernährungsprobleme auftreten, ist es am besten, das Kind in Ruhe zu lassen, deshalb sprechen Sie erst mit dem Kinderarzt, bevor Sie aus dem Essen ein Streitthema machen.

Fragen Sie sich, warum Ihr Kind in Schwierigkeiten ist, und versuchen Sie dann, das wirkliche Problem herauszufinden. Gehen Sie dabei so vor, daß Sie die wichtigen Verhaltensweisen berücksichtigen. Viele dieser Fragen können bei näherem Hinsehen dem Temperament zugeschrieben werden, und für Sie ist es am besten, sich im Hintergrund zu halten. So ist Ihr Kind nun einmal. All das ist eine legitime Art, seine Individualität auszudrücken.

Manchmal können auch Machtkämpfe wegen solcher Fragen vermieden werden, indem man *Wahlmöglichkeiten anbietet.* Anstatt die Kleider für das Kind auszuwählen, fragen Sie es: »Möchtest du das blaue oder das rote Hemd anziehen?« Das Angebot sollte Ihnen akzeptabel erscheinen, während es Ihrem Kind ebenfalls die Freiheit der Wahl läßt. Entscheidungen, die den Eltern unwichtig erscheinen, sind für ein kleines Kind möglicherweise äußerst befriedigend. Hüten Sie sich jedoch davor, endlose Wahlmöglichkeiten zu bieten. Das endet entweder mit einem frustrierten Kind, das sich nicht entscheiden kann, oder aber mit einer für Sie nicht akzeptablen Wahl. Die Frage »Was möchtest du zum Frühstück?«, die man in der Hoffnung stellt, irgend etwas zu finden, was dem heiklen Esser schmeckt, muß ganz

einfach in Unzufriedenheit für beide Seiten enden: Ihr Kind wählt sicherlich nicht das Frühstück, das Sie sich insgeheim erhoffen, und dann weigert sich das Kind vielleicht, das zu essen, was es ausgewählt hat, sobald es die Sachen auf dem Teller sieht. Im allgemeinen ist es am sichersten, nur zwei Dinge zur Wahl zu stellen.
Denken Sie auch an diese Technik, wenn Sie es mit einfacher Bockigkeit zu tun haben, bei der Sie versucht sind zu strafen. »Die schrecklichen Zweijährigen«, die sich beim Überqueren der Straße weigern, die Hand der Mutter zu nehmen, geben nach, wenn man ihnen die Wahl zwischen der rechten und der linken Hand läßt. Sie können aber auch fragen: »Nimmst du lieber meine Hand, oder soll ich dich über die Straße tragen?«

Manche Kinder werden leicht durch überfüllte, laute und grelle Umgebungen überwältigt. Sie reagieren *überstimuliert* und zeigen dies vielleicht durch das sogenannte »Ich mag das nicht«-Verhalten. Auch dies ist eine Frage der Sensibilitätsschwelle und sollte sanft und gefühlvoll angegangen werden, anstatt das Kind zu zwingen.
Das »Ich mag das nicht«-Verhalten kann auch mit *anfänglichem Rückzug* oder *schlechter Anpassungsfähigkeit* zusammenhängen, vor allem bei einem Kind, das *vorwiegend negative Laune* hat. Werden solche Kinder mit einer neuen Situation, einer neuen Speise, einem neuen Spielzeug, Kleidungsstück oder einem Fremden konfrontiert, so setzt sofort eine abwehrende oder Klammerreaktion ein, die mit dem anfänglichen Rückzug zusammenhängt. Auch dieses Verhalten bedeutet nichts anderes als: »Ich mag das nicht.« Der richtige Weg hier ist es, *neue Dinge nach und nach einzuführen* und dem Kind viel Gewöhnungszeit zu lassen.
Nehmen wir den Fall eines Kindes, für das ein Elternteil ein

neues Spielzeug, einen großen LKW, gekauft hat. Das Kind liebt Laster und hat schon eine nette Sammlung davon angehäuft, doch als man ihm das neue Spielzeug zeigt, scheint es dies nicht zu wollen. Ja, es scheint es sogar überhaupt nicht zu mögen. Dies ist erstaunlich, weil das Kind schon ähnliche Spielzeuge hat. In diesem Fall müssen Sie wissen, daß, selbst wenn das Kind das Spielzeug grundsätzlich mag, dieses Spielzeug neu für es ist. Deshalb könnten Sie folgenden Einleitungssatz sagen: »Ich weiß, du magst neue Sachen nicht besonders, lassen wir uns also viel Zeit, uns daran zu gewöhnen.«

Einem Kind, das auf neue Kleidung schlecht zu sprechen ist, könnten Sie ein neues Kleid schenken und es dann für ein oder zwei Tage in den Schrank hängen. Nehmen Sie es dann heraus und lassen Sie das Kind noch ein paar Tage lang schauen. Danach könnten Sie ihm vorschlagen, es einmal anzuprobieren. In dieser Art auf ihr Temperament einzugehen ist sehr viel besser, als das Problem durch Kritik anzugehen. Sie wollen doch nicht, daß Ihr Kind denkt, es sei schlecht, nur weil es so ist, wie es ist.

Die sanft vorbereitende Haltung wirkt auch bei neuen Situationen, z. B. am ersten Schultag, an dem Sie zu Ihrem Kind vielleicht folgendes sagen können: »Einige Kinder in deiner Klasse wirst du kennen, andere hingegen nicht. Deinen Lehrer kennst du auch nicht. Vielleicht sind die ersten paar Tage schwierig für dich, doch fühle dich deswegen nicht schlecht, es ist okay. Mami wird ein wenig in der Nähe bleiben, bis du dich daran gewöhnt hast.«

Zusammenfassend läßt sich sagen, daß das Kind bei allen neuen Dingen – Kleidung, Spielsachen, Menschen, Situationen – Zeit braucht, wenn es Schwierigkeiten mit der Annäherung oder der Gewöhnung hat; Ihre Aufgabe ist es, ihm diese Zeit zu geben, ohne daß Sie es als direkte Herausforderung verstehen, daß Ihr Kind nicht mit den anderen Kindern Schritt hält.

Wutanfälle

Was ist ein Wutanfall? Gemäß unserer Definition bezeichnet dieser Begriff nicht nur Verhalten, das total außer Kontrolle geraten ist, die Art von Szene also, während der das Kind mit dem Kopf gegen die Wand schlägt oder Einrichtungsgegenstände zertrümmert. Die Definition ist weiter: Wir verstehen darunter jegliche Szene, in der das Kind einen Anfall hat, der von Ärger, Weinen oder Geschrei begleitet ist. Es ist vielleicht in der Tat besser, wenn Sie das »Wutausbrüche« statt Wutanfälle nennen, so daß Sie diesen Abschnitt nicht nur bei extremen Wutanfällen anwenden, sondern bei einer Vielzahl ärgerlicher Reaktionen.
Zuerst das Wichtigste: Wutanfälle lassen sich in zwei Arten unterteilen:

- den gesteuerten Anfall oder Ausbruch
- den veranlagungsmäßigen Anfall oder Ausbruch

Der grundlegende Unterschied zwischen den beiden ist folgender: Bei dem gesteuerten Anfall sagt das Kind zum Beispiel: »Gib mir einen Lutscher.« Die Mutter antwortet: »Nein, in zehn Minuten gibt es Mittagessen. Du kannst jetzt keinen haben.« Das Kind fängt an zu jammern, zu schreien und sich aufzuführen, um den Lutscher zu bekommen. Wenn das Kind also so agiert, um seinen Willen durchzusetzen, dann ist ein bewußtes, steuerndes Element im Spiel. Mit anderen Worten: Das Kind ist ungezogen.
Beim veranlagungsmäßigen Anfall wurde das Temperament

des Kindes verletzt, und deshalb bricht es nun in einen Wutanfall aus. Ein Beispiel hierfür wäre ein *schlecht anpassungsfähiges* Kind, von dem man abrupt verlangt, eine Sache abzubrechen und sich auf etwas anderes zu konzentrieren, oder auch ein *sehr aktives* Kind, dessen eskalierendes Verhalten außer Kontrolle gerät. Mit anderen Worten also: »Es kann nichts dafür.«

Wie können Sie nun einen Unterschied feststellen? Indem Sie die Manipulation im einen und das Temperamentsproblem im anderen Falle feststellen. Der Temperamentsausbruch ist normalerweise *intensiver.* Das Kind gerät wirklich außer Kontrolle. Der manipulierte Anfall ist seiner Natur gemäß weniger intensiv, aber dafür bewußt und geplant. *Sie können jedoch ähnlich sein,* und es ist klug, sich daran zu erinnern, daß die Unterscheidung ein wenig gekünstelt sein kann, da eine Art zur anderen führen kann. Ein gesteuerter Wutanfall kann zu einem Temperamentsausbruch werden, wenn sich das Kind hineinsteigert; ein Temperamentsausbruch hingegen nimmt manipulative Züge an, wenn das Kind die Wirkung seines Tuns erkennt.

Hier sind einige Richtlinien, die Ihnen helfen sollen, die beiden Arten zu unterscheiden:

- Der gesteuerte Anfall ist nicht so intensiv.
- Der gesteuerte Anfall resultiert klar daraus, daß man dem Kind etwas verweigert hat. Sie brauchen nicht nach dem Motiv zu suchen; es liegt auf der Hand.
- Dem Temperamentsausbruch liegt ein Temperamentsproblem zugrunde.
- Betrachten Sie Ihre eigene Reaktion, so werden Sie feststellen, daß Sie mehr Mitgefühl für Ihr Kind haben, wenn es einen Temperamentsausbruch hat. Sie können sich selbst sagen: »Er kann nichts dafür.« Bei einem gesteuer-

ten Anfall haben Sie vielleicht das Gefühl: »Er versucht, seinen Kopf bei mir durchzusetzen.«

Was tun Sie also nun dagegen, da Sie den Unterschied zwischen den beiden Formen kennen? Hier wird die Unterscheidung erst wichtig, da man die beiden Arten unterschiedlich angehen muß.

Der gesteuerte Wutanfall

– Geben Sie nicht nach, es sei denn, Ihr ursprüngliches Verbot ist widersinnig. Ist das der Fall, dann dürfen Sie Ihre Meinung ändern. Doch für alle anderen Fälle gilt: Sie müssen Ihrem Kind verständlich machen, daß Wutanfälle nichts nützen. Wenn Sie jedoch immer wieder nachgeben, dann sagen Sie Ihrem Kind damit, daß es seinen Willen am besten als Nervensäge durchsetzen kann.
  Eltern, die bei solchen Wutausbrüchen nachgeben, werden bald herausfinden, daß diese Haltung auf das Kind zögerlich und unentschieden wirkt. Das erste Ziel jedes Streits sollte es sein, einen Wutausbruch zu verhindern. Dies ist ein echtes Beispiel für die Henne und das Ei. Erklären Sie Ihrem Kind lieber in einer ruhigen Diskussion, daß es durch Wutausbrüche *nie* sein Ziel erreicht, und setzen Sie diese Regel durch.
– Ihre Haltung gegenüber dem Kind sollte drohender sein; seien Sie härter und strikter. Seien Sie nicht zu mitfühlend. Sagen Sie nicht: »Es tut mir leid, daß du wütend bist, aber vielleicht bekommst du nachher einen Lutscher«, sondern: »Du bekommst diesen Lutscher nicht, und damit basta, und ich möchte, daß du dich zusammenreißt.«

– Ablenkung ist eine gute Methode, die nichts mit Nachgeben zu tun hat.
– Das Kind wegzuschicken ist ein gutes Mittel. Sie könnten sagen: »Du mußt in dein Zimmer gehen, bis du dich wieder beruhigt hast.« Noch besser ist es, wenn Sie sich selbst zurückziehen.
– Das Verhalten zu ignorieren ist die beste Methode, wenn man sich nicht zurückziehen kann. Versuchen Sie kein besonderes Interesse zu zeigen, und verhandeln Sie vor allem nicht über das Problem.
– Natürlich müssen Sie eingreifen, wenn das Kind anfängt, sich selbst zu verletzen, z. B., indem es mit dem Kopf auf den Boden hämmert. Wenn Sie es in sein Zimmer geschickt haben und es seinen Wutausbruch dort fortsetzt, dann gehen Sie in sein Zimmer, um zu sehen, daß es sich nicht verletzt. Tun Sie das Nötigste, um seine körperliche Sicherheit zu bewahren, aber bleiben Sie in Ihrer Haltung auf Distanz.

Es ist einfacher, mit einem manipulativen Wutausbruch umzugehen, wenn Sie eine konsequente Methode anwenden. Legen Sie die Grundregeln in einer geplanten Diskussion fest, und bleiben Sie dann strikt, geben Sie nicht nach, seien Sie autoritär, ignorieren Sie den Ausbruch, beenden Sie ihn, lassen Sie sich auf keine Diskussion ein, drohen Sie ein wenig, oder schicken Sie das Kind auf sein Zimmer. Wenden Sie all diese Tricks an, in welcher Kombination auch immer, doch seien Sie konsequent. Im nächsten Kapitel wird anschaulich dargestellt, wie man in besonderen Fällen vorgeht.

- Diese Anfälle sind intensiver, und man hat eher das Gefühl, daß das Kind außer sich ist. Wenn Sie merken, daß es »nichts dafür kann«, dann sollte Ihre Haltung freundlicher und mitfühlender sein.
- Bei solchen Anfällen sollten Sie physisch anwesend sein, Ihre Arme um das Kind legen, wenn es das erlaubt, oder einfach die tröstende körperliche Nähe bieten. Seien Sie ruhig, und sagen Sie beruhigende Dinge wie: »Ich weiß, du bist traurig, doch es wird wieder gut werden.« Wenn das Kind alleine sein will, wenn es sich beruhigt hat, dann müssen Sie diesen Wunsch respektieren.
- Es sollte keine langen Diskussionen über das geben, was das Kind ärgert, es sei denn, das Kind selbst will es so, doch auch dann sollte man erst warten, bis der Wutausbruch vorbei ist.
- Ablenkung ist gut, wenn möglich.
- Vielleicht müssen Sie einfach abwarten, wenn Ihr Kind sehr intensiv (laut) ist und der Wutanfall lang. Halten Sie für sich selbst Ohropax und Aspirin bereit.
- Wenn Sie erkennen können, welche Herausforderung an das Temperament den Anfall hervorruft, dann bringen Sie, wenn möglich, diese Situation in Ordnung. Sie ziehen Ihrem Kind z. B. einen Wollpulli an, und es protestiert gegen das Tragegefühl. Wenn Sie erlauben, daß es den Pulli auszieht, endet der Wutanfall vielleicht nicht sofort, denn das Kind hat sich eventuell bereits hineingesteigert, doch wird der Anfall schneller enden, wenn Sie erlauben, den Pulli auszuziehen. Dies heißt nicht, daß Sie nachgegeben haben, sondern eher, daß Sie als verständnisvolle Eltern den wirklichen Grund für den Wutanfall kennen und versuchen, ihn zu beheben.

Auch hier müssen Sie konsequent sein, doch (anders als beim gesteuerten Ausbruch) reagieren Sie gefühlvoller, beruhigender und nicht drohend; Sie bleiben beim Kind und ändern bereitwilliger Ihre Meinung.
Bei beiden Arten ist es ungemein wichtig, daß Sie Abstand nehmen und fünf bis zehn Sekunden lang überlegen, was vor sich geht, sobald der Ausbruch beginnt. Um welche Art von Anfall handelt es sich? Von dieser Entscheidung hängt Ihre Reaktion ab. Haben Sie sich entschieden, werden Sie einen der beiden folgenden Wege einschlagen:

– *Sie wirken bedrohlich und streng.* »Du bekommst das auf keinen Fall, mein Kind« – wenn es sich um einen gesteuerten Anfall handelt.
– *Sie sind nett und mitfühlend.* »Ich weiß, das ist nicht leicht für dich, ich werde dir helfen, es zu Ende zu bringen« – wenn es sich um einen veranlagungsmäßigen Ausbruch handelt.

Wenn dies in der Öffentlichkeit passiert, dann gilt für beide Arten: *Bringen Sie das Kind weg.* Sie gewinnen nichts, wenn Sie das Kind und sich selbst brüskieren. Auszuharren nützt nichts, vor allem dann nicht, wenn Sie merken, daß es sich um einen Temperamentsausbruch handelt, und Sie nicht dafür kritisiert werden wollen, daß Sie während eines Wutanfalls so »nett« zu Ihrem Kind sind.

Das Kind hat sich »verrannt«

Das Kind, das sich *schlecht anpassen* kann oder eine *niedrige Sensibilitätsschwelle* hat, kann sich in ein Ritual mit den Eltern verrennen, das zu einem echten Streit eskalieren kann.

Das Kind sagt z. B.: »Mami, binde mir meine Schuhe zu.« »Gut«, sagt die Mutter und bindet sie zu. »Mami, das war nicht richtig, binde sie noch mal.« »Gut.« »Mami, sie fühlen sich fürchterlich an, binde sie noch mal!« Die Technik, die man hier anwenden sollte, ist ganz einfach die, *das Spiel nicht mitzuspielen.* Jedesmal wenn das Kind Sie bittet und Sie die Handlung noch einmal vollziehen, machen Sie die Situation schwieriger. Am Anfang kann beim Kind die Sensibilität der Grund gewesen sein (z. B. die Schuhe drücken), doch am Ende hat es sich vielleicht in das »Mach's noch mal«-Spiel hineingesteigert. Ist das der Fall, dann passiert folgendes: Je öfter Sie nachgeben, um so öfter fühlen sich die Schuhe oder Haarspangen nicht gut an, um so öfter besteht das Kind darauf, daß Sie es noch mal tun, und desto mehr steigern Sie beide sich in die Situation hinein und werden ärgerlich. Dies fördert auch bei Müttern, die alles tun, um ihr Kind zufriedenzustellen, lediglich deren »Fußabstreifer-Mentalität«. Diese Art von Teufelskreis muß beendet werden.

Doch wie stellen Sie fest, was los ist, und was tun Sie dagegen? Grundsätzlich müssen Sie erkennen können, daß Sie, nachdem ein bestimmter Punkt überschritten ist, keine Erleichterung mehr bringen können. Aufgrund dieser Erkenntnis könnten Sie – schon *bevor* Sie die Schuhbänder zubinden – zu Ihrem Kind sagen: »Ich weiß, es ist schwer, dir die Schuhe richtig zu binden. Doch wenn ich es immer und immer wieder tue, dann wirst du erst recht ärgerlich. Deshalb werde ich von nun an deine Schuhbänder zweimal binden, und wenn es dann noch nicht paßt, dann ziehst du andere Schuhe an.« Wenn es wichtig ist, daß das Kind Turnschuhe trägt (z. B. für die Gymnastikstunde), könnten Sie als Schlußbemerkung sagen: »Zu schade, aber du wirst sie anbehalten müssen.« Das schwierigste für Eltern, die in einen

Machtkampf mit ihrem störrischen Kind verwickelt sind, ist es, einzusehen, daß es nicht nur unwirksam ist, während irgendeines Streites immer vorwärts und rückwärts zu gehen, sondern daß dies den Kampf in der Regel sogar verlängert. Ich sehe sofort, daß ein Elternteil sich auf dem Holzweg befindet, wenn viel Argumentieren, Verhandeln oder Erklärungen im Spiel sind. In einer solchen Situation verrennt sich nicht nur das Kind, *sondern auch die Eltern.*

Aber *wie* beendet man das Ganze?

Die Antwort lautet: *Konzentrieren Sie sich auf den Prozeß und nicht auf den Inhalt.* Das klingt etwas kompliziert, also lassen Sie es mich erklären. Wichtig für Sie ist, zu erkennen, daß das Kind *festsitzt.* Worin oder womit es festsitzt, ist dabei *gänzlich unwichtig*! Es ist egal, ob es immer wieder nach einem Lutscher oder nach dem Fernseher fragt, ob es länger aufbleiben möchte oder was auch immer. Wichtig ist der Prozeß des Steckenbleibens; und je mehr Sie erklären oder verhandeln, um so tiefer verrennt sich das Kind (und Sie). Erkennen Sie dies frühzeitig, bleiben Sie ruhig, werden Sie sachlich, und sagen Sie strikt: »Du hast schon dreimal nach ... gefragt. Du wirst es nicht bekommen. Du kannst noch zweimal fragen, und dann hörst du auf.« »Doch was mache ich, wenn es dann nicht aufhört?« fragen manche Eltern. In der Hälfte der Fälle wird das Kind tatsächlich aufhören, weil Sie den Gegenstand seines Beharrens direkt angesprochen haben. In den anderen Fällen sagen Sie ihm, daß es nichts mehr zu diskutieren gibt, und ignorieren Sie es dann. Gehen Sie in Ihr eigenes Schlafzimmer, wenn Ihnen danach ist, und schließen Sie die Tür. Zu einem späteren, ruhigen Zeitpunkt erklären Sie dem Kind, daß Sie verstehen, daß es schwer ist, etwas aufzugeben, was es wirklich möchte, aber daß von nun an »nein« wirklich »nein« bedeutet und daß es das akzeptieren muß.

In solchen Fällen sind Neutralität, Strenge und Kategorisierung extrem hilfreich sowie auch die Maxime: Denk daran, daß es nicht leichter wird, je länger es dauert. Machen Sie also *früh genug einen Schlußpunkt.* Wenn Sie ewig weitermachen, wird die Sache nur schlimmer.

Dieses Prinzip können Sie auf eine Vielzahl von Situationen anwenden, wenn sich Kinder in etwas hineingesteigert haben. Ich weiß, daß ich Ihnen geraten habe, der negativen Laune Ihres Kindes offener gegenüberzutreten. Dies heißt jedoch nicht, daß Sie nun endlose, unerfreuliche Varianten dieser Laune ertragen müssen. Wenn Ihr Kind zum Beispiel ständig jammert und klagt, dann ist es ganz richtig, seine Gefühle anzuerkennen (so daß es weiß, man hat es gehört), ihm jedoch dann strikt mitzuteilen, daß Sie nun genug darüber gehört hätten und es an der Zeit wäre, damit aufzuhören.

Viele Eltern machen bei diesen endlosen Spielchen mit, da sie die Wutanfälle fürchten, die sonst folgen würden. Sie können nicht sichergehen, daß Ihr Kind nach dreimaligem oder zehnmaligem Zubinden der Schuhe keinen Wutanfall bekommt, doch wenn das Kind nach dem dritten Mal wütend wird, dann können Sie sicher sein, daß es nach Nummer zehn sowieso einen Wutanfall gehabt hätte. In der Zwischenzeit aber haben Sie den Teufelskreis um zehn Minuten gekürzt und freundlich, aber bestimmt Ihre Position als Führer ausgebaut. Wenn Sie die Angelegenheit distanziert betrachten und das zugrundeliegende Temperamentsproblem erkennen, dann erleichtern Sie das Ganze sich selbst und auch dem Kind.

Selbsthilfe-Techniken

Bisher drehte sich alles, was Sie gelernt haben, darum, wie Sie, die Eltern, und andere wichtige Erwachsene wie z. B. Lehrer lernen können, mit dem Kind auf eine positivere und konstruktivere Art umzugehen.
Doch wie verhält es sich mit dem Kind selbst? Kann man irgend etwas tun, um *ihm* beizubringen, wie es sein eigenes Verhalten und seine Gefühle besser unter Kontrolle bekommt und damit umgehen soll? Zum großen Teil hängt dies natürlich vom Alter, der Intelligenz und der Reife des Kindes ab. Hier sind einige Vorschläge für ein älteres Kind.

Das Kind als Experte

Im Alter von fünf Jahren aufwärts – manchmal schon ab vier – kann Ihr Kind allmählich seinem Temperament entsprechend erzogen werden. Das sollte natürlich im Rahmen von ruhigen, geplanten Diskussionen geschehen. Versuchen Sie ihm verständlich zu machen, daß es ein Individuum ist und daß einige seiner Verhaltensweisen der Ausdruck dieser Individualität sind und nicht ein Zeichen dafür, daß irgend etwas »falsch« an ihm ist. Sie könnten ihm z. B. helfen einzusehen, daß es sehr begeisterungsfähig ist, aber daß dies manchmal dazu führt, daß es übererregt wird. Charaktereigenschaften wie Ausdauer, anfänglicher Rückzug (Scheu), niedrige Sensibilitätsschwelle (strenge Vorlieben), Unruhe oder Intensität (laute Stimme) können auf eine freundliche Art erklärt werden. Weisen Sie Ihr Kind darauf hin, daß Sie stolz darauf sind, daß es eine eigene Persönlichkeit mit eigenen Gefühlen, Reaktionen und Meinungen ist.
Dann sagen Sie ihm, daß diese Eigenschaften manchmal

dazu führen, daß es zu stark reagiert, und daß Sie ihm helfen wollen, sich selbst besser unter Kontrolle zu halten. Sie können ihm z. B. helfen, selbst zu merken, wann es zu »kribbelig« wird, damit es den Lehrer um eine kurze Pause bitten kann; wenn es zu aufgeregt oder wütend wird, dann kann es ein paarmal tief durchatmen oder langsam bis zehn zählen; wenn es sich in irgend etwas verrennt, dann kann es sich den Gegenstand, den es möchte, dreimal vorsagen und dann versuchen, an etwas anderes zu denken; wenn es in einer bestimmten Situation zu nervös ist, dann kann es ein bißchen warten, bis es sich etwas sicherer fühlt.

Wenn Kinder, die ich kenne, es geschafft haben, diese Art von Selbstregulierung zu erreichen, dann ist diese Selbstbeherrschung – ihr Stolz auf diese Errungenschaft – eine wunderbare Erfahrung für sie.

Das Kind als Mentor

Wenn Ihr Kind mit einem bestimmten Verhaltensaspekt Probleme hat, dann können Sie ihm helfen, diesen Stolperstein zu überwinden, indem Sie es an die Stelle des Erziehers setzen. Dadurch erwecken Sie im Kind das Bewußtsein, daß es die Kontrolle ausübt, daß es Herr der Lage ist. Sie können dem Kind zum Beispiel eine Puppe kaufen, die es dann, wenn es selbst Probleme damit hat, sich an neue Situationen zu gewöhnen, lehrt, wie man das macht. Sie können für die Puppe auch eine kleine Wechseluhr kaufen und das Kind bitten, diese für die Puppe zu verwenden. Das Kind als Mentor einzusetzen, wirkt auch sehr gut, wenn es beißt. Wenn Sie ihm sagen, daß die Puppe Probleme hat, weil sie andere beißt, Ihr Kind aber sei die Mami und solle lieb zu ihr sein und sie lehren, nicht zu beißen, dann haben Sie vielleicht großen Erfolg. Ein Kind, das nicht gerne in den Supermarkt oder auf eine Party geht, sollte seine Puppe dorthin mitnehmen und ihr dann zeigen, wie man sich daran gewöhnt. Diese Technik können Sie auch anwenden, um dem Kind über bestimmte Ängste hinwegzuhelfen. Wenn es der Puppe beibringt, mutiger zu sein, besiegt das Kind vielleicht seine eigenen Ängste.

»Der mutige Freund«

Die Ängstlichkeit schwieriger Kinder zeigt sich am stärksten zur Schlafenszeit. Sie hängen sich an ihre Eltern und weigern sich, in ihrem Bett zu schlafen, oder bestehen darauf, daß die Mutter im Zimmer bleibt. Ein Kind, das dieses Problem hat, beklagt sich, daß es Angst, Durst, Hunger hat, eine besondere Geschichte oder ein Lied braucht und so weiter. Dies kann dadurch behoben werden, daß man dem Kind ein wild aussehendes Stofftier gibt und ihm sagt: »Das ist dein mutiger Bär (Drache oder Löwe). Er wird dir helfen, daß du nachts, wenn Mami nicht da ist, nicht soviel Angst hast.« Das Tier sollte neu sein und nur für diesen Gebrauch bestimmt. Wenn Sie dem Kind sagen, der Bär würde es bewachen, dann hilft dies bei Angstzuständen während des Schlafens.

Diese Führungstechniken bieten wir als strategische Richtlinien an und nicht als vollständigen Katalog aller Reaktionen. Durch Ihre eigene Klugheit und List werden Sie eine Menge zum Erfolg Ihres Programms beitragen können.
Denken Sie auch daran, daß der Schlüssel für die Anwendung all dieser Techniken eine mitfühlende Haltung ist. Ihre Einstellung ist sehr wichtig. Sie können sich nicht oft

genug daran erinnern, daß das Thema dieses Abschnittes (und des ganzen Buches) das Temperament und nichts anderes ist. Suchen Sie immer nach dem Temperament, und wenn Sie es finden, beherrschen Sie es – aber mit viel Verständnis.

9. Wie Sie alles kombinieren
Die Antwort des Fachmanns

Wie reagieren Sie konsequent und effektiv auf die verschiedenen und komplexen Situationen, die jeden Tag in der Familie eines schwierigen Kindes vorkommen? In diesem Kapitel werden Sie erfahren, wie Sie Ihr Wissen über Disziplin (Kapitel 7) und über Führungstechniken (Kapitel 8) zu einer neuen und praktischen Umgangsform mit Ihrem Kind zusammenfügen können.

Diese neue Art zu reagieren basiert auf echter elterlicher Autorität. Sie kann in eine Reihe kleiner Schritte zerlegt werden. Was Sie nun lesen werden, wird Ihnen als eine Menge von theoretischen Vorinformationen vor der eigentlichen Aktion erscheinen. Sie werden denken: »Wenn mein Kind aber anfängt, wütend zu werden, wie kann ich dann eine solch komplizierte Prozedur durchlaufen, bevor ich es dazu bringe aufzuhören?«

Lassen Sie sich durch die augenscheinliche Komplexität nicht entmutigen. Erwarten Sie nicht von sich selbst, daß Sie alles sofort »intus haben«. Nach einiger Praxis und mit wachsendem Vertrauen in Ihre elterliche Autorität wird Sie die ganze Prozedur schließlich nur ein paar Sekunden kosten. Sie wird für Sie zum zweiten Ich. Sie werden, ohne nachzudenken, automatisch die richtige Reaktion zeigen. Doch das braucht Zeit! Wenn Sie Ihre Reaktionen über einige Wochen hinweg so nach und nach ändern, dann machen Sie es genau richtig.

Bei der fachmännischen Reaktion auf schwieriges, negatives oder »unausstehliches« Verhalten sieht die Reihenfolge der Schritte wie folgt aus:

1. *Kann ich damit fertig werden?* Sie prüfen schnell sich selbst und Ihre Gemütsverfassung. Wenn Sie nicht damit fertig werden, dann ziehen Sie sich so schnell wie möglich zurück. Wenn Sie aber damit fertig zu werden glauben, dann gehen Sie zu Schritt 2 über.
2. *Werden Sie zum Führer.* Distanzieren Sie sich, lassen Sie Ihre Gefühle aus dem Spiel, nehmen Sie eine neutrale Haltung ein, und fangen Sie zu überlegen an.
3. *Ordnen Sie das Verhalten ein.* Erkennen Sie den Typus aus Ihrem Verhaltensbild.
4. *Ist es das Temperament?* Versuchen Sie, das Verhalten mit dem schwierigen Temperament des Kindes, wie es im Verhaltensbild dargestellt ist, zu verbinden. Wenn es vom Temperament abhängt, dann ist Führung eher angesagt als Bestrafung.
5. *Ist es relevant?* Wenn das schwierige Verhalten nicht auf dem Temperament basiert, ist die Frage dann wichtig genug, um dazu Stellung zu nehmen? Wenn nicht, lassen Sie es, oder reagieren Sie schwach und halten Sie sich zurück.
6. *Wirksame Strafe.* Ist es nicht das Temperament, jedoch wichtig, reagieren Sie strikt und wirkungsvoll.

Schauen wir uns nun die fachmännische Reaktion im Detail an:

Schritt 1: Kann ich damit fertig werden?

Ihr Kind benimmt sich schlecht, macht Ihnen Schwierigkeiten, hat einen Wutanfall oder ähnliches. Ihr erster Schritt, bevor Sie reagieren, wird sein, daß Sie die Lage einschätzen, sich dessen bewußt werden, wo *Sie* stehen. Sie werden sich fragen: »Wie fühle ich mich heute? Bin ich mit mir, meinem Ehemann, meinen Kindern im Einklang?« Sie wollen ganz allgemein Ihr Augenmerk auf sich selbst richten. Sind Sie verstimmt, weil Sie gestern abend einen Streit mit Ihrem Ehemann hatten? Haben Sie vielleicht ganz einfach einen schlechten Tag?

Wenn Sie merken, daß Sie angespannt, wütend oder nervös sind oder sich nicht in der Lage fühlen, irgendeinem Problem ins Auge zu sehen, dann ist das der falsche Zeitpunkt, um eine Heldentat zu vollbringen. Je weniger Sie tun, um so besser. Ihr Hauptziel muß sein, sich zurückzuziehen. Versuchen Sie, für sich und/oder das Kind die Situation zu verändern.

Schauen wir uns einmal an, wie das aussehen könnte. Sie haben entsetzliche Kopfschmerzen, und Ihre Zugehfrau hat gerade gekündigt. Sie müssen etwas besorgen, aber Ihre Tochter ist momentan in ein Puzzle vertieft, und draußen regnet es. Als Sie sie fürs Weggehen vorbereiten, protestiert sie lautstark. Doch dies ist nicht der Zeitpunkt, um ein großes Theater zu riskieren. Verschieben Sie Ihre Besorgung, und denken Sie an Ihre Kopfschmerzen. Wenn Ihr Sohn Ihre ganzen Kosmetika durcheinandergeworfen hat, dann bringen Sie ihn einfach aus Ihrem Zimmer, setzen Sie ihn vor den Fernseher, und verschließen Sie Ihre Zimmertür, damit er nicht wieder hereinkommen kann.

Ist jedoch Ihre Gemütsverfassung relativ gut, dann ist Ihre Antwort auf obige Frage: »Ja, ich kann damit fertig werden.«

Denken Sie immer daran: Distanzieren Sie sich, wenn Sie mit einem Problem nicht fertig werden.

Schritt 2: Werden Sie zum Führer.

Dies ist ein kritischer Schritt, denn hier benötigt man die Objektivität, die von so grundlegender Bedeutung ist, wenn man es mit schwierigen Kindern zu tun hat. Ihre Führungsposition beginnt damit, daß Sie sich distanzieren und eine neutrale Haltung einnehmen. Das wichtigste hierbei ist, weder emotional noch instinktiv zu reagieren:

Halten Sie Ihre Gefühle heraus!
Versuchen Sie, nicht wie ein Opfer zu handeln!
Denken Sie nach, und wägen Sie ab!
Sagen Sie sich: »Was ist hier los?« »Ich bin der Erwachsene.« »Ich bin größer, stärker und raffinierter.« »Ich bin der Herr im Haus.« »Ich kenne mich bei meinem Kind aus.«

Denken Sie immer daran: Seien Sie neutral – reagieren Sie nicht emotional.

Schritt 3: Ordnen Sie das Verhalten ein.
Hierbei wollen Sie einfach nur zu einer Erkenntnis gelangen. Sie halten nach einem Muster Ausschau und versuchen, das Verhalten des Kindes in eine Kategorie einzuordnen. Konzentrieren Sie sich immer auf das Verhalten; versuchen Sie, nicht an die Motive des Kindes zu denken. Verhaltensgruppierungen und die zugehörigen Situationen sind in Kapitel 6 zusammengestellt. Fragen Sie sich z. B.: »Habe ich das schon einmal gesehen?« Sie sollten sich durch nichts, was das Kind tut, überraschen, verwirren oder aus dem Konzept bringen lassen.

Denken Sie immer daran: Achten Sie auf das Verhalten, nicht auf die Motive.

Schritt 4: Ist es das Temperament?
Man kann die Frage auch anders stellen: »Kann das Kind etwas dafür?« Hier versuchen Sie, das Verhalten einem zugrundeliegenden Temperamentsproblem zuzuordnen.

Das sollten Sie ja nun ziemlich gut beherrschen. Wenn nötig, dann werfen Sie einen kurzen Blick auf das Temperamentprofil in Kapitel 6, um Ihr Gedächtnis aufzufrischen.

Immer wenn Sie das Verhalten mit dem Temperament in Verbindung bringen können, sollten Sie schnell zu einer mitfühlenden, verständnisvollen Haltung wechseln und das Kind fortan führen statt strafen. Tun Sie das, indem Sie Blickkontakt herstellen, das Verhalten kategorisieren und eine passende Technik anwenden. Sie können immer noch hart bleiben, aber Ihre Haltung zeigt, daß Sie dem Kind über eine schwierige Phase hinweghelfen wollen.

Denken Sie immer daran: Ist es das Temperament, dann führen Sie Ihr Kind.

Schritt 5: Ist es relevant?

Was ist, wenn Sie das Verhalten nicht dem Temperament zuordnen können? Sie haben entschieden, daß das Kind anders könnte. Bestrafen Sie es nun oder nicht? Das hängt davon ab, wie wichtig die Angelegenheit ist. Sie haben ja bereits über eine Liste relevanter Verhaltensweisen Einigung erzielt, d. h. Verhaltensweisen, gegen die Sie immer einschreiten werden. Deshalb sollten Sie in der Lage sein, diese Frage schnell zu entscheiden. Ist das Verhalten irrelevant, so sollten Sie es entweder übergehen oder nur minimal reagieren und sich dann distanzieren. Ihre generelle Einstellung irrelevanten Verhaltensweisen gegenüber sollte gleichgültig, unbeschwert und ein wenig desinteressiert sein. Fragen Sie sich: »Kann ich verlieren, wenn ich nichts tue?« »Kann ich dieses Verhalten durchgehen lassen?« (Weitere Details finden Sie in Kapitel 6 unter der Rubrik »Relevantes Verhalten«.)

Denken Sie immer daran: Ist es irrelevant, dann tun Sie so wenig wie möglich.

Schritt 6: Wirksame Strafe

Dies ist Ihr »schwerstes Geschütz«. Machen Sie davon nur bei *relevantem* Verhalten Gebrauch. Das Kind sollte nun ja über die neuen Regeln im Hause unterrichtet sein. Es weiß, welches Verhalten unter allen Umständen bestraft wird, obwohl es dafür nicht den Begriff »relevant« verwendet. Wenn es deshalb wissentlich die Regeln verletzt, sollte es bestraft werden. Haben Sie genügend Zeit, können Sie es einmal verwarnen, *doch niemals öfter als einmal.* Machen Sie von einer der drei Strafarten Gebrauch: z. B. das Kind auf sein Zimmer zu schicken, dem Kind ein Privileg oder Eigentum zu entziehen oder ihm einen Klaps auf den Hintern zu geben. Wählen Sie schnell eine dieser Strafen aus, machen Sie es kurz mit der Bestrafung und erklären oder verhandeln Sie nicht zuviel. »Du weißt, du darfst deinen Teller nicht auf den Boden werfen. Geh fünf Minuten lang auf dein Zimmer.« Weigert es sich, nehmen Sie es bei der Hand und bringen es dorthin. Ihre Haltung sollte generell strikt und etwas drohend sein. Sie können verärgert klingen, doch versuchen Sie, niemals die Beherrschung zu verlieren. Ein strenger Tadel, mit bedrohlicher Stimme ausgesprochen, ist die ganze Strafe, die man bei einem kleinen Kind benötigt. (Weitere Details finden Sie in Kapitel 7 unter der Rubrik »Wirksame disziplinäre Maßnahmen«.)

Denken Sie immer daran: Ist es relevant, dann strafen Sie kurz.

Einige abschließende Ratschläge. Handeln Sie praktisch. Benutzen Sie Ihren gesunden Menschenverstand und Ihre Phantasie. Hat Ihr Kind zum Beispiel in der Öffentlichkeit einen Wutanfall, dann bringen Sie es aus dieser Umgebung weg an einen ruhigeren Ort, um es entweder zu strafen oder wieder zu beruhigen. Sie können das auch auf dem Rücksitz Ihres Wagens tun, wenn es keine andere Auswegmöglichkeit gibt. Ziehen Sie sich auf die Toilette zurück. Ihr gesunder Menschenverstand und Ihre praktische Veranlagung, die Sie als Eltern besitzen, können enorm dazu beitragen, daß Ihre Anstrengungen von Erfolg gekrönt sind. Manchmal wiederum (z. B. bei gefährlichen Verhaltensweisen) ist der ganze Prozeß des Beschlüssefassens umsonst, und Sie reagieren ganz einfach auf das, was Ihr Kind tut, wenn es z. B. auf die Straße läuft oder zu hoch auf einen Baum klettert. Reagieren Sie einfach spontan. Sie sollen ja nicht Ihren gesunden Menschenverstand und Ihre natürlichen Instinkte unterdrücken.

Nun sagen Sie vielleicht zu sich selbst, das ist ja alles gut und schön, aber wie funktioniert dieses ganze System im wirklichen Leben? Um dies darzulegen, folgen nun zehn Familienskizzen, die sich auf Erfahrungen von Eltern stützen, die am Programm für das schwierige Kind teilgenommen haben. Jede Skizze beleuchtet eine typische Szene im alltäglichen Leben eines schwierigen Kindes. Auf jede folgt ein *Reaktionsvorschlag*, eine sofortige Antwort auf das kindliche Verhalten, sowie eine von längerer Hand *geplante Aktion*, die darauf abzielt, ein breiteres Problemfeld abzudecken.

Wie Sie wissen, gehören geplante Aktionen zu den Methoden der Disziplinierung oder Führung, die benutzt werden, um das Verhalten des Kindes und die allgemeine Familienatmosphäre zu beeinflussen. Geplante Aktionen werden sorgfältig, *im voraus und abseits vom Eifer des Gefechts* überlegt und diskutiert. In gewisser Hinsicht fungiert das Kind bei diesen Methoden als »Partner«. Sie selbst werden gebraucht, um solche Fälle wie Anpassungsschwierigkeiten

Die Antwort des Fachmanns
Ein Entscheidungsdiagramm für Eltern

Problemverhalten

↓

1. Werde ich damit fertig? — nein → Minimalreaktion
Lösen Sie sich

↓ ja

2. Werden Sie zum Führer
Distanzieren Sie sich
Nehmen Sie eine neutrale Haltung ein
Denken, nicht fühlen

↓

3. Ordnen Sie das Verhalten ein
Erkenntnis
Verhalten, nicht Motive

↓

4. Ist es das Temperament: — ja → Führung
Blickkontakt
Kategorisierung
Technik
Freundliche Haltung

↓ nein

5. Ist es relevant? — nein → Minimalreaktion
Lösen Sie sich

↓ ja

6. Wirksame Strafe
Kurz und bündig
Direkt
Strenge Haltung

oder Schlafprobleme zu lösen oder um Anleitung für ein anderes Verhalten zu geben.
Zusätzlich entwickeln Sie eine klare Vorstellung von neuen Regeln, Erwartungen und Konsequenzen, können Morgen- und Abendroutinen mit oder ohne Sternchensystem festsetzen und die Wechseluhr oder andere Hilfsmittel einführen, wie z. B. das Kind als Gefährten oder als Mentor, sowie Belohnungen für besonderes Verhalten vergeben. Die Details finden Sie in Kapitel 7 und 8. Hier werden Sie feststellen, wie hilfreich sie sind, um das Auftreten von Problemsituationen zu vermeiden.
Denken Sie immer daran, wie wichtig es ist, in den Diskussionen die Ziele mit dem Partner deutlich abzusprechen, mit dem Kind klar zu reden und es freundlich, aber nachdrücklich zu bitten, sich anzustrengen.
Aber Vorsicht: Bitte betrachten Sie die folgenden Vorschläge nicht als »Rezepte« für Ihre Familie. Ihre eigenen erfolgreichen Lösungen sollten auf der Studie des gesamten Programms basieren sowie auf dem wachsenden Verständnis für das einzigartige Temperament Ihres Kindes.

»Warum macht dir nie irgend etwas eine Freude?«

Die Familie Gordon macht einen Ausflug. Die Eltern haben für eine Live-Vorstellung der »Sesamstraße« in der Stadt Karten gekauft und gehen mit ihren Kindern dorthin. Das ältere Mädchen ist ein wohlerzogenes und kontaktfreudiges sechsjähriges Kind. Deborah, die Jüngere, ist ernst, scheu und manchmal eine Klette. Ihre Eltern haben schon viel Geld ausgegeben in der Hoffnung, ihr eine Freude zu machen. Sie ist vier Jahre alt, und ihr haben noch selten irgendwelche Kinderfilme oder Shows gefallen. Sie liebt jedoch die »Sesamstraße«, ganz besonders aber »Big Bird«. Sie gehen mit ihr zu der Arena, in der die Show stattfinden soll, doch sie jammert, hängt an ihren Eltern wie eine Klette und will nicht hineingehen. Dann hat sie Angst davor, in ihrem eigenen Stuhl zu sitzen, und besteht darauf, auf dem Schoß ihrer Mutter zu sitzen. Sie haben sie schließlich beruhigt, als die Show beginnt und die Figuren auftreten. »Big Bird« kommt herein, und Deborah winselt vor Angst. Die anderen Kinder lachen alle voller Freude und rufen: »Big Bird, Big Bird!« Deborah jedoch kann nicht getröstet werden. Ihre Mutter ist wütend. »Was ist denn los mit dir?« flüstert sie ärgerlich ihrem furchtsamen Kind zu. Deborah kann nicht sprechen, stößt aber schließlich hervor: »Ich habe Angst.« »Aber das ist doch ›Big Bird‹, dein Liebling aus dem Fernsehen.« »Nein, ist er nicht«, jammert Deborah. »Es ist nicht derselbe.« Die Eltern sehen sich gezwungen, mit ihrem weinenden Kind die Vorführung zu verlassen und nach Hause zu gehen; sie sind ärgerlich und wieder einmal davon überzeugt, versagt zu haben. Sie befürchten, daß ihrem Kind nie irgend etwas gefallen wird.

Was würden erfahrene Eltern tun?

Reaktion: Die Gordons hätten anders reagieren können, als Deborah sich an sie hängte und vor »Big Bird« Angst hatte. Zunächst hätten sie eine neutrale Haltung einnehmen und ihre eigenen Gefühle ausschalten sollen. Dann hätten sie das Verhalten ihres Kindes kategorisieren sollen. Wo haben sie das schon einmal erlebt? Deborah ist scheu, eigen und klagt in der Öffentlichkeit. Ist hier das Temperament im Spiel? Offensichtlich. Dies ist Deborahs Reaktion auf Neues, ihr anfänglicher Rückzug. Sie ist leicht überstimuliert und im Theater ein wenig überwältigt. Ihre schlechte Anpassungsfähigkeit ist schuld daran, daß sie sehr wohl merkt, daß »Big Bird« »nicht derselbe« ist. Ihre Ernsthaftigkeit reflektiert ihre negative Laune. Ihre Eltern würden also nun merken, daß die Situation vom Temperament abhängt und daß Deborah Bestätigung braucht. Die Mutter nimmt Deborah bereitwillig auf den Schoß, beugt sich zu ihr hin und sagt ganz leise: »Ich weiß, das ist alles neu für dich und du bist nicht daran gewöhnt, ›Big Bird‹ auf diese Weise zu sehen, doch es ist alles in Ordnung. Du kannst dir Zeit lassen, dich daran zu gewöhnen.« Sie kann das ängstliche Kind dazu ermutigen, ab und zu einen schnellen Blick auf die Figur zu werfen. Wenn das keinen Erfolg und das Kind immer noch Angst hat, kann es gefühlvoll in die hinteren Regionen des Auditoriums gebracht werden, von wo aus es gerne, sozusagen aus der Entfernung, zuschaut.

Geplante Aktion: Bei einem solchen Kind können Sie schon am Vortag mit der Vorbereitung beginnen. Erklären Sie ihm, daß es morgen seine Lieblingsfigur »in Wirklichkeit« erleben wird, daß es die gleichen Figuren sind, die jedoch unterschiedlich aussehen, nämlich größer und farbenprächtiger. Sprechen Sie kurz darüber. Lassen Sie sich am Tage der Vorführung Zeit, so daß Sie, wenn Sie ankommen, noch ein wenig draußen stehenbleiben können und das Kind sich an die neue Umgebung gewöhnt. Dieses Kind sollte frühzeitig nach drinnen gebracht werden, noch ehe alle Plätze besetzt sind; man sollte ihm seinen Platz zeigen, die Bühne, den Orchestergraben. Wenn Sie für die Familie Süßigkeiten kaufen und das Kind sie nicht will, so heben Sie ein wenig davon für später auf, wenn es sich besser an alles gewöhnt hat. Auch die Eltern sollten ihren »Spielplan« rechtzeitig im voraus besprechen. Machen Sie aus, wer neben ihr sitzt, sie auf den Schoß nimmt und, falls nötig, mit ihr im Theater nach hinten geht. Vor allem aber, denken Sie nicht darüber nach, wie teuer dieser Tag kommt, wieviel Mühe Sie sich gegeben haben und wie sehr Sie sich wünschen, daß es ihr gefällt. Denken Sie daran, daß ihre vorwiegende Laune ernsthafter Natur ist, und erwarten Sie nicht von ihr, daß sie Erregung oder große Freude zur Schau stellt, so wie ihre große Schwester.

Niemand gewinnt, alle verlieren

Alice Blake hat ein hungriges sechs Monate altes Baby und ein sechsjähriges, mürrisches, schwieriges Kind, das nun die zweite Woche in der Grundschule ist und sich nicht leicht darin einfindet. Gegen fünf Uhr abends stellt sie fest, daß sie keine Babynahrung mehr zu Hause hat, und so muß sie schnell zu einem Geschäft im Ort fahren, um welche zu besorgen. Ihren Mann kann sie nicht darum bitten, denn er arbeitet lange; deshalb geht sie zu ihrer Tochter und unterbricht sie beim Spielen mit ihren Puppen. »Komm bitte schnell mit zum Einkaufen, ich brauche Milch für deinen kleinen Bruder.« Das Kind weigert sich, spielt weiter mit seinen Puppen. Die Mutter versucht, es zu überreden. Das kleine Mädchen sagt wieder »nein«, diesmal lauter. »Gut«, sagt die Mutter, »du kannst hierbleiben und mit deinen Puppen spielen. Ich bin nur einige Minuten weg. Ich sperre ab. Du warst früher schon mal alleine. Das ist schon in Ordnung.« »Nein!« schreit das Mädchen. »Geh nicht!« »Dann komm mit mir.« »Nein, nein, nein!« Das Kind schreit. Das Baby schreit ebenfalls, aber vor Hunger, und die Mutter ist verzweifelt. »Schau, was du mir antust. Schau, wie durcheinander ich bin. Und was ist mit deinem Bruder? Er ist doch noch ein kleines Baby, bekommt keine Milch, und alles nur wegen dir!« Das Kind sieht zu, wie seine Mutter aus dem Zimmer stürmt. Dann bekommt es einen Schreikrampf und wirft seine Puppen in seinem Zimmer herum.

Was würden erfahrene Eltern tun?

Reaktion: Die Mutter nimmt eine neutrale Haltung ein und ordnet dann das Verhalten des Mädchens ein. Dies ist ihr widerspenstiges, trotziges Verhalten. Das Temperamentsproblem ist, daß das Kind sich schwer anpaßt und der Wechsel (vom Spiel mit den Puppen zum Wegfahren) zu schnell vonstatten ging. Die Mutter hat das Kind auch vor die Entscheidung gestellt, entweder mitzukommen oder alleine zu Hause zu bleiben, wobei das Kind auf keine der beiden Eventualitäten vorbereitet ist. Was ebenfalls eine Rolle spielt, ist die Verletzlichkeit eines Kindes, das sich noch nicht an seine erste Grundschulklasse gewöhnt hat. Hinzu kommt die Uhrzeit: Fünf Uhr abends ist bei jedem Kind eine »kritische Tageszeit«. Als sie merkte, daß sie das Kind um diese Zeit nicht alleine lassen kann, hätte die Mutter sagen sollen: »Ich weiß, du brauchst Zeit, um dich umzugewöhnen, und es tut mir leid, daß wir heute nicht genügend Zeit haben, aber du kannst deine Puppen mitnehmen. Ich kaufe dir auch einen Snack im Geschäft, wenn du hungrig bist.« Wenn das auch nicht hilft und das Kind einfach nicht entscheiden kann, ob es mitkommt oder nicht, dann nehmen Sie bitte nicht an, daß es Sie mit Absicht frustrieren will. Das beste ist dann vielleicht, sich zu entscheiden, daß die Babynahrung unwichtig ist, dem Baby Apfelsaft zu geben und dem älteren, schwierigen Kind über dessen Kummer hinwegzuhelfen. Seien Sie mitfühlend und unterstützen Sie Ihr Kind, wenn es sich so verhält und sich nicht entscheiden kann, doch treffen Sie die Entscheidung an seiner Stelle.

Geplante Aktion: Bei richtiger Vorbereitung bleibt dem Kind keine Wahl. Man kann in diesem Fall die Wechseluhr benutzen. Sagen Sie zu Ihrem Kind: »In fünf Minuten fahren wir zum Einkaufen. In zehn Minuten wirst du wieder zurück in deinem Zimmer sein und mit deinen Puppen spielen.« Behalten Sie auch das Umfeld für das Verhalten Ihres Kindes im Auge. Handelt es sich um die ersten Schulwochen und Ihr Kind ist sehr empfindlich, dann versuchen Sie keine plötzlichen oder ungewohnten Aktionen.

Wessen Bett ist das eigentlich?

Jason kam lange Zeit aus verschiedenen Gründen zu seinen Eltern ins Bett. Doch nun, mit dreieinhalb Jahren, will er nirgendwo anders mehr schlafen. Das Problem begann im Säuglingsalter, als er regelmäßig nachts aufwachte. Als Jason aus seinem Bettchen krabbeln konnte, ging er in das Schlafzimmer seiner Eltern und kletterte in deren Bett. Oftmals waren sie zu müde, um ihn in sein eigenes Zimmer zurückzubringen, und so ließen sie ihn bei sich schlafen. Nach einer Weile wollte er nicht mehr in seinem Bett einschlafen. Seine Mutter, die von den nächtlichen Kämpfen erschöpft war, fing damit an, ihn in ihrem Bett einschlafen zu lassen, um ihn dann später in sein Bett zu bringen. Die nächtlichen Besuche und Gänge von einem Bett zum anderen wurden zu einem ritualisierten Spiel der »Reise nach Jerusalem«, aber mit Betten statt Stühlen; kompliziert wurde diese Sache noch durch eine erst kürzlich eingetretene Ängstlichkeit. Jason beklagt sich, in der Dunkelheit Angst zu haben, Monster zu sehen, schlimme Träume zu haben und darüber, alleine schlafen zu müssen. Doch jeden Abend gibt seine Mutter nach, nachdem sie einen kurzen Versuch unternommen hat, ihn dazu zu bewegen, in seinem Zimmer zu bleiben. Seine Eltern streiten sich ernsthaft darüber, wie man die Situation handhaben sollte. Der Vater versuchte, für den Jungen eine geregelte Schlafenszeit zu erzwingen und ihn dazu zu bewegen, in seinem Zimmer zu bleiben. Der Mutter, die viel besorgter ist, tut das Kind leid. Sie gibt nach und läßt es im Ehebett einschlafen. Nun droht der Vater damit, im Parterre auf der Couch zu schlafen. »Wessen Bett ist das eigentlich?« protestiert er.

Was würden erfahrene Eltern tun?

Reaktion: Nicht anwendbar. Dieses Problem kann nicht Nacht für Nacht aufs neue behandelt werden.

Geplante Aktion: Die Lösung eines solchen Problems liegt darin, es erst einmal zu verstehen. Stellen Sie sich ein paar Fragen zu Ihrem Kind. Kommt es aus Angst in Ihr Bett? Oder ist dies zu einer gesteuerten Aktion geworden? Verwechseln Sie die Bettzeit mit der Schlafenszeit? (Es ist wahr, daß Ängstlichkeit, Manipulation und Unregelmäßigkeit sich solchermaßen vermengen können, daß es schwer ist, sie auseinanderzuhalten. Sie müssen wahrscheinlich mehrere Strategien ausprobieren, bis Sie die richtige Kombination herausgefunden haben.) Ein unregelmäßiges Kind kann man nicht zum Schlafen zwingen, doch man kann eine reguläre Bettzeit vereinbaren und aufzwingen. Die Ängstlichkeit eines Kindes kann mit »einem mutigen Freund« behoben werden: Geben Sie ihm einen »mutigen Bären« oder irgendein anderes Stofftier, das das Kind während der

Nacht beschützt. Man kann auch eine Puppe mit der »Kind als Mentor«-Technik benutzen. Bitten Sie das Kind, die Puppe zu beschützen, so, wie »Mami« oder »Papi« es tun würden.

Wenn das Kind nachts häufig aufwacht und in Ihr Bett kommt, dann beruhigen Sie es, bringen es aber immer zurück in sein Bett. Tun Sie dies möglichst gelassen, aber bestimmt. Wenn es Angst hat, bleiben Sie bei ihm, bis es sich beruhigt hat, aber gehen Sie nicht zu ihm ins Bett. Besänftigen Sie es, regen Sie es nicht auf.

Eine Abendroutine ist unerläßlich. Sie kann mit einem Sternchensystem verstärkt werden. Die Routine sollte lange vor der Schlafenszeit losgehen und in fester Reihenfolge die Spielzeit nach dem Abendessen, Fernsehen und die Zeit im Badezimmer sowie beruhigende Tätigkeiten wie Vorlesen, Singen und Schmusen mit einschließen, worauf die Bettzeit (nicht unbedingt die Schlafenszeit) folgt. Ein Kind sollte Spielsachen mit ins Bett nehmen dürfen und ein schwaches Nachtlicht haben; es kann noch ein wenig spielen, darf sein Bett aber nicht mehr verlassen.

Die Einzelheiten darüber, wie man mit Schlafproblemen umgeht, finden Sie in Kapitel 7 und 8. Die Hauptsache ist, daß Sie nicht vergessen, daß auch Sie, die Eltern, vor einer Aufgabe stehen. Vielleicht ist es besser, wenn Sie die nächtlichen Kämpfe erst einmal außer acht lassen, auch wenn es Ihnen so vorkommt, als gäben Sie nach. Versuchen Sie erst, auf anderen Gebieten Erfolge zu erzielen. Wenn Sie dann das Gefühl haben, Ihre elterliche Autorität teilweise zurückgewonnen zu haben, dann gehen Sie das Schlafproblem auf eine ausgeglichene, geplante und konsequente Weise an.

Der heikle Esser

Johnnys Mutter kocht gerne und bringt gerne gutes, nahrhaftes Essen für die Familie auf den Tisch. Um neue Ideen zu bekommen, liest sie Kochhefte, und sie glaubt fest daran, die Familie ausgeglichen zu ernähren. Sie investiert viel Zeit in die Planung und Vorbereitung der Speisen. Ihr nun vierjähriger Sohn Johnny jedoch war schon immer schwierig zu ernähren. Zu Essenszeiten hat er selten Hunger, und er mag keinen Wechsel in seiner Ernährung. Vieles von dem, was er ißt, schmeckt »komisch«. Seine Mutter ist ständig frustriert und fühlt sich von ihm abgewiesen, weil er ihr Essen nicht mag. Auch ist sie ärgerlich, weil sie mit der Zubereitung so viel Zeit verbracht hat. Sie macht sich darüber Sorgen, ob er »richtig ernährt« wird. Deswegen zwingt, überredet und schmeichelt sie Johnny ständig. Ihr Sohn jedoch nörgelt den ganzen Tag, daß er etwas zu essen will. Äpfel, Bolognawürstchen, Käse, Cracker, Kekse – er nörgelt in einer Tour. Dauernd ist sie in der Küche, um etwas Neues für ihn herzurichten. Ist jedoch der Käse in Würfel geschnitten oder der Apfel geschält, hat er schon seine Meinung geändert und will das nicht mehr oder ißt nur eine Kleinigkeit davon. Mutter und Kind sind in einen endlosen, erschöpfenden Kampf um das Essen verstrickt.

Was würden erfahrene Eltern tun?

Reaktion: Nicht anwendbar.

Geplante Aktion: Johnnys Problem hängt deutlich vom Temperament ab. Seine unregelmäßigen Rhythmen hindern ihn daran, zu voraussehbaren Zeiten Hunger zu haben. Da er sich nicht gut anpassen kann, mag er keine Änderungen in den Speisen oder deren Zubereitung, und seine niedrige Sensibilitätsschwelle Geschmacksrichtungen gegenüber trägt noch zu dem Gefühl bei, daß das Essen nicht ganz in Ordnung ist und »komisch« schmeckt. Johnnys Mutter sollte aber ebenfalls ein wenig selbstkritisch sein. Macht sie sich nur um Johnnys Gesundheitszustand Sorgen? Oder ist sie auch deshalb verärgert, weil er *ihr* Essen nicht mag? Der echten Sorge um die Gesundheit kann damit Rechnung getragen werden, daß man einen Kinderarzt aufsucht. Lassen Sie den Arzt über den Ernährungszustand des Kindes befinden. Wenn Essenszeit ist, sollte man Johnny veranlassen, am Tisch Platz zu nehmen, auch wenn er nicht hungrig ist. Er aber kann immer dann essen, wenn er hungrig ist. Und wenn das, was oder wann das Kind ißt, eine so schwierige Frage ist, dann kann die Mutter einen »Leckerbissenteller« zubereiten.

Ganz allgemein muß man sagen, daß Sie in Essensfragen lockerer sein sollten, wenn Sie einen heiklen Esser zu Hause haben. Dies mag in Ihren Ohren wie »Ernährungsketzerei« klingen, vor allem wenn Sie, wie manche Eltern heutzutage, darüber besorgt sind, daß die unregelmäßigen Essensgewohnheiten tatsächlich zu den Verhaltensproblemen Ihres Kindes beitragen. Betrachten wir dieses Anliegen sachlich und nüchtern. Bei einem schwierigen Kind ergeben sich viele Probleme, die im Zusammenhang mit dem Essen zu einem Teufelskreis werden. Davon müssen Sie sich lösen, ehe Sie irgend etwas anderes in Angriff nehmen können. Ein Kind kann sich so sehr in einen Machtkampf über das Essen verstricken, daß es sogar Speisen ablehnt, die es sonst mag. Deshalb ist Ihre vorrangigste Aufgabe, das Essen aus dem Teufelskreis herauszuhalten. Klären Sie dies erst mit dem Kinderarzt, wenn Sie möchten, doch versuchen Sie jedesmal Abstand zu gewinnen, wenn Sie merken, daß Sie wegen des Essens ängstlich oder verärgert reagieren. Bestehen Sie mit allen Mitteln auf Höflichkeit. Johnny soll bitte sagen, wenn er möchte, daß Sie ihm etwas Besonderes kochen, und er soll sich bei Tisch anständig benehmen, auch wenn er nichts ißt. Sie können auch Grenzen setzen. Wenn er zum Mittag- und Abendessen nur Hamburger möchte, dann machen Sie sich nichts daraus, aber sagen Sie kurz und bündig nein, wenn er vorm Essen Süßigkeiten verlangt.

Ihr erstes Ziel beim Essen, wie auch beim Schlafen, sollte es sein, sämtliche Emotionen und Wut über etwas, was eigentlich biologisch bedingt ist, herauszuhalten. Sobald Sie dies befolgen und Ihr Familienleben etwas glatter über die Bühne geht, können Sie sich den Fragen der Ernährung zuwenden – mit viel positiveren Ergebnissen.

Unterwegs

Jane Wilson fährt viel mit dem Auto. Sie lebt in einem Vorort, und um zum Supermarkt oder zu den Geschäftsbezirken zu gelangen, muß sie auf einer Bundesautobahn fahren. Die Fahrten dauern nie sehr lange, doch normalerweise ist der Verkehr ziemlich dicht und zügig. Sie meint immer, sie müsse sich sehr auf das Fahren konzentrieren, vor allem aber, wenn ihre zwei Kinder dabei sind. Der Ältere, ein sechsjähriger Bub, ist ziemlich gut erzogen, doch das jüngere, vierjährige Kind ist ein kleines Ungeheuer, ein extrem aktives, trotziges und impulsives Kind. Oft ist es unmöglich, diesen kleinen Jungen sicher in seinem Kindersitz festzugurten. Er sitzt auf der Rückbank hinter dem Fahrersitz und neben seinem Bruder. An diesem Tag ist er lauter und quirliger als sonst, weil man ihn beim Schaukeln im Hof gestört hat. Von seinem Platz auf dem Rücksitz aus verleiht er seinem Protest lauthals Ausdruck. Seine Mutter, die versucht, sich auf den Verkehr zu konzentrieren, schreit zurück: »Sei ruhig!« Der kleine Junge kommt auf Touren und wird wild. Er nimmt eines seiner Sandförmchen, die für Strandausflüge immer im Auto liegen, und fängt an, damit auf seinen Bruder einzudreschen. Spielsachen fliegen durch die Luft. Das nächste, an das sich die Mutter erinnern kann, ist, daß sie von einem Blecheimerchen am Hinterkopf getroffen wird.

Was würden erfahrene Eltern tun?

Reaktion: Das erste, was man im Auto tun sollte, wenn es um Gefahr und Sicherheit geht, ist, das Auto anzuhalten. Fahren Sie an den Fahrbahnrand; auf der Autobahn können Sie auf einen Rastplatz fahren oder, wenn nötig, auf den Seitenstreifen. Beruhigen Sie sich. Sagen Sie sich, daß dies »wildes« Verhalten ist. Dann versuchen Sie herauszufinden, ob Temperament mit im Spiel ist. Ganz sicherlich. Sie haben Ihr sehr aktives Kind bei einer »freien« Tätigkeit unterbrochen. Deshalb wird es sich ganz sicher über die Unterbrechung aufregen und auch darüber, in beengtem Raum sein zu müssen. Von diesem Punkt an eskaliert alles. Das Kind wird wild und verliert die Beherrschung. Setzen Sie Ihr Kind auf den Vordersitz, stellen Sie Blickkontakt her, und beruhigen Sie es ganz sanft. »Ich weiß, du bist verärgert, weil du nicht mehr schaukeln kannst. Das war zu schnell; und außerdem ist es schwer für dich, hier im Auto zu sitzen. Beruhige dich. Alles ist in Ordnung.« Dann lassen Sie das Kind für den Rest der Fahrt in Ruhe.

Geplante Aktion: Es ist ganz klar, daß dieser Mutter etwas Vorbereitung geholfen hätte. Es wäre richtig gewesen, zu Hause beim Schaukeln die Wechseluhr zu benutzen. Das Kind neben sich hinzusetzen wäre der nächste Schritt. Lassen Sie das Kind ein paar geeignete Spielsachen auswählen, mit denen es während der Fahrt spielen kann, und schließen Sie die anderen in den Kofferraum. Es ist vielleicht auch sinnvoll, einen kleinen Notproviant für längere Reisen im Auto zu haben, den man eventuell unter einem Sitz verstauen kann. Darunter könnte der Lieblingssnack Ihres Kindes sein, einige Dosen mit Saft, ein Knuddeltier und ein paar neue Dinge, die ein gelangweiltes und unruhiges Kind vielleicht interessieren (ein Schlüsselbund, eine interessante Schachtel, ein bunter Aufkleber). Ist Ihr Kind überdreht, dann bringen Sie es zur Ruhe, *bevor* Sie die Fahrt antreten. Versuchen Sie, längere Reisen in einzelne Abschnitte aufzuteilen, so daß Sie das Kind aussteigen lassen können, damit es ein wenig »Dampf abläßt«. Und im allgemeinen ist es besser, wenn das Kind im Auto neben einem Erwachsenen sitzt.

Herr Wütend

An einem kalten Wintertag in New York starrt eine Mutter aus dem Fenster. Sie fühlt sich in der Falle. Ihr Kind spielt verrückt, weil es den ganzen Tag im Haus bleiben muß. Weil es draußen kalt ist und Wolken aufziehen, weiß sie nicht, ob ein Spaziergang zum Park die ganze Mühe des Anziehens wert ist.

Doch nach einigen erfolglosen Versuchen, das Kind zu unterhalten, wird es immer schwieriger, und es hatte bereits zwei Wutanfälle. Sie ist nun zur Konfrontation bereit. Sie geht in das Zimmer ihres vierjährigen Sohnes und fragt: »Willst du in den Park gehen?« »Nein, nein, nein!« schreit dieser. »Du kannst dort aber herumlaufen«, fährt sie fort und fängt an, einige Spielsachen, die er im Zimmer umhergeworfen hat, aufzuräumen. »Nein, nein!« schreit er immer noch und fängt an, einen Wutanfall aufzubauen. Seine Mutter kämpft mit sich, um ruhig zu bleiben; sie weiß nicht, was er will, und versteht das Ganze nicht. Sie rüstet sich gegen das, was noch kommt. »Wir gehen«, kündigt sie an und zerrt ihn zum Bett. Nachdem sie eine Weile mit ihm dort gesessen und gesprochen hat, hat sie ihn ein wenig beruhigt. Sie holt seine Freizeitschuhe. Sie zieht sie ihm an und bindet sie zu. »Nein, Mami, das ist nicht gut so«, beklagt er sich, und sie bindet die Schuhe nochmals. »Nein, Mami, ich hasse sie«, winselt er, und sie bindet die Schuhe wieder neu. So geht es hin und her, sie bindet, er protestiert. Schließlich schreit er wieder, und sie wartet erschöpft auf den nächsten Schritt. Sie bleibt hart, denn sie weiß, daß sie noch verrückt wird, wenn sie ihn nicht für eine Weile aus dem Haus bekommt. Er weigert sich, seinen Wintermantel anzuziehen, und hat noch einen launischen Ausbruch. Sie zerrt ihn aus der Wohnung und in den Lift. Als sie am Eingang des Spielplatzes ankommen, stemmt er seine Füße in den Boden und will keinen Schritt weitergehen. Er schreit. Andere Mütter bleiben stehen und schauen. Seine Mutter hat genug. »Das tust du mir nicht noch mal an«, mit diesen Worten versucht sie, ihn zum Park zu zerren. Nach heftiger Gegenwehr gibt er schließlich nach. Als er dann im Park ist, rennt er weg, um mit den anderen Kindern zu spielen. Seine Mutter sinkt dankbar auf eine Bank. Nach einer kleinen Weile kommt er zu ihr herüber und will seinen großen Laster. »Der ist zu Hause«, sagt sie ihm. »Frage die anderen Jungen, ob du einen ihrer Laster haben kannst.«

»Aber ich will meinen haben«, antwortet er. »Geh und hol ihn mir.« »Kommt nicht in Frage«, sagt sie. »Geh spielen!« Dies löst wieder einen Wutanfall aus. Seine Mutter ist wütend und fühlt sich ganz und gar schikaniert.

Was würden erfahrene Eltern tun?

Reaktion: Dieses Kind zeigt zwei Arten von Wutausbrüchen, nämlich temperamentbedingte und gesteuerte. Ein Temperamentsausbruch (über die Frage, wie sich Schuhbänder oder ein Mantel anfühlen) vermischt sich mit Wutausbrüchen, bei denen er seinen Kopf durchsetzen will (z. B. wenn er seinen Laster will), so daß seine Mutter alle gleich behandelt. Denken Sie aber daran, wie man jede Art behandeln soll – den Temperamentsausbruch mit ein wenig Verständnis und Beteiligung, den gesteuerten Ausbruch mit Unnachgiebigkeit und dem Versuch, ihn zu übergehen. Gut ist es, wenn eine Mutter einem solchen Kind gegenüber betont: »Wenn ich nein sage, dann meine ich es auch so.« Benimmt er sich weiter ausfallend im Park, dann gehen Sie mit ihm nach Hause. Sie hätte auch die Geschichte mit den Schuhbändern früher beenden sollen. Es wird nicht einfacher, wenn man sie immer wieder bindet. Am Eingang des Parks sollte sie auf die anfängliche Scheu des Kindes zu sprechen kommen und ihm dann einige Zeit zugestehen, damit es sie überwinden kann.

Geplante Aktion: Diese Mutter und dieses Kind befinden sich ganz klar in einem Teufelskreis. Angenommen, sie hat einige neue Prinzipien und Techniken gelernt, dann wäre das erste und hilfreichste gewesen, den Nachmittag zu planen. Sie hätte sich früher entscheiden sollen, in den Park zu gehen, und das Kind darauf vorbereiten sollen. Diese Mutter sollte sich auch ganz allgemein um eine viel neutralere Einstellung bemühen. Ihre Aktionen sollten nicht aus Verzweiflung entspringen; dies bringt sie nur dahin, Motive zu unterstellen. *Halten Sie Ihre eigenen Gefühle heraus.* Treffen Sie neutrale Entscheidungen; etwa: Soll ich mit ihm in den Park gehen oder nicht? Ja oder nein? Die Wechseluhr würde ihm dabei helfen, die Tätigkeit zu ändern. Was die Schuhe betrifft, so sollten Sie ein Limit setzen, wie oft Sie sie binden, und lassen Sie dies das Kind wissen. Ist das Problem nicht zu lösen, wählen Sie andere Schuhe. Oder kaufen Sie Schuhe mit Klettverschluß. Ist es kalt draußen und Ihr Kind weigert sich, den Mantel anzuziehen, dann lassen Sie es den Mantel tragen. Denn wenn es wirklich kalt ist, dann wird es ihn bald anziehen wollen. Ist es ihm jedoch zu warm (was leicht eintreffen kann, wenn es eine niedrige Sensibilitätsschwelle hat), wird es zu einem Temperamentsproblem führen, wenn Sie es zwingen, den Mantel anzuziehen. Sind Sie an dem Ort Ihrer Wahl angekommen, der Ihnen vertraut ist, so ist es dennoch möglich, daß Ihr Kind zurückschreckt und Bestätigung braucht. Lassen Sie es wissen, daß Sie es verstehen, und ermutigen Sie es dazu, bei Ihnen zu bleiben, bis es sich daran gewöhnt hat.

Du verdienst heute eine Pause

Die Wilsons haben viel Spaß mit ihrer fünfjährigen Tochter, obwohl sie sehr viel aktiver ist als viele der Kinder ihrer Freunde. Sie kann impulsiv, laut und Veränderungen ihrer Umgebung gegenüber sensibel sein. Doch sie ist ein offenes, positives Kind. Die Tatsache, daß Stephanie zwei ältere Brüder hat, hilft ihren Eltern: Das Familienleben erlaubt ihr, aktiver zu sein, als es in einer anderen Familie erträglich wäre. Sie macht nur dann Schwierigkeiten, wenn man sie an Orte mitnimmt, die sie in ihrer Bewegungsfreiheit einschränken, z. B. Restaurants. Deshalb hat man sich dazu entschlossen, bei McDonald's zu essen statt in einem Restaurant mit Bedienung. Dort geht alles schnell, es ist angenehm, und es gibt eine nette Spielzone für die Kinder. Wenn die Familie ankommt, dann geht Mr. Wilson hinein und bestellt, während Mrs. Wilson Stephanie auf dem kleinen Spielplatz im Auge behält. Schon nach kurzer Zeit ist Stephanie übererregt und wird wild. Ein anderes Kind will ihr die neue Puppe wegnehmen. Sie verliert die Beherrschung und schlägt das Kind. Ihre Mutter nimmt das nicht hin. »Du bist ein ganz böses Mädchen«, sagt sie zu Stephanie. »Du kannst hier nicht mehr spielen.« Sie nimmt das Kind mit nach drinnen, um sich zu setzen. Stephanie ist total überdreht und will nicht sitzen. Die Mutter, die nun ärgerlich ist, will sie dazu zwingen. Das Kind stößt sein Getränk um, wirft seine Pommes frites auf den Boden und spuckt sein Essen aus. Die Eltern sind sehr verärgert. Das Essen ist ruiniert, und sie haben nicht die Möglichkeit, Stephanie einfach auf den Spielplatz hinauszuschicken.

Was würden erfahrene Eltern tun?

Reaktion: Als Mrs. Wilson sah, daß Stephanie auf dem Spielplatz überdrehte, hätte sie einschreiten und das Kind ein wenig beruhigen sollen. Sie hätte sie ins Auto setzen oder mit ihr auf die Damentoilette gehen können, d. h. an irgendeinen ruhigen Ort, weg von den anderen Kindern. Nehmen Sie eine neutrale Haltung an, gehen Sie zu Ihrem Kind, nehmen Sie es aus dem Spiel, stellen Sie Blickkontakt her, und sagen Sie zu ihm: »Du bist zu aufgedreht.« Gehen Sie dann woandershin. Stephanie hätte niemals mit nach drinnen genommen werden dürfen, ohne daß sie vorher ein wenig beruhigt worden wäre. Als sie im Restaurant zu unruhig wurde, hätte man ihr erlauben sollen, aufzustehen und ein wenig herumzugehen.

Geplante Aktion: Wenn Sie bei Ihrem Kind generell die Abkühlungsphase anwenden, dann sollten Sie in der Lage sein, bei solchen Situationen viel eher einzugreifen. Eltern, die ihr Kind beobachten, kennen den Punkt, von dem an es zu spät ist, das Kind aus der Situation herauszulösen. Sie entwickeln ein Gefühl für das richtige Timing. Wenn Sie mit einem hochaktiven Kind in einer Stadtwohnung leben, dann achten Sie darauf, daß Sie oft genug nach draußen gehen, damit es Dampf ablassen kann. Versuchen Sie nicht, dieses Kind in ein »Erwachsenen«-Restaurant mitzunehmen, wo sein Verhalten Sie sowieso nur ärgern würde. Und organisieren Sie ein außerschulisches Sport- oder Tanzprogramm oder eine spezielle Gymnastik für Kleinkinder.

»Das ist nicht fair.«

Michael ist sieben, seine Schwester vier. Er ist der Meinung, daß er im ungerechtesten Haus der ganzen Welt lebt, weil seine kleine Göre von Schwester *immer* ihren Kopf durchsetzt. Sie wird niemals bestraft; sie tut Dinge, die er nicht tun darf; und sie ist furchtbar zu ihm, und er darf nicht zurückschlagen. Sie ist laut und rauh. Sie kann nicht teilen, will aber immer die Spielsachen anderer Kinder. Und wenn sie etwas will, dann hört sie nicht auf zu nörgeln. Ihre Mutter ist der Meinung, daß ein großer Bruder seiner kleinen Schwester einige Zugeständnisse machen sollte. Sie empfindet für ihr kleines Mädchen gemischte Gefühle: Sie weiß, daß das Kind hart ist und dem Bruder das Leben schwermacht, doch ist sie ihrem kleinen Mädchen gegenüber auch sehr fürsorglich eingestellt, da sie noch so jung ist und so zerbrechlich wirkt. Der Vater, der selten zu Hause ist, meint, sein Sohn sollte »ein kleiner Mann« sein, und hält es für »weibisch«, wenn Brüder auf kleine Schwestern Rücksicht nehmen müssen. Er und seine Frau streiten darüber sehr oft. Das Lieblingsspielzeug des kleinen Buben ist seine elektrische Eisenbahn, die auf Schienen läuft, einen Bahnhof, Eisenbahner, Frachtwaggons, Kohlewagen und einen roten Dienstwagen hat. Er paßt sehr auf diese Eisenbahn auf, vor allem auch deshalb, weil er bei fast allen anderen Dingen seiner kleinen Schwester nachgeben muß, z. B. beim Essen, bei Spielen, Spielsachen und Fernsehzeiten. Er meint, sie bekomme immer, was sie wolle. Das kleine Mädchen aber ist erpicht auf die Eisenbahn, vor allem der rote Dienstwagen hat es ihr angetan. Sie hat schon ein paarmal versucht, ihn ihrem Bruder wegzunehmen. Eines Tages, als sie eigentlich alleine in ihrem Zimmer spielen soll, kommt sie in das Zimmer ihres Bruders, der gerade mit seiner Eisenbahn spielt. »Das ist meiner!« schreit sie und packt den Dienstwagen. Ihr Bruder hat nun die Nase voll. »Nein!« schreit er gellend, als sie den Wagen nimmt. Sie verliert die Beherrschung, wirft ihm den Wagen an den Kopf und trifft ihn damit an der Stirn. Er schreit und schlägt sie hart auf den Kopf. Nun kommt die Mutter zu den beiden schreienden Kindern, die beide »Mami« rufen. Da das kleine Mädchen aber erregter scheint, stellt sich die Mutter auf ihre Seite. »Nun, du weißt doch, daß du nichts in diesem Zimmer verloren hast«, sagt sie zu ihr in einem freundlichen Ton. »Er hat mich geschlagen«, sagt das kleine Mädchen. »Sie hat mit Teilen meines Zuges nach mir geworfen«, erwidert der Bruder. Das kleine Mädchen jedoch schluchzt um so lauter und scheint ernsthaft verletzt zu sein. Die Mutter tadelt ihren Sohn mit den Worten: »Du weißt, du sollst sie nicht schlagen.« Der Junge ist außer sich. »Du bist immer auf ihrer Seite. Das ist ungerecht. Was ist mit mir?« Als der Vater nach Hause kommt, schmollt der Junge, will nichts essen, und auf der Stirn prangt eine schöne Beule. Das kleine Mädchen schaut vergnügt seine Lieblingssendung im Fernsehen an. Als er seinen Sohn sieht, fragt der Vater, was denn los wäre, und als er die Version seiner Frau gehört hat, die sich nur um »mein armes kleines Mädchen« dreht und darum, daß ihr Bruder sich nicht um sie kümmert, explodiert er. »Das kleine Mädchen ist nicht aus Glas. Schau dir die Stirn des Jungen an. Kann er nicht einmal in Ruhe gelassen werden?« Während des ganzen Essens streiten sie sich darüber, jedoch ohne Lösung. Der Junge merkt, daß es nicht wirklich zählt, was sein Vater sagt, denn Michael ist die meiste Zeit mit seiner Mutter zusammen.

Was würden erfahrene Eltern tun?

Reaktion: Wenn Sie dazukommen, wenn Kinder streiten, und Sie nicht wissen, was passiert ist, dann halten Sie sich zurück und bleiben Sie neutral. Versuchen Sie nicht, den Richter zu spielen. Versuchen Sie, niemandem die Schuld zuzuweisen. Trennen Sie ganz einfach nur die Kinder. Später können Sie sich dann fragen, ob das bei Ihrem schwierigen Kind ein Temperamentsproblem war. Zunächst jedoch haben Sie es mit dem Verhalten zu tun: Gehen Sie praktisch vor, und ergreifen Sie keine Partei. Sprechen Sie zuerst mit dem älteren und ruhigeren Kind. »Ich weiß, du spielst gern alleine mit deinem Zug. Laß mich zuerst mit deiner Schwester sprechen.« Geben Sie ihm einen tröstenden Klaps und wenden Sie dann Ihre Aufmerksamkeit dem »rasenden«

Kind zu. Dies stellt dann keine Bevorzugung dar, sondern es ist vernünftig. Da das Kind einen Wutanfall hat, ist es das beste, es lediglich zu beruhigen und es mit etwas zu beschäftigen, was es mag, z. B. einem Lieblingsspielzeug oder dem Fernsehen. Wenden Sie sich dann dem älteren Kind zu. Versuchen Sie nicht, den Schuldigen zu finden, und bestrafen Sie keinen von beiden, außer Sie haben den ganzen Vorfall von Anfang an beobachtet.

Geplante Aktion: Finden Sie heraus, was zu dem Streit zwischen den Kindern geführt hat. Dann werden Sie auch eine Antwort finden. Im vorliegenden Falle hat das jüngere und schwierige Kind das ganze Haus unter Kontrolle und auch den Bruder. Sie fühlt sich berechtigt dazu, mit der Eisenbahn des Bruders zu spielen, und versucht hartnäckig, an sie heranzukommen. Sie verbeißt sich in den Wunsch nach dem Dienstwagen. Hier sollte man einen festen Standpunkt einnehmen. Sie darf ohne Erlaubnis nicht mit den Spielsachen des Bruders spielen oder sein Zimmer betreten, wenn die Tür geschlossen ist.

Weitere Lösungen für Probleme, die zwischen Geschwistern auftauchen:

- Bei Kindern, die sich wegen des Fernsehprogramms streiten, ist es meist besser, einen zweiten, billigen Fernseher anzuschaffen.
- Wenn sich die Streitigkeiten zwischen Ihren Kindern beim gemeinsamen Spiel verschärfen, dann beobachten Sie deren Interaktionen und versuchen Sie herauszufinden, welche Situationen die Probleme heraufbeschwören. Versuchen Sie, dazusein, wenn es ernst wird. Wenn Sie hören, daß der Streit eskaliert, dann treten Sie da-

zwischen, doch denken Sie daran: Ergreifen Sie keine Partei.

- Sprechen Sie über das Temperament mit den anderen Geschwistern. Erklären Sie ihnen, daß das schwierige Kind für manches, was es tut, nichts kann. Erklären Sie auch, daß es deswegen mehr Aufmerksamkeit bekommt. Nehmen Sie sich dazu Zeit; es kann den Geschwistern wirklich helfen, die Lage zu begreifen und Zugeständnisse zu machen. Wenn Sie zudem das Gefühl haben, das einfachere Kind irgendwie vernachlässigt zu haben, dann unternehmen Sie etwas dagegen. Planen Sie ein wenig Extrazeit oder einen besonderen Ausflug nur mit dem einfacheren Kind.
- Achten Sie darauf, ob die Regeln, die Sie erstellt haben, mit den Bedürfnissen aller Ihrer Kinder übereinstimmen oder ob das jüngere Kind immer straflos davonkommt. In diesem Fall braucht das ältere Kind eine ungestörte Spielzeit, ganz alleine mit seiner Eisenbahn. Sichern Sie ihm das zu.
- Generell muß man sagen, daß die meisten Eltern ihrem schwierigen Kind gegenüber einen festeren Standpunkt einnehmen sollen, während sie dem Geschwisterchen gegenüber nachgiebiger sein können. Bei schwierigen Kindern täuscht man sich gerne; sie sind viel stärker, als man glaubt, und sie profitieren nicht davon, wenn man sie wie zerbrechliches Porzellan behandelt.

»Ich will nicht zur Schule gehen!«

Peter ist ein aktives Kind, das jedoch manchmal zurückhaltend ist und am Rockzipfel hängt. Er neigt dazu, zu quengeln und seine Nägel zu kauen. Die Beziehung zu seiner Mutter ist warm, aber manchmal etwas zu eng. Gerade hat er acht Wochen tagsüber in einem Sommerlager verbracht. Nach einem zögernden Start hat ihm diese Erfahrung enormen Spaß gemacht – mehr als der Kindergarten, wo er ein hartes Jahr hinter sich hat. Er ist selbstsicherer geworden, und seine Mutter Jill hatte einen erholsamen und erfüllten Sommer für sich alleine. Nach acht Stunden Lager kam Peter gewöhnlich erschöpft und ausgepumpt nach Hause, wollte nur noch essen und dann schlafen. Doch das Lager ist nun zu Ende, es bleiben noch zwei Wochen, die es bis zum Schulanfang durchzustehen gilt, und das Blatt hat sich inzwischen wieder gewendet. Der Mangel an Aktivität ist schuld, daß Peter sich langweilt und mürrisch wird. Er entwickelt auch ein ängstliches Verhalten, hängt am Rockzipfel seiner Mutter, was dem Peter, den sie während des Sommers liebengelernt hat, ganz unähnlich ist. Nur sehr selten geht er alleine in den Hof, um im Sandkasten zu spielen. Seine Mutter reagiert irritiert und verärgert, was ihre Schwierigkeiten widerspiegelt, sich an diese Übergangszeit zu gewöhnen (obwohl sie sich dessen nicht wirklich bewußt ist). Sie weiß nur, daß sie ihr Kind ständig anbrüllt. »Warum kannst du nicht alleine spielen? Warum hängst du immer an mir und belästigst mich?« Für sie ist er wie ein kleiner Schatten, der wie ein Hund ihren Spuren folgt. Sie hat eine Liste von Dingen, die er für den Schulanfang braucht, und versucht, ihre Besorgungen zu erledigen. Doch jeder Punkt auf der Liste (Haareschneiden, neue Schuhe, neue Hosen etc.) artet zu einem größeren Kampf aus. Peter hängt an ihr, weigert sich, in die Geschäfte zu gehen, läßt den Friseur nicht an sich heran, weigert sich, Schuhe zu probieren. Nicht einmal mit seinem Freund von nebenan, der immer sein engster Spielkamerad war, will er spielen. Seine Mutter macht sich langsam Sorgen darüber, was das alles zu bedeuten hat. Während des Sommers hat sie geglaubt, daß Peter sich »gebessert« habe, denn im Lager war er kooperativ, und ihm hat der Sommer Spaß gemacht. Von den Tutoren kamen nur wenige Klagen. Jill hatte schon angefangen zu glauben, daß die Schule kein großes Problem werden würde. Nun fragt sie sich, ob Peter nicht doch »gestört« ist, und macht sich Sorgen wegen des Schulbeginns. »Wie wird er ohne mich zurechtkommen?« denkt sie.

Natürlich ist die erste Schulwoche eine Katastrophe. Peter läßt sie nicht aus den Augen. Sie muß bei ihm im Klassenzimmer bleiben. Versucht sie zu gehen, wird er hysterisch. In der zweiten Woche wird es noch schlimmer. Er will nicht aufstehen und sich anziehen. Man muß ihn fast in die Schule prügeln. Er umklammert die Beine seiner Mutter. Sie weiß nicht mehr ein noch aus. Soll sie gehen? Soll sie bleiben? Soll sie nachgeben und ihn einen Tag lang zu Hause lassen? Nun hat Peter auch noch Angst vor dem Schlafengehen. Er sagt, er habe Angst vor Räubern, und klagt über böse Träume. Schließlich weigert sich der Lehrer, Jill noch länger in dem Klassenzimmer verweilen zu lassen. Peter bekommt einen Wutanfall. Jill schaut auf den Lehrer, der fest bleibt, und sieht, wie die anderen Kinder sie anstarren. Sie schaut zu Peter hinunter und sagt: »Laß mein Bein los.« Doch sie klingt nicht überzeugend.

Was würden erfahrene Eltern tun?

Reaktion: Die Reaktion auf die Unlust eines Kindes, zur Schule zu gehen, hängt davon ab, ob hier das Temperament eine Rolle spielt. Ist es nun in Peters Fall das Temperament? Einige Aspekte haben sicherlich damit zu tun, und zwar mit dem anfänglichen Rückzug, doch ist das Temperament hier nicht von ausschlaggebender Bedeutung. Wenn ein älteres Kind die Schule verweigert, so müssen Sie immer daran denken: *Das Kind gehört in die Schule, nicht Sie.* Hier gibt es kein Wenn und Aber. Sie müssen gehen. Sie können freundlich sein, aber seien Sie fest. Es sollten darüber keine Unklarheiten bestehen. Sagen Sie klar und deutlich auf Wiedersehen, und gehen Sie. Diskutieren Sie nicht, erklären Sie nichts. Je klarer Sie Ihre Aktionen gestalten, um so leichter fällt es einem Kind. Je länger Sie sich mit seiner Weigerung befassen, um so schwieriger wird die Situation.

Geplante Aktion: Hier spielen einige Aspekte eine Rolle:

- Mütter sollten sich darüber klar sein, wie sie sich verhalten, wenn ihre Kinder in Übergangsphasen zwischen der Schule und einem Lager oder während der Ferien zu Hause sind. Sie fühlen sich sicherlich eingeschränkter, das ist bei allen Müttern so.
- Was bei Peter während der Zeit zwischen dem Lager und der Schule geschehen ist, kann man als eine Folge von Fortschritt und Rückschritt bezeichnen. Bei schwierigen Kindern ist das ganz normal und sollte nicht durch Drängen nach mehr Unabhängigkeit beantwortet werden, sondern dadurch, daß man dem Kind eine sichere Grundlage bietet. Seien Sie also beispielsweise nicht ängstlich darauf bedacht, Ihr Kind dazu zu bringen, alleine im Hof zu spielen, wenn es Angst davor hat. Sagen Sie ihm, das mache gar nichts: »Ich weiß, du hattest viel Spaß im Lager. Zu Hause ist es jetzt anders, aber du wirst auch

hier viel Spaß haben.« Geben Sie Ihrem Kind in solchen »Übergangssituationen« ein Gefühl der Geborgenheit, und urteilen Sie nicht über sein Verhalten. Achten Sie jedoch auf Ausgewogenheit. Sie wollen ja nicht so fürsorglich werden und sich so engagieren, daß Sie die ganze Zeit wie eine Glucke über ihm wachen. Eventuell fühlt sich das Kind in Begleitung seines Vaters mutiger, und die beiden sollten in dieser Zeit mehr zusammen unternehmen.

- Lassen Sie sich nicht in lange Diskussionen über seine Ängste verwickeln. Lassen Sie das Kind auf jeden Fall darüber reden, was es beunruhigt, wenn es das sagen kann, aber fragen Sie es nicht darüber aus. In diesem Fall würden Sie seinen unwirklichen Ängsten (Monstern, Räubern usw.) Platz einräumen. Viel besser ist es, das Kind kurz zu beruhigen. Sagen Sie z. B.: »Mama und Papa lieben dich sehr und würden dir nie etwas zustoßen lassen.«
- Bereiten Sie das Kind durch Gespräche auf die Schule vor, machen Sie es damit vertraut, doch loben Sie die Schule nicht über Gebühr oder diskutieren Sie endlos darüber. Gehen Sie zum Schulgebäude und schauen es zusammen an; vielleicht können Sie auch einen Blick in das Klassenzimmer werfen. Tun Sie das alles jedoch ganz entspannt und wie nebenbei. Machen Sie nicht zuviel Reklame.
- Wenn Sie der Meinung sind, Ihr Kind brauche eine Morgenroutine, um rechtzeitig für die Schule fertig zu werden, dann erstellen Sie diese ungefähr eine Woche vor Schulbeginn.
- Wenn Ihr Fünf- oder Sechsjähriges in die Schule kommt und es ihm Schwierigkeiten bereitet, sich von Ihnen zu lösen, dann versuchen Sie, sozusagen eine »Übergangs-

person« zu finden, die das Kind vor der Schule trifft und es mit hineinnimmt. Dies könnte ein Aufpasser, ein Hilfslehrer oder ein Lehrer sein. Bei einem Kind dieses Alters sollten Sie auf keinen Fall anwesend bleiben (ist das Kind jedoch erst zwei oder drei Jahre alt, dann können Sie sicherlich bleiben). Denken Sie daran, daß die Unlust, zur Schule zu gehen, weit verbreitet ist und nicht speziell bei schwierigen Kindern auftritt. Ein Rückschritt im Verhalten jedoch ist bei schwierigen Kindern häufiger der Fall; sie werden nicht nur ein wenig anhänglicher, sondern richtige Kletten. Sie als Mutter müssen versuchen, dem Kind gegenüber so neutral wie möglich zu bleiben. Seien Sie nett und mitfühlend, doch bestehen Sie darauf, daß es zur Schule geht.

Der Klassenzimmerschreck

Patty hat ihre vierjährige Tochter Allison in einem kirchlichen Kindergarten eingeschrieben. Allison ist »wie ein Junge«, sehr zäh, aktiv, herrisch, leicht überstimuliert, und sie mag keinen Wechsel. Die Eltern haben herausgefunden, daß bei ihr berechenbare Abläufe am besten wirken. Schon im ersten Monat nach Beginn des Kindergartenjahres erhält Patty Anrufe und Briefe wegen ihrer Tochter. Allison schlägt und beißt andere Kinder, wirft mit den Spielsachen, teilt nicht mit den anderen, paßt nicht auf und hört nicht zu, weigert sich, an vielen Gruppenspielen teilzunehmen. Zu Hause war Allison nie so schwierig. Sie spielte fröhlich mit ihren zwei aktiven älteren Brüdern und mochte ihre Routine. Ihre Mutter ist entgeistert, als sie das alles hört. Im Verlauf der Woche fangen auch zu Hause die Probleme an, sie wird widerspenstig und schwierig. Schließlich teilt der

Kindergarten Patty mit, daß Allison viel zu störend sei und erst dann zurückkehren könne, wenn »sie gelernt hat, sich zu benehmen«.

Was würden erfahrene Eltern tun?

Reaktion: Tun Sie zunächst einmal gar nichts. Sie können Ihr Kind ein paar Tage lang zu Hause behalten, während Sie herausfinden, was los ist. Informieren Sie Ihr Kind ganz allgemein darüber, was Sie tun: »Wir behalten dich ein wenig zu Hause und versuchen, die Lage zu verbessern.« Besprechen Sie sich mit der Institution. Bestrafen Sie das Kind nicht, und fragen Sie nicht zuviel. Letzteres ist äußerst wichtig. Zu häufig bestrafen Eltern ihr Kind, wenn es in der Schule Probleme hat, für ein Verhalten, das sie selbst gar nicht beobachtet haben. Damit erreicht man nichts, außer daß das Kind sich »schlecht« vorkommt.

Geplante Aktion: Hat Ihr Kind schon zu Hause Probleme mit Übergangssituationen und mit Wechseln in der Routine, dann wird es in einer schulischen Umgebung sicherlich Schwierigkeiten haben. Hohe Aktivitätsebene und Ablenkbarkeit sind ebenfalls wichtige Angelpunkte. Sprechen Sie mit dem oder den Lehrern, bevor das Schuljahr beginnt. Verärgern Sie aber die Lehrer nicht dadurch, daß Sie andeuten, sie wüßten vielleicht nicht, wie sie das Kind zu behandeln hätten. Ebenso dürfen Sie sich nicht schon im voraus für Ihr Kind entschuldigen. Versuchen Sie lieber einen konstruktiven Einstieg, etwa mit den Worten: »Ich möchte Ihnen einige Informationen bezüglich meines Kindes geben, die mir zu Hause das Leben erleichtern. Meine Tochter hat sehr große Schwierigkeiten damit, die Beschäftigung zu wechseln. Ich muß sie darauf vorbereiten und ihr besonders viel Zeit lassen. Diese zusätzlichen paar Minuten können wirklich hilfreich sein. Mein Kind kann auch durch aktives Spiel sehr stimuliert werden und reagiert sehr schnell wild, wenn es in einer Gruppe von Kindern ist. Ich muß dann aufpassen, denn wenn sie so richtig in Fahrt kommt, kann sie sehr wild werden. Was mir dabei wirklich hilft, ist, sie von den anderen zu trennen, damit sie sich beruhigt. Es ist ebenfalls schwer, sie dazu zu bringen, auf mich zu hören, und es hilft, wenn ich Blickkontakt mit ihr herstelle. Je näher sie bei Ihnen sitzt, um so besser wird sie aufpassen.« Stützen Sie Ihre Vorschläge auf Ihre Erfahrung als Mutter und Ihr Geschick, mit dem Temperament Ihres Kindes umzugehen, anstatt den Lehrern zu sagen, was sie zu tun hätten; somit werden Sie den Grundstein für eine gute Verständigung für das ganze Schuljahr legen.

Diese Beispiele verdeutlichen, wie die Prinzipien der elterlichen Autorität und die Führungstechniken mit einer Erziehung des Temperaments Hand in Hand gehen und wie sie es Ihnen ermöglichen, mit Ihrem schwierigen Kind zurechtzukommen. Der Fortschritt stellt sich erst nach und nach ein, wird immer wieder durch schwierige Perioden für Eltern und Kind unterbrochen. Seien Sie geduldig mit sich selbst und lieb zu Ihrem Kind; lernen Sie, seine guten Seiten zu schätzen und sich an ihm zu erfreuen. Bald wird dann der Teufelskreis einer Atmosphäre der gegenseitigen Liebe und des Respekts weichen.

10. Wie man mit einem schwierigen Kind zurechtkommt
Das erste Jahr

Wie kann ein kleines Baby nur solche Schwierigkeiten machen? fragten sich die Eltern der fünf Monate alten Gayle Tag für Tag. Schon bei ihrer Geburt tat sie einen Schrei, der die gesamte Entbindungsstation erschütterte. Man machte sich Sorgen wegen ihres lauten Geschreis und verstand nicht, warum sie so eigen, griesgrämig und »unglücklich« war. Man versuchte alles, um sie aufzuheitern: neue Spielsachen, farbige Mobile, Grimassenschneiden, neue Windeln, sie auf dem Arm zu wiegen oder sie in weiche Decken einzuhüllen. Doch all dies schien sie nur noch mehr zu stimulieren, und sie schrie noch lauter. Sie waren überzeugt davon, das unglücklichste Baby zu haben, das je geboren wurde. War es *ihr* Fehler? War irgend etwas mit Gayle nicht in Ordnung?

Schon mit sechs Monaten hielt sich Jonathan niemals ruhig, er war viel aktiver als irgendein anderes Baby, das seine Eltern je gesehen hatten. Er entwand sich ständig dem Griff seiner Mutter. Inzwischen war er schon einmal aus dem Bett und einmal vom Wickeltisch gefallen; seine Mutter hatte sich nur kurz gebückt, um ein frisches Hemdchen zu holen, schon war er auf den Boden gefallen. Von da an meinte sie, ihn ständig beobachten zu müssen, und die ersten Anzeichen, daß er bald mit dem Krabbeln beginnen würde, riefen in ihr eher Bestürzung als Freude hervor. Ein weiteres Problem ergab sich, als sie ihm feste Nahrung anbieten wollte; er stellte sich an und spie alles wieder aus.

Gegen Ende des ersten Jahres mit Seth nahmen seine Eltern einen Taschenrechner zur Hand, um die Stunden zusammenzuzählen, die sie seit der Geburt des Babys geschlafen hatten. Sie wollten unwiderlegbar beweisen, daß noch nie jemand so wenig geschlafen hatte. Seth schlief nie zu bestimmten Zeiten. Eine Nacht schlief er zehn Stunden durch und machte dann noch zweimal während des Tages ein Nickerchen. Am nächsten Tag schlief er tagsüber gar nicht und auch nachts nur fünf Stunden, wobei er dann noch alle ein oder zwei Stunden aufwachte, schrie und unruhig war. In der dritten Nacht schlief er gar nicht, doch das holte er vielleicht am folgenden Tag nach. Auch sein Appetit und seine Verdauung waren nicht berechenbar. Da es überhaupt kein erkennbares Muster gab, konnten seine Eltern keine regelmäßigen Essens- und Schlafenszeiten festlegen. Zu alledem war er auch noch ein eigenes, unruhiges, griesgrämiges Baby. Der Arzt hatte Koliken diagnostiziert, doch seine Vorhersage, daß sich dies im Alter von drei oder vier Monaten legen würde, hatte sich als unwahr erwiesen. Nun gab Seth' Mutter reuevoll zu, daß sie das einzige Baby hatte, das mit zwölf Monaten noch an Koliken litt, ein Geschenk Gottes, mit dem sie nicht gerechnet hatte.

Erkennen Sie Ihr Kind in einem dieser drei Babys? Gayle ist intensiv, hat negative Laune und eine niedrige Sensibilitätsschwelle gegenüber Reizen, während Jonathan höchst aktiv ist und vor neuen Speisen zurückschreckt. Seth mit seinem unregelmäßigen Rhythmus und seiner negativen Laune macht seine Familie verrückt.

Die neuesten Forschungen haben immer deutlicher gezeigt, daß Babys schon von Geburt an verschieden sind. Die New Yorker Langzeitstudie hat schlüssig bewiesen, daß Temperamentsunterschiede schon vom frühesten Säuglingsalter an bestehen.

Auch den besonders empfindsamen Neugeborenen wurde in letzter Zeit mehr Aufmerksamkeit zuteil. Neben anderen Forschern hat Dr. T. Berry Brazelton eine spezielle Gruppe von Neugeborenen identifiziert. Diese Babys sind häufig besonders dünn und lang, und ihre Haut schält sich leicht. Sie sind schnell reizbar, überempfindlich, schreien viel, und ihre Eltern behaupten, daß sie manchmal bekümmert aussehen. Mit ihnen umzugehen ist sicherlich nicht einfach. Frischgebackene Eltern sind besonders verletzlich und wissen nicht, was sie mit einem Baby tun sollen, das ein schwieriges Temperament hat, und selbst der Kinderarzt hat vielleicht nicht für alles eine Antwort parat. Vieles an dem Verhalten muß ganz einfach verstanden und akzeptiert oder unter Kontrolle gebracht werden. Bei älteren Kindern endet die Kombination aus einem schwierigen Temperament und den elterlichen Reaktionen oft in einem Teufelskreis. Bei einem Säugling ist der Ausdruck des Temperaments klarer, und die Eltern sind noch nicht in einen Teufelskreis verstrickt.

Ein weiterer Unterschied besteht darin, daß sich die Sorgen der Eltern bei einem schwierigen Säugling anfangs eher um die Frage: »Was ist mit dem Baby los?« drehen als um die Frage: »Was mache ich falsch?« Die Mutter mag zwar erschöpft oder verwirrt sein, doch normalerweise ist sie noch nicht allzusehr von Unzulänglichkeitsgefühlen oder von Depressionen geplagt. Vielleicht ist die Situation in der Ehe gespannt, doch sechs Monate harte Arbeit kann man nicht mit drei oder vier Jahren vergleichen.

Ist das Baby wirklich »schwierig«?

Es dauert wahrscheinlich einige Monate, bevor die Eltern in der Lage sind, das Temperament des Babys von anderen möglichen Interpretationen seines Verhaltens zu unterscheiden.

- Die »Kolik« ist während der ersten drei oder vier Monate eine beliebte Diagnose. Der Begriff Kolik selbst ist schlecht definiert. Man benutzt ihn normalerweise, um ein Baby zu beschreiben, das in Abständen reizbar und unruhig ist und das aus unerklärlichen Gründen weint oder schreit.
  Es werden viele Erklärungen dafür geboten, warum ein ansonsten gesundes Baby offensichtlich vor Schmerzen schreit und nicht zu trösten ist. Viele Eltern glauben, daß die Blähungen durch Verdauungsbeschwerden hervorgerufen werden. Sie hoffen, daß das Baby sozusagen aus diesen Beschwerden »herauswachsen wird«. Viele Ärzte sind derselben Meinung und sagen, daß die Blähungen von kurzer Dauer seien und im Alter von drei Monaten ausklingen sollten. Andere dagegen sagen, daß der Begriff »Kolik« lediglich das Verhalten des Babys beschreibe, andere Gründe haben und länger als drei Monate dauern könne. Meiner Meinung nach beruht die sogenannte Kolik häufig auf einem schwierigen Temperament.
- Schwieriges Verhalten kann bei Säuglingen auch in anderen Säuglingsproblemen verborgen sein. Wenn Ihr Kind die Flasche verweigert, bekommt es vielleicht Zähne oder brütet eine Erkältung aus. Da Ihnen das Baby den Grund nicht sagen kann, müssen Sie vorher andere mögliche Erklärungen ausschließen, bevor Sie zu dem Schluß

kommen, daß sein Verhalten Ausdruck seines Temperaments ist, wie z. B. Unregelmäßigkeit oder Überempfindlichkeit gegenüber Geschmack.

- Problemverhalten kann beim Säugling auch mit Allergien einhergehen. Wenn Ihr Baby einige Speisen nicht verträgt (v. a. Milch), seine Nase öfters verstopft ist, es vor allem im Gesicht oder hinter den Ohren Ausschlag hat oder wenn es Anfälle von Erbrechen oder Durchfall zeigt, dann sollten Sie die Möglichkeit, daß es Allergiker ist, mit Ihrem Kinderarzt besprechen. Es ist möglich, daß sich die Allergien und die Temperamentsschwierigkeiten überschneiden.
- Ist das Baby schließlich extrem reizbar, entwickelt es überhaupt keine Regelmäßigkeit, schreit es dauernd und macht es *keine normalen Fortschritte, die man durch Gewichtszunahme und Meilensteine in der Entwicklung* feststellen kann, dann ist vielleicht wirklich etwas nicht in Ordnung. Vielleicht hat das gar nichts mit dem Temperament zu tun, sondern mit einem viel ernsteren Problem, das die richtige ärztliche Behandlung erfordert.

Ein Temperamentsbild Ihres Babys

Eltern von Säuglingen bis zu zwölf Monaten finden es vielleicht nützlich, ein Temperamentsbild herauszufinden. Angenommen, Ihr Kinderarzt hat Ihnen versichert, Ihr Baby sei normal und gesund, wie können Sie dann bei einem Baby schwierige Temperamentszüge herausfinden?

Die Probleme, die am häufigsten im ersten Lebensjahr auftreten, sind: unregelmäßiger Rhythmus, hohe Aktivitätsebene, negative Laune und niedrige Sensibilitätsschwelle. Die nächsthäufigen Probleme sind anfänglicher Rückzug

und schlechte Anpassungsfähigkeit. Ablenkbarkeit tritt nicht so oft zutage.
Hier nun eine Auflistung, wie sich diese Charakteristika zeigen:

Schwierige Temperamentszüge im Säuglingsalter

Hohe Aktivitätsebene
Hat vielleicht schon im Mutterleib heftig gestrampelt. Liegt unruhig in seiner Wiege; strampelt sich frei. Dreht und windet sich sehr oft, was es schwierig macht, es anzuziehen, zu wickeln oder zu baden. Muß gut bewacht werden wegen Unfallgefahr.

Hohe Intensität
Weint laut; schreit. Quietscht vor Vergnügen.

Unregelmäßigkeit
Unberechenbare biologische Funktionen. Fütterungs- und Schlafenszeiten sind schlecht zu planen; wacht während der Nacht öfters auf. Die Verdauung kann unregelmäßig sein. Scheint keine »innere Uhr« zu haben.

Niedrige Sensibilitätsschwelle
Ist leicht überstimulierbar. Erschrickt leicht und reagiert vielleicht übermäßig auf Licht, Lärm, Berührung, das Tragegefühl von Kleidung oder den Geschmack von Speisen. Reagiert sehr empfindlich auf nasse oder volle Windeln.

Anfänglicher Rückzug
Spuckt neue Speisen, flüssig oder fest, aus. Protestiert, wenn es das erste Mal mit einer neuen Situation konfrontiert wird wie einem Bad, einem neuen Wagen, einem neuen Spielzeug oder einem Fremden.

Schlechte Anpassungsfähigkeit
Mag keine Veränderungen der Routine oder des Zeitplans; protestiert durch Weinen oder Schreien oder Herumfuhrwerken. Es braucht auch noch nach der ersten Reaktion lange Zeit, um sich für neue Situationen oder Menschen zu erwärmen.

Negative Laune
Ist generell sehr eigen oder mürrisch. Kein »glückliches« Baby. Wimmert, weint.

Ihr Baby

	sehr schwierig	mäßig schwierig	wenig schwierig
Aktivitätsebene	O	O	O
Intensität	O	O	O
Regelmäßigkeit	O	O	O
Sensibilitätsschwelle	O	O	O
Annäherung/ Rückzug	O	O	O
Anpassungsfähigkeit	O	O	O
Laune	O	O	O

Wie Sie mit Ihrem Baby zurechtkommen

Das einfache Verständnis dafür, was mit Ihrem Baby los ist, kann einen großen Teil der Schuld und der Sorgen erleichtern. Es gibt aber auch ein paar Führungstechniken, die bei einigen Problemen helfen. Hier folgen nun Zug um Zug praktische Richtlinien. Um diese bei Ihrem Baby anwenden zu können, sind Sie auf Ihre täglichen Beobachtungen angewiesen.

Unregelmäßigkeit: Das unberechenbare Baby

Die meisten Babys haben eine innere Uhr, die ungefähr im Alter von sechs bis acht Wochen einsetzt; bei unregelmäßigen Babys ist das nicht so. Deshalb müssen *Sie* diese Uhr ersetzen. Sie müssen mit all Ihrer Kraft versuchen, Essens- und Schlafroutine zu erstellen. Auch wenn das Baby sich nicht an den Plan hält, sollten Sie jedesmal fünf oder zehn Minuten lang mit sanfter Gewalt darauf bestehen.

Wie nun erstellen Sie einen solchen Zeitplan? Zunächst müssen Sie die beiden Extreme kennenlernen, die es zu vermeiden gilt. Wenn Sie einerseits den Schlaf- und Essensbedürfnissen Ihres Kindes folgen wollen, werden Sie durch dessen Unregelmäßigkeit bald so in Trab gehalten werden, daß Sie nicht mehr ein noch aus wissen. Versuchen Sie jedoch andererseits, Ihrem Kind einen rigiden Zeitplan aus Großmutters Zeiten aufzuzwingen, werden Sie Ihr Leid und das Ihres Babys nur vergrößern.

Tagsüber: Versuchen Sie nun, auf Grund dieses Wissens einen Zeitplan zu erstellen, der *irgendeinem* Muster, das Sie bei Ihrem Säugling entdeckt haben, so nahe wie möglich kommt. Zeichnen Sie eine Woche lang die Essens- und Schlafenszeiten Ihres Babys auf, damit Sie Anhaltspunkte bekommen. Vielleicht gibt es nur den geringsten Schimmer eines Musters, das Sie jedoch verwenden sollten. Nehmen wir z. B. an, Ihr Baby ist immer hungrig, wenn es morgens aufwacht, obwohl der restliche Tag, was das Essen anbelangt, ein einziges Chaos ist. Dies wird dann der goldene Ansatzpunkt für irgendeine Art von Berechenbarkeit. Um

diesen einen Anhaltspunkt herum sollten Sie den Zeitplan aufbauen und von hier aus weiterarbeiten.
Vielleicht beschließen Sie aber auch, Ihr Baby sollte täglich zur gleichen Zeit ein Schläfchen machen, doch am Morgen erwacht es zu verschiedenen Zeiten. Sie könnten es also morgens um 7 Uhr wecken, damit es den Tag nach einem geregelten Zeitplan beginnt, und es dann um 11 Uhr wieder ins Bett legen. Stellen Sie den Plan auf und versuchen Sie, ihn einzuhalten. Sie sollten jedoch darauf reagieren, wenn Ihr Baby in der Wiege schreit. Halten Sie sich jedoch zurück, zu schnell hineinzugehen, um es herauszunehmen, wenn es zwischen den Mahlzeiten oder zu anderen geplanten Ruhezeiten schreit. Geben Sie ihm eine Chance, sich selbst zu beruhigen. Babys besitzen größere Fähigkeiten, als wir gemeinhin annehmen.
So könnte das in der Praxis aussehen. Nehmen wir an, daß Sie sich für einen Fütterungsplan entschieden haben, der um 9 Uhr morgens beginnt, um 12 Uhr fortgesetzt wird, dann um 4 Uhr und so weiter. Jedesmal sollten Sie sanft darauf bestehen, es füttern zu wollen, auch wenn es nicht interessiert ist (Sie werden sich sicherer fühlen, wenn Sie den Plan zuerst mit dem Kinderarzt abgesprochen haben). Um 9 Uhr weigert sich das Baby zu essen und macht 10 Minuten lang Theater; deshalb setzen Sie Ihr Bestreben nicht fort. Um 10.30 Uhr jedoch schreit es ganz offensichtlich vor Hunger. Was tun? Bis mittags durchhalten oder das Baby füttern? Die Antwort lautet: das Baby füttern, jedoch so wenig wie möglich, einen kleinen »Snack« nur, um es bis 12 Uhr hinzuhalten. Wieviel es zum Übergang benötigt, müssen Sie selbst herausfinden.

Nachts: Schlafprobleme zu lösen ist weitaus schwieriger, als mit unregelmäßigen Essenszeiten zurechtzukommen. Vielleicht müssen tagsüber die Schlafenszeiten beschnitten werden, wenn Ihr Baby nachts unregelmäßig schläft. Sie wollen versuchen, das Baby richtig müde zu machen. Einige Kinderärzte weisen die frischgebackenen Eltern an, das Baby tagsüber nie länger als drei oder vier Stunden am Stück schlafen zu lassen. Dies ist ein praktischer Rat für alle Babys, aber bei schwierigen Babys ist er noch viel wichtiger.

Hier noch einige Vorschläge, wie man mit Schlafproblemen fertig werden kann:

- Vertiefen Sie die Schlaflosigkeit des Babys nicht, wenn es nachts außer der Reihe aufwacht. Gehen Sie jedesmal auf dieselbe Art und Weise in sein Zimmer. Halten Sie das Licht gedämpft. Versichern Sie sich, daß alles in Ordnung ist, legen Sie das Baby so ruhig und bestimmt wie möglich in seiner Wiege zurecht, und gehen Sie wieder. Im allgemeinen ist es bei solchen Babys nicht gut, sie aus der Wiege herauszunehmen, mit ihnen herumzugehen, sie in Ihr Zimmer mitzunehmen oder gar mit ihnen zu sprechen oder zu spielen. Ihr erstes und wichtigstes Anliegen sollte es sein, es zu beruhigen.
- Manchmal müssen Sie auch praktisch sein. Können Sie das Baby nicht beruhigen und Sie sehen sich vor einem endlos schreienden Kind, dann müssen Sie einen Weg wählen, um das Baby zu trösten. Dies können Sie erreichen, indem Sie es füttern, in den Arm nehmen, umhergehen, wiegen etc. Probieren Sie verschiedene Methoden aus, um herauszufinden, was in Ihrem Fall das beste ist. *Bleiben Sie dann bei dieser Methode,* und wenn Sie das Baby aus der Wiege herausnehmen müssen, um es zu beruhigen, tun Sie es immer auf dieselbe Weise und ungefähr gleich lang.

- Ist Ihr Baby während seines ersten Lebensjahres praktisch »die ganze Nacht munter«, dann müssen Sie eine Taktik entwickeln, wie Sie damit fertig werden. Sie und Ihr Gatte können abwechselnd aufbleiben, ein paar Nächte Sie und ein paar er; Sie können auch die Nacht in zwei Teile teilen, in denen immer ein Partner schläft und der andere sozusagen »Wache hält«.
- *Sie* sollten immer über einen Zeitplan für Ihr unregelmäßiges Kind verfügen und nicht einfach auf dessen Unregelmäßigkeiten reagieren. Achten Sie bei sich selbst auf Regelmäßigkeit und Berechenbarkeit, und lassen Sie nie zu, daß die Unberechenbarkeit Ihres Säuglings sich zu einer chaotischen Reaktion der ganzen Familie auswächst.

Haben Sie all diese Wege ausprobiert und Ihr Baby hat sich immer noch nicht an einen Zeitplan gewöhnt, wären Sie aber schon dankbar für einen Schlafzyklus von fünf statt zwei Stunden, dann befragen Sie Ihren Kinderarzt über die Möglichkeit, ein schwaches Beruhigungsmittel zu verabreichen. Es kann vielleicht aber auch während des Tages ganz nützlich sein, sofern es sich um unregelmäßige, schwierige Babys handelt, die keine innere Uhr haben. In kleinen, über den Tag verteilten Dosen kann ein solches Beruhigungsmittel das Verhalten Ihres Babys so weit ausgleichen, daß Sie ein Muster erarbeiten können; an diesem Punkt können Sie dann das Mittel absetzen.

Hohe Intensität: Das laute Baby

Gegen diese angeborene Neigung Ihres Babys, laut zu weinen, können Sie nichts tun. Einige Vorschläge wären die folgenden (Sie müssen hier sehr praxisbezogen sein): Polstern Sie die Wände des Babyzimmers mittels Decken oder

Federbetten; legen Sie einen Teppichboden, um den Lärm zu dämpfen; kaufen Sie Ohropax. Machen Sie sich keine Sorgen, Sie werden Ihr Baby immer noch schreien hören – nur nicht ganz so laut.

Negative Laune: Das »unglückliche« Baby

Die Babys anderer Eltern lächeln, girren und glucksen. Ihres nicht. Es ist sogar generell unruhig. In solch einem Fall ist es schwer, das Selbstvertrauen nicht zu verlieren und, was noch schlimmer ist, die Freude und den Stolz an Ihrem Baby. Obwohl Sie die grundlegende Laune Ihres Kindes nicht ändern können, wäre vielleicht doch die Technik der Kategorisierung hilfreich für Sie. Sie müssen sich selbst immer wieder sagen: »Das ist mein schlechtgelauntes Baby, und so ist es nun mal. Das heißt nicht unbedingt, daß es unglücklich ist.« Wenn der Kinderarzt bestätigt, daß dem Kind nichts fehlt, dann nehmen Sie zur Kenntnis, daß seine üble Laune kein Anzeichen für irgendein ernsteres Problem, sondern lediglich eine Spiegelung seiner Konstitution ist. Sein Weinen wird sich dann reduzieren, wenn es andere Mittel zur Verfügung hat, um sich verständlich zu machen.

Niedrige Sensibilitätsschwelle: Das »empfindliche« Baby

Wenn Ihr Baby eine niedrige Sensibilitätsschwelle hat, dann schreit es vielleicht, wenn Sie sein Musikmobile, das über seiner Wiege hängt, in Gang setzen. Vielleicht erschrickt es, wenn eine Tür zufällt, mag es nicht gerne in den Arm genommen werden, verhält es sich ablehnend, wenn Sie sich unvermittelt über das Kind beugen und komische Laute machen. Hier haben wir es mit einem »nervösen« Baby zu tun. Man behandelt solche Säuglinge richtig, indem man

alle anregenden Dinge in seiner Umgebung reduziert: keine grellen Farben und unruhigen Muster in seinem Zimmer, keine sich ständig bewegenden Mobiles über seinem Bettchen, keine Spielsachen in seinem Bett, keine grellen Lichter, die in seine Richtung scheinen. All diese Dinge, die vielleicht andere Kinder entzücken, regen das sensible Baby zu sehr an.
Leben Sie in einer Umgebung mit hohem Lärmpegel, dann könnten Sie das Kinderzimmer mit einem Teppichboden auslegen und die Wände isolieren oder für Schalldämmung bei den Fenstern sorgen, um das Baby vor übermäßigem Lärm abzuschirmen. Wenn das Tageslicht beim Spielen störend wirkt, dann kaufen Sie Lichtblenden für die Fenster. Wiegen beruhigt solche Babys oft nicht, weil sie nicht gerne auf dem Arm gehalten werden wollen und weil die Wiegebewegung sie zu sehr stimuliert. Schaffen Sie also eine besänftigende Umgebung, in der alles vereinfacht ist.

Noch ein paar weitere Vorschläge in Zusammenhang mit einem leicht stimulierbaren Säugling:

- Spielen Sie nicht kurz vor dem Schlafengehen mit dem Baby. Tun Sie statt dessen beruhigende und besänftigende Dinge; wenn ein Bad beruhigend wirkt, dann lassen Sie das Bad die letzte Tätigkeit vor dem Zubettgehen sein.
- Versuchen Sie durch Experimentieren herauszufinden, was das Baby beruhigt (z. B. leises Singen, leise Musik aus dem Radio oder Kassettenrecorder); erstellen Sie sodann eine konsequente Routine, bei welcher Sie diese Tricks anwenden, und zwar vor dem abendlichen Schlafengehen und jedesmal tagsüber.
- Wählen Sie die Spielsachen mit Sorgfalt aus; manche

Spielsachen sind vielleicht für Ihr Kind zu stimulierend. Suchen Sie nach Spielsachen, die beruhigende Farben haben, sanfte Töne von sich geben und aus glatten Materialien bestehen.

Babys mit niedriger Sensibilitätsschwelle können auch auf das Tragegefühl von Kleidung empfindlich reagieren; erscheint Ihnen Ihr Baby unglücklich, wenn Sie es anziehen, dann sollten Sie in Erwägung ziehen, ob Sie es nicht das erste Lebensjahr vorwiegend nur mit einer Windel und einem T-Shirt bekleidet verbringen lassen. Praktisch sind auch die Säuglingsschlafsäcke, wenn man die Kordel am Fußende entfernt, oder Kleidungsstücke, die zu hundert Prozent aus Baumwolle bestehen, weil sie sich weicher als synthetische Fasern anfühlen.
Wenn Ihr Baby einen sehr empfindlichen Geschmackssinn hat, dann müssen Sie das, »was das Baby mag«, sehr sorgfältig aussuchen. Die verschiedenen Babymilchnahrungen werden je nach Marke unterschiedlich beliebt sein. Wenn Sie dann auf festere Nahrung übergehen, dann probieren Sie neue Nahrung Löffel für Löffel aus, und jedesmal nur eine Marke. Babynahrung gibt es in einer solchen Riesenauswahl auf dem Markt, in verschiedenen Geschmacksrichtungen und Konsistenzen, daß Sie vielleicht so manches kaum berührte Glas wegwerfen müssen, bevor Sie die wenigen herausgefunden haben, die Ihr Kind mag. Machen Sie die Babynahrung selbst, dann fühlen Sie sich vielleicht besonders frustriert, wenn das Baby das zurückweist, was Sie ihm anbieten.
Vielleicht ist Ihr Säugling auch empfindlich gegenüber der Temperatur von Nahrung und Getränken. Haben Sie Probleme mit der Flaschennahrung, so liegt dies eventuell an der Empfindlichkeit Ihres Babys gegenüber der Tempera-

tur der Milch. Dasselbe gilt auch fürs Badewasser. Versuchen Sie es kühler oder wärmer: versuchen Sie, so beständig wie möglich zu bleiben, wenn Sie die passende Temperatur entdeckt haben. Empfindliche Reaktionen auf die Temperatur und das Gefühl des Wassers selbst können auch ein Grund dafür sein, daß Ihr Baby jedesmal schreit, wenn man es badet.

Das sehr aktive Kind

Bei einem aktiven Baby ist eine stabile Polsterung der Wiege von großer Bedeutung. Die Wiege selbst sollte ein hohes Gitter haben, denn diese Babys werden früher als andere anfangen herauszuklettern. Sie sind auch im Schlaf sehr aktiv, strampeln die Decke ab und bewegen sich im Bettchen auf und ab. Haben Sie ein kühles Haus und das Problem, das Baby zugedeckt zu halten, dann ziehen Sie ihm einen Overallschlafanzug an (und im Winter einen Schlafsack). Man muß auch besonders vorsichtig mit diesen Babys beim Wickeln sein oder wenn sie auf ihrem Bettchen liegen oder in der Badewanne sind.

Eine Anmerkung noch zum Stillen: Ich weiß nicht, ob sich das Stillen beruhigend auf ein vom Temperament her schwieriges Kind auswirkt; meiner Meinung nach ist diese Frage noch nicht systematisch ergründet worden. Wenn Sie sich jedoch für das Stillen entschieden haben, dann denken Sie daran, daß viele dieser Kinder auch diese Erfahrung für Sie nicht sehr lohnend machen. Höchst aktive Babys, unregelmäßige Kinder oder Babys mit niedriger Sensibilitätsschwelle sind sehr schwer zu stillen. Denken Sie immer daran, daß das Baby nicht *Sie* ablehnt.

Das Baby, das sich zunächst zurückzieht und/oder sich schlecht anpaßt

Obwohl dieses Kleinkind viele Speisen beim ersten Mal zurückweisen wird, bedeutet diese erste Weigerung nicht unbedingt, daß es das, was Sie ihm angeboten haben, weiterhin nicht mag. Führen Sie neue Speise langsam ein, machen Sie mehrere Versuche, die Speise oder das Getränk anzubieten, bevor Sie aufgeben. Es mag einige Zeit dauern, bis Sie herausgefunden haben, ob die ablehnende Haltung Ihres Babys eine Folge des anfänglichen Rückzugs oder der niedrigen Sensibilitätsschwelle in bezug auf Geschmack ist.

Dasselbe gilt auch für andere Erfahrungen. Lassen Sie Ihr Kind ein neues Stofftier zuerst einige Male aus einer sicheren Entfernung betrachten, bevor Sie versuchen, es ihm in den Arm oder in sein Bettchen zu legen. Seien Sie darauf gefaßt, daß das Fläschchen in Form einer Zeichentrickfigur, das Sie in der Hoffnung gekauft haben, es würde dem Kind gefallen, statt dessen einen Wutanfall auslösen kann. Sie werden bald lernen, die Abweichungen von der vertrauten Routine zu erkennen, die Ihr Baby durcheinanderbringen könnten.

Obwohl viele Babys erst im Alter von acht oder neun Monaten »fremdeln«, wird dies bei einem solchen Baby früher sichtbar. Diese Phase des »Fremdelns« dauert bei ihm auch noch lange über das Alter hinaus an, in dem es normalerweise abklingt. Wenn irgend möglich, sollten Sie Freunde und Verwandte davor warnen, sich dem Baby zu schnell zu nähern und es hochheben zu wollen, was viele Leute gerne tun. Sogar eine vertraute Person, an der sich etwas geändert hat – eine neue Brille, ein abrasierter Bart zum Beispiel –, kann eine solche Reaktion hervorrufen.

Allgemein kann man sagen, daß eine Routine für ein schlecht anpassungsfähiges Kind besonders wichtig ist, während Sie bei einem sehr schwierigen Kleinkind sogar Details routinieren müssen, also: wie Sie das Kind halten, trösten, aufstoßen lassen, baden und in sein Bettchen legen.

Das Verständnis für das Temperament Ihres schwierigen Kleinkindes und die darauf abgestellten Führungstechniken erlauben Ihnen, eine Grundlage für seine Zukunft zu bilden. Vom frühen Kindesalter an entwickeln Sie eine Haltung, die auf seine Individualität abgestimmt ist. Auch wenn Ihr Baby Sie erschöpft, versuchen Sie empfindsam für die Ausdrucksweisen seines Temperaments zu bleiben. In dieser Zeit ist es für Sie von besonderer Wichtigkeit, ein gutes Verhältnis mit dem Kinderarzt zu haben. Für die alltäglichen Probleme kann er große Hilfe bieten, doch denken Sie daran, mit ihm über das Temperament zu sprechen.

Nehmen Sie vor allem das Verhalten Ihres Babys nicht persönlich. Es bedeutet nicht, daß Sie als Eltern versagen. Wenn Sie eine neutralere, jedoch liebevolle Haltung einnehmen, unterbinden Sie den Teufelskreis von Anfang an, und nichts ist für Sie, Ihr Baby und die restliche Familie wichtiger.

11. Über das Kind hinaus
Familie und Außenwelt

Bis zu diesem Augenblick habe ich mich bei der Beschreibung des Programms für das schwierige Kind vor allem auf Ihre Reaktion auf das Kind konzentriert. Nun sind Sie also schon Experte auf dem Gebiet des Temperaments Ihres Kindes, arbeiten am Wiederaufbau Ihrer Autorität als Eltern, und Sie lernen, Verhaltensweisen, die mit dem Temperament zu tun haben, vorauszusehen und zu beherrschen. Vielleicht ist Ihr Kind schon viel leichter zu behandeln, und die Auswirkungen des Teufelskreises beginnen schon zu verblassen.

Doch die veränderte Beziehung zu Ihrem Kind geht Hand in Hand mit anderen Änderungen. Erinnern Sie sich kurz an den »Welleneffekt«: Die Wirkung des Problemverhaltens Ihres Kindes weitet sich von der Mutter auf den Rest der Familie aus und zieht das ganze Umfeld des schwierigen Kindes in Mitleidenschaft. Nun können Sie auf einen neuen Welleneffekt hoffen, diesmal jedoch hervorgerufen von den Fortschritten, die das Kind gemacht hat. Jetzt ist die Zeit für jeden in der Familie gekommen, sich neu anzupassen und einzustellen. Jetzt kann Ihre Aufmerksamkeit auf wichtige Dinge in der Umgebung Ihres Kindes viel dazu beitragen, dessen ständigen Fortschritt zu stärken und sicherzustellen. In diesem Kapitel werde ich einige der wichtigsten Möglichkeiten besprechen, wie Sie diesen *positiven* Welleneffekt fördern können.

Zunächst jedoch noch ein Wort zu Ihren Erwartungen. Seien Sie nicht besorgt, wenn Ihr Kind nach anfänglichen

Erfolgen im Rahmen des Programms zu einigen seiner problematischen Verhaltensweisen zurückkehrt oder wenn gelegentlich wieder Anzeichen der Verschleißerscheinungen aufkommen. Bei allen Kindern, und bei schwierigen ganz besonders, ist der Fortschritt immer von Spurts, Rückschritten, Konsolidation und dann wieder Spurts begleitet. Für Eltern ist es manchmal schwer, das zu akzeptieren. Sie sagen dann: »Aber es ging doch eigentlich alles so glatt.«

Versuchen Sie, die Unebenheiten in der Verbesserung des Verhaltens ebenso objektiv zu beurteilen wie die Spurts und Pausen bei der Gewichtszunahme. Sogar bei unkomplizierten Kindern lassen sich bei Streß oder Veränderungen Rückschritte erkennen. Bei einem schwierigen Kind kann ein solcher Rückfall schon aus weniger offenkundigen oder sogar paradox anmutenden Gründen eintreten: Ihr Kind hat vielleicht auf eine der Techniken gut angesprochen, es hält sich für eine Weile blendend, doch dann fällt es wieder zurück. Es kann aber auch sein, daß eine schwierige Periode einem grundlegenden, ja sogar überraschenden Wechsel zum Positiven vorausgeht. Haben Sie in sich selbst und Ihr Kind Vertrauen. Sie lernen und machen die Fortschritte zusammen.

Sie müssen auch damit rechnen, daß der Fortschritt nicht in jedem Bereich gleich ist. Es kann sein, daß zwar der Kindergarten mitteilt, daß das Verhalten Ihres Kindes sich sehr gebessert habe, Sie jedoch feststellen müssen, daß es nun zu Hause jeden Tag nach dem Kindergartenbesuch einen Streit mit seinem Geschwisterchen vom Zaun bricht. Oder Ihr Kind meistert nun seine Morgen- und Abendroutine, besteht aber plötzlich darauf, nur die Kleider zu tragen, die es selbst ausgewählt hat, selbst wenn die Kombination oft sehr eigenartig ist. Sie müssen flexibel sein und Ihre

Haltung dem Kind gegenüber immer wieder neu anpassen und auf den neuesten Stand bringen.
Um Ihnen dabei zu helfen, einen größeren Überblick über die Entwicklung Ihres Kindes zu erhalten, schlage ich vor, daß Sie sich alle paar Monate Zeit nehmen, das Verhaltensbild durchzusehen, das Sie während der Fünf-Tage-Studie erstellt haben. Man vergißt sehr leicht den Punkt, an dem man einmal angefangen hat. Sie werden trotz der alltäglichen Probleme, die Sie immer noch sehen, mit großer Wahrscheinlichkeit durch das gute Gesamtbild ermutigt werden.
Ich warne die Eltern immer vor einer ganz normalen Tendenz, nämlich dem Bestreben, »daß sich das Kind besser fühlt«. Wir können uns so sehr um das Selbstbild unserer Kinder sorgen, daß wir uns leicht darin verlieren, dem Kind andauernd wegen der kleinsten Leistung zu sagen, wie wundervoll es ist. Diese Art von »Selbstbild-Werbespots« nützt sehr wenig und kann sogar nach hinten losgehen. Sie können Druck und Erwartungen erzeugen, denen sich Ihr Kind nicht gewachsen fühlt, was dann dazu führen kann, daß sein Verhalten einen Rückschlag erfährt. So entzückt Sie auch über den Fortschritt sein mögen, bitte reagieren Sie nicht auf jede kleinste Verbesserung mit überschwenglichem Lob. Natürlich sollten Sie zur Kenntnis nehmen, daß Ihr Kind Fortschritte macht, und es auch wissen lassen, daß Sie sich darüber freuen. Inszenieren Sie jedoch keine Riesenfeier wegen eines leicht verbesserten Schulzeugnisses oder eines harmonisch verlaufenen Besuchs bei der Großmutter. Die bedeutendste Belohnung, die ein Kind auf die Dauer erfahren kann, sind die Anerkennung und freundliche Haltung seiner Eltern.

Die Stärkung der Familie

Da Sie das Programm anwenden und Ihre negative Verstrickung mit Ihrem Kind abnimmt, renken sich auch andere Beziehungen innerhalb der Familie wieder ein. Ist das Programm erfolgreich, erhalten Sie dadurch tatsächlich mehr freie Zeit.

Geschwister

Wie Sie wissen, entwickeln Geschwister ihre eigene Technik, wie sie mit der Gegenwart eines schwierigen Kindes fertig werden. Vielleicht haben sie Mitleid mit ihm, vielleicht fühlen sie sich aber auch vernachlässigt. Vielleicht sind sie aber auch auf eine pseudo-erwachsene Art »mustergültig« geworden. Oder aber sie benehmen sich absichtlich schlecht, um Aufmerksamkeit zu erregen.

Jüngere Geschwister, die sich schlecht benommen haben, werden schnell wieder normal. Sie brauchen vielleicht ganz einfach mehr Aufmerksamkeit und eine ein wenig konsequentere Behandlung, entsprechend den Prinzipien für die elterliche Autorität, die Sie ja schon kennengelernt haben.

Bei einem älteren Geschwister reicht das vielleicht nicht ganz aus. Geben Sie schon früh zu, daß es benachteiligt wurde, und erklären Sie ihm dann den Grund dafür. Machen Sie ihm klar, daß das schwierige Kind anders und schwer zu bändigen ist. Deshalb müssen die Eltern schwerer arbeiten und mehr Zeit auf dieses Kind verwenden, weshalb Sie also diesem Kind mehr Aufmerksamkeit zukommen ließen. Doch Sie können dann zugeben: »Wir sind dabei zu weit gegangen, und wir werden das ändern. Wir haben nun ein Buch gelesen und einige neue Dinge gelernt.« Erklären Sie dem Kind einige der Techniken, die Sie anzuwenden gedenken, wie zum Beispiel die Wechseluhr und das Sternchensystem. Sagen Sie ihm, daß das, was Sie tun werden, neu und anders ist.

Viele Eltern werden nun aber fragen: »Was sage ich dem anderen Kind über all die Systeme und Routinen, an denen es nicht teilnimmt und für die wir Geschenke, Aufkleber und andere schöne Dinge brauchen?« Erklären Sie dem anderen Kind, daß Sie diese Methoden anwenden, um dem schwierigen Kind zu helfen, sein Verhalten zu ändern, daß sie also nichts mit Bevorzugung zu tun haben. Planen Sie auch besondere Aufmerksamkeiten für das Geschwisterchen. Unternehmen Sie auch einmal etwas mit ihm alleine: Gehen Sie ins Kino, zum Essen, spielen Sie Ball mit ihm. Seien Sie darauf bedacht, daß Sie ihm aber ebenfalls erklären, daß Sie dem schwierigen Kind nicht alles einfach so durchgehen lassen – z. B. daß es nicht zu den regulären Essenszeiten mitessen muß –, sondern daß dies Teil Ihres Plans ist, um sein Verhalten zu verbessern und somit die gesamte Familie glücklicher zu machen. Wenn das System Auswirkungen zeigt oder Sie Änderungen vornehmen, informieren Sie Ihr anderes Kind darüber. (Natürlich hängt das Maß an Information, das Sie ihm zuteil werden lassen, vom Alter des Kindes ab.)

Auffallend gutmütige Geschwister schwieriger Kinder brauchen besondere Aufmerksamkeit. Das »perfekte Kind«, das für Sie eine solche Erleichterung war, muß seinerseits aus seiner Rolle als Familienheiliger entlassen werden. Wenn es sich nämlich zu sehr mit dieser Rolle identifiziert, kann es später zu Schwierigkeiten kommen. Wenn Sie also mit Ihrem schwierigen Kind einige Dinge geklärt, neue Systeme und Routinen erstellt haben, dann sprechen Sie offen mit dem anderen Kind über seine Gefühle: »Ich weiß, du hast dir Sorgen gemacht und versuchst brav zu sein, doch nun ist das nicht mehr so nötig.« Ermutigen Sie es dazu, seine Gefühle zu zeigen. Und wenn es manchmal zu rebellieren anfängt oder sich mal schlecht benimmt so wie jedes andere Kind, dann machen Sie sich darüber nicht allzu viele Gedanken, auch wenn es ein wenig zu weit gehen sollte.

Noch eine interessante Anmerkung: *Alle* Kinder haben ein Temperament. Sie sind alle Individuen mit eigenem Recht. Jedes Kind, auch wenn es eigentlich leicht zu haben ist, hat vielleicht ein oder zwei schwierige Züge in seinem Temperament. Deshalb kann es sein, daß Ihnen nicht nur die Prinzipien der elterlichen Autorität, sondern auch Ihre Erfahrung auf dem Gebiet des Temperaments helfen werden, ein besseres Verhältnis mit Ihren anderen Kindern herzustellen und deren Individualität zu respektieren.

Wertvolle Zeit

Was ist nun mit Ihnen? Jetzt ist es höchste Zeit, daß Sie auch an Ihrer Ehe arbeiten und sich mehr auf Ihre eigenen Bedürfnisse besinnen, besonders wenn Ihre Beziehung in den letzten Jahren etwas gelitten hat. Veranschlagen Sie mehr Zeit für sich alleine. Suchen Sie sich einen guten Babysitter und führen Sie ihn langsam in die Familie ein. Gehen Sie wieder aus. Laden Sie Freunde zu sich nach Hause ein. Fahren Sie gelegentlich am Wochenende weg. Bereiten Sie das Kind darauf vor, wenn Sie ausgehen, doch verabschieden Sie sich nicht zu lange von ihm. Die Eltern schwieriger Kinder neigen dazu, Ihre eigenen Interessen zu vernachlässigen. Dies tut niemandem gut, auch nicht Ihrem Kind. Gönnen Sie also sich selbst wieder mehr Zeit.

Vor allem die Mutter muß ihren Horizont wieder etwas erweitern. Vielleicht belegen Sie einen Kurs, gehen einem Hobby nach, treffen sich öfters mit Ihren Freunden, gehen ins Museum, ins Kino oder suchen sich sogar eine Arbeit.

Wenn Sie alleine ausgehen, dann verbringen Sie Ihre freie Zeit nicht damit, alles mögliche für Ihr Kind oder den Rest der Familie zu besorgen, sondern tun Sie etwas für sich selbst.
Vielleicht ziehen Sie auch in Erwägung, öfters einen Ausflug mit der ganzen Familie zu machen. Es gibt Orte, an denen ein lautes oder aktives Kind andere Familien nicht stören würde: Parks, große wissenschaftliche oder naturhistorische Museen, Strände, Zoos.
Ganz allgemein gesagt: Sie müssen langsam den Druck, der auf Ihnen lastet, nicht nur durch Ruhe ersetzen, sondern auch durch Freude aneinander, an Ihrem schwierigen Kind und Ihren anderen Kindern. Die Familienatmosphäre wird sich bessern, wenn Sie einfach mehr Spaß miteinander haben.

Fernsehen

Wie Sie in einigen der Skizzen gesehen haben, ist der »elektronische Babysitter« manchmal ein wertvolles Werkzeug bei der Bändigung eines schwierigen Kindes. Im frühen Stadium des Programms rate ich den Eltern, ihre eigene Meinung über Kinder vor dem Fernseher zurückzustellen und ihn einfach als Mittel zu benutzen, um besser mit dem Kind fertig zu werden. Manchmal ist das das einzige Mittel, um das Kind, das sonst wild würde, besänftigen zu können. Für die Mutter ist dies vielleicht die einzige Möglichkeit, sich ein paar freie Minuten zu »erkaufen«. Diese Anwendung des Fernsehens ist ganz in Ordnung. Ständiger Mißbrauch dagegen ist schwer wiedergutzumachen. Wenn Ihr Kind also leichter zu handhaben ist, können Sie auch damit beginnen, die Fernsehzeiten zu beschränken. Sie sollten sich auch nicht schlecht fühlen, wenn Sie das Kind gezielt eine Fernsehshow ansehen lassen. Lassen Sie auf jeden Fall ein wenig

Fernsehzeit in der Abend- oder Morgenroutine, wenn dies mit Ihren Familienzielen übereinstimmt.

Großeltern

Inwieweit sollten Sie Ihre Eltern und Schwiegereltern in das neue Programm für Ihr Kind mit einbeziehen? Dies hängt von zwei Faktoren ab: deren Flexibilität und Verständnisbereitschaft und der Art Ihrer Beziehungen zueinander.

Sind diese Beziehungen gut und die Großeltern sind aufgeschlossen, dann diskutieren Sie ruhig die neuen Führungstechniken mit Ihrer Familie. Lenken Sie die Aufmerksamkeit auf das Temperament Ihres Kindes, und »erziehen« Sie Ihre Eltern so, daß diese auch konsequent in der Behandlung Ihres Kindes sind.

Haben die Großeltern jedoch strenge oder unumstößliche Vorstellungen über die Erziehung, dann sollten Sie als Eltern sich fragen, wie Ihr Kind darauf reagieren wird. Akzeptiert es die Strenge und ist sie in einen liebevollen Kontext eingebunden, dann lassen Sie die Dinge so, wie sie sind, und mischen sich nicht ein. Bitten Sie Ihre Eltern einfach, Sie nicht in Gegenwart des Kindes zu kritisieren oder Ihre Autorität zu unterminieren.

Tun sich Ihre Eltern hingegen schwer mit Ihrer neuen Haltung, dann müssen Sie den Kontakt mit ihnen vielleicht einschränken, während Sie Ordnung in Ihre Familie bringen. Sonst würde ihre Kritik an Ihnen gegen Sie und die Behandlung Ihres Kindes arbeiten. Es wäre besser, die engeren Beziehungen mit ihnen erst dann wiederaufzunehmen, wenn sich die Lage zu Hause bessert.

Wie man Streß und Änderungen behandelt

Schwierige Kinder sind sehr sensible Barometer für Schwierigkeiten, Streß oder Veränderungen in der Familie. Sie können bei solchen Gelegenheiten für kurze Zeit leicht einen Rückschlag erleiden. Es ist wichtig, daß Sie Situationen erkennen, die für Ihr schwieriges Kind mit Schwierigkeiten verbunden sein können. Hier einige Beispiele:

- Weihnachten oder andere große Familienfeste
- Schulferien
- Sommerlager
- Reisen
- ein neues Baby in der Familie
- die ersten Tage oder Wochen in der Schule
- der Übertritt in eine andere Schule
- ein Umzug
- Arbeitslosigkeit eines Elternteils oder finanzielle Schwierigkeiten
- die Rückkehr der Mutter in das Arbeitsleben

Natürlich gibt es auch Umstände, die jedes Kind treffen würden:

- eine Krankheit des Kindes
- Scheidung der Eltern
- Krankheiten (physisch oder emotional) innerhalb der Familie
- Tod einer Person, die dem Kind nahegestanden hat

Versuchen Sie, in solchen Zeiten nicht irgendwelche brandneuen Techniken einzuführen oder irgendwelche anderen

Regeln mit Gewalt durchzusetzen. Halten Sie die gewohnten Routineabläufe so einfach wie möglich. Macht Ihr Kind dennoch einen Rückschritt, dann sind Sie so frei, auf einige Systeme oder Techniken für eine gewisse Zeit zurückzugreifen.

Eine Fünfjährige zum Beispiel, die nun erfolgreich ihre Morgen- und Abendroutine ohne Belohnung durch das Sternchensystem abwickelt, kehrt zu ihrem chaotischen und schwierigen Verhalten zurück. Zunächst sind ihre Eltern vor den Kopf geschlagen, doch als sie darüber nachdenken, was in der Familie los war, bemerken sie, daß ihre Tochter auf ihre Konflikte und Veränderungen reagiert. Der Vater hat den Beruf gewechselt, was nicht die Zustimmung seiner Frau fand, und deshalb gab es einige tiefschürfende Auseinandersetzungen und Diskussionen darüber. Das meiste war nicht in Gegenwart der Tochter passiert, und die Eltern glaubten, sie könne das Problem sowieso nicht begreifen, doch sie hat offensichtlich die Spannung gespürt. Wenn die Eltern das merken, können sie ihrem Kind in einfachen Worten erklären, was passiert, und sie setzen das Sternchensystem wieder ein, bis ihr Verhältnis wieder ohne Reibereien funktioniert. Einige schwierige Kinder reagieren sensibler als andere auf das Verhältnis ihrer Eltern untereinander sowie auf Änderungen ihrer Umgebung.

Positive Ereignisse wie Weihnachten oder ein Urlaub mit der ganzen Familie sollten geraume Zeit vorher geplant und durchgesprochen werden. Das Kind könnte auf all die Aufregung und Änderung reagieren. Versuchen Sie, soweit wie möglich bei den einmal erstellten Abläufen zu bleiben. Wenden Sie einige der Führungstechniken wieder an, z. B. die Wechseluhr. Bereiten Sie Ihr Kind sorgfältig auf neue Situationen vor. Machen Sie es mit Ihren Reiseplänen vertraut, wenn die Familie wegfährt. Machen schwierige Kinder kurzfristig einen Rückschritt, so äußert sich dies durch größere Ängstlichkeit, Anhänglichkeit, Schlafstörungen oder schlechtes Benehmen. Sie selbst müssen versuchen, nicht zu besorgt zu sein und eine sympathische, liebe Haltung zu bewahren. Wenn Sie für Ihr Kind eine sichere Ausgangsbasis sind, während es eine rauhe Phase durchläuft, dann wird es normalerweise bald wieder auf dem richtigen Kurs sein.

Scheidung und Wiederverheiratung

Neue Familienstrukturen wie Alleinerziehende und die Stieffamilie sind in unserer westlichen Gesellschaftsordnung ganz normal. Es wurde viel darüber geschrieben, wie man den Streß einer Scheidung für die Kinder leichter machen könne. Ich möchte dem noch eins hinzufügen, daß man dabei das Temperament des Kindes berücksichtigen sollte.

Beständigkeit ist der Schlüsselbegriff bei schwierigen Kindern. Wenn alle wichtigen Bezugspersonen für das Kind sich einigermaßen ähnlich verhalten und einigen der Prinzipien und Techniken folgen, die Sie bereits gelernt haben, dann wird es dem Kind gutgehen. Dies mag für einige Paare, die in Scheidung leben, schwierig sein, da es die Notwendigkeit einer rationalen Auseinandersetzung beinhaltet, wo doch oftmals die Atmosphäre sehr spannungsgeladen ist. Ich kann Sie nur dringend bitten, Ihre Gefühle über Ihren Exgatten oder Ihre Exfrau so gut es irgend geht aus Ihrem Verhältnis mit dem Kind herauszuhalten.

Wenn das Kind über Nacht oder an Wochenenden beim Vater bleibt, dann sollte dieser versuchen, wenigstens bis zu einem gewissen Grad die Routinen des Kindes aufrechtzuerhalten.

Wenn Sie ein alleinerziehender Elternteil sind, dann haben

Sie das Programm etwas abgewandelt angewandt. Für arbeitende Mütter bliebe noch zu betonen, daß sie eine besonders sorgfältige Wahl der beaufsichtigenden Personen treffen sollten.
In einer neu gegründeten Stieffamilie sollte Ihr neuer Partner an dem Programm mit Ihnen teilnehmen, auch die Geschwister sollten über das schwierige Temperament des Kindes informiert werden.

Noch eine abschließende Bemerkung: Schwierige Kinder können, wie Sie sicherlich wissen, eine Ehe sehr unter Druck setzen. In meiner Praxis aber war es sehr selten der Fall, daß ein schwieriges Kind der *einzige* Grund für eine Trennung war. Seien Sie deshalb nicht verärgert über Ihr Kind, und vermeiden Sie es, ihm gegenüber Andeutungen zu machen, daß es am Scheitern Ihrer Ehe verantwortlich sei.

Schule und Lehrer

Für Ihr Kind ist die erste Welt außerhalb der Familie die der Schule, Lehrer und Gleichaltrigen. Es gibt hier ebenfalls so etwas wie ein gutes Schule-Kind-Zusammenspiel, wie es das gute Zusammenspiel zwischen Eltern und Kind gibt. Beide sind für den beständigen Fortschritt Ihres Kindes von großer Bedeutung.
Ein paar Worte darüber, ab wann Ihr Kind in die Schule gehen sollte. Die moderne Gesellschaft legt immer mehr Wert auf eine frühe Einschulung. Darüber gibt es heftige Debatten unter Fachleuten. Meines Erachtens sollte die Entscheidung darüber sich am einzelnen Kind orientieren. Ich rate Eltern, es auszuprobieren und flexibel zu sein. Wenn Sie sich nicht sicher sind, ob Ihr Kind schon reif

genug für die Schule ist, dann schicken Sie es trotzdem hin;*
aber bereiten Sie sich darauf vor, Ihre Meinung zu ändern, falls es nicht funktioniert – und haben Sie dann nicht das Gefühl, daß Sie oder Ihr Kind versagt hätten.

Schul- und Klassenwahl

Die beste Wahl für Ihr Kind ist nicht immer die Schule, die allgemein als die beste gilt (obgleich dies natürlich auch der Fall sein kann). Es ist vielmehr die Schule, die seinen natürlichen Bedürfnissen entspricht und die mit Ihnen, den Eltern, einen offenen Kontakt pflegt.

In einigen kleineren Gemeinden gehen alle Kinder in dieselbe öffentliche Grundschule, und Sie haben wenig oder gar keine Auswahl an Vorschuleinrichtungen. Doch eine wachsende Zahl an Eltern trifft eine Wahl, selbst wenn es keine zu geben scheint, z. B. dadurch, daß sie sich eine Erlaubnis erwirken, die Kinder in einen anderen Schulsprengel zu schicken.

Für ein sehr aktives Kind wäre eine Schule optimal, die aus einem Schulgebäude und viel Platz zum freien Umhertollen und Spielen besteht. Fragen Sie z. B.: Wieviel Zeit des Tages wird damit verbracht, einem festgesetzten Zeitplan zu folgen? Wie oft können die Kinder ins Freie oder in die Turnhalle, um sich Luft zu machen? Sind die Kinder zum Teil dafür verantwortlich, ihre Betätigung selbst zu wählen? Oder wird von allen erwartet, daß sie immer zur selben Zeit dasselbe tun? Ein Kind, das sich mit Änderungen schwertut, braucht eine Schule, die einen flexiblen Ansatz bietet und ihm Zeit zur Anpassung läßt.

Ganz allgemein gesprochen: Suchen Sie nach einer Schule

* In Deutschland kann auch als Entscheidungshilfe ein Schulreifetest durchgeführt werden. (Anm. d. Red.)

mit warmherziger Atmosphäre, die Struktur mit Flexibilität kombiniert und deren zugrundeliegende Philosophie die Individualität jedes Kindes respektiert. Wenn Sie die Wahl treffen, ist Ihre Haltung von Bedeutung: Ihr Kind ist kein Problemkind, um dessen Aufnahme Sie die Schule bitten, sondern ein Individuum, für das die beste Schule gerade gut genug ist. Wenn Sie irgendeine in Frage kommende Schule besichtigen, dann sollten Sie mit der Einstellung dorthin gehen, daß Sie die Schule genauso taxieren wie die Schule Ihr Kind. Sprechen Sie offen über Ihr Kind, doch fragen Sie auch nach der Philosophie der Schule.

Die Wahl der Klasse und der Lehrer ist normalerweise Sache der schulischen Institution, doch nehmen Sie sich die Freiheit, über das zu sprechen, was für Ihr Kind das Beste ist. Seien Sie offen und diplomatisch. Sie wollen nicht, daß Ihr Kind als Statist behandelt wird, aber auch nicht, daß es zu sehr in den Mittelpunkt gerückt wird. Wenn Sie zufällig wissen, daß einer der Grundschullehrer flexibler und großzügiger ist, dann fragen Sie, ob Ihr Kind nicht in seine Klasse kommen könnte. Einige schwierige Kinder entwickeln sich in einer kleineren Klasse besser, in der es möglich ist, noch ein wenig zusätzliche individuelle Betreuung zu erhalten. Denken Sie immer daran, daß Sie diese Haltung nur deswegen einnehmen, weil Ihr Kind ein Individuum ist und Sie sichergehen wollen, daß seine Individualität verstanden, respektiert und ermutigt wird, und nicht, weil Ihr Kind »schlecht« oder ein »Problemfall« wäre.

Übereinstimmung von Kind und Lehrer

Sie haben bereits bemerkt, daß viele Kinder in der Schule mit dem Lehrer besser zurechtkommen, allerdings nicht automatisch. Die Lehrer verbringen ziemlich viel Zeit mit den Kindern, und ihr Zusammenspiel ist wichtig für ihre

Beziehung. Auch die Erfahrung des Lehrers und seine Persönlichkeit spielen eine Rolle.
So sind z. B. auch Lehrer, genau wie Mütter, mehr oder weniger streng oder mehr oder weniger entspannt. Das schwierige Kind tut sich am leichtesten mit einem Lehrer, der die Balance gefunden hat zwischen Freizügigkeit und Struktur, dazwischen, den freien Ausdruck des Kindes zuzulassen und darauf zu bestehen, daß einige Dinge erledigt und somit bestimmte Regeln eingehalten werden. Doch es kann Probleme mit Lehrern geben, die in das eine oder andere Extrem verfallen. Nehmen wir einen Lehrer, der nicht mit sich reden läßt und wünscht, daß *sämtliche* Regeln und Aufgaben erfüllt werden. Hier haben wir einen Fall, bei dem es für ein hyperaktives Kind fast unmöglich sein wird, sich mit dem Lehrer zu verstehen, genauso wie für ein schwer anpassungsfähiges Kind. Wenn der Lehrer ihnen auf die Finger klopft, um das Ende einer Tätigkeit anzukündigen, werden diese Kinder nicht sofort mit dem aufhören, was sie gerade tun. Sie »verrennen sich«. Wenn der Lehrer weiterhin darauf besteht, wird auch er in Schwierigkeiten kommen. Das Kind wird natürlich unter dieser Inflexibilität genauso leiden, als wenn seine Eltern so streng wären. Der Lehrer wird dieselben Probleme mit einem sehr intensiven, störrischen Kind haben.
Das andere Extrem kann ebenfalls problematisch werden. Ein unstrukturierter Lehrer mit wenigen festen Regeln für das Verhalten im Klassenzimmer kann sich für schwierige Kinder genauso nachteilig auswirken. Wenn es nicht weiß, was es erwartet, kann ein hyperaktives Kind leicht verwirrt werden; überhaupt keiner Routine zu folgen kann ein schwer anpassungsfähiges Kind überfordern.
Ein guter Lehrer wird einem schwer anpassungsfähigen Kind genug Zeit lassen, um von einer Tätigkeit zu einer

anderen zu wechseln, weil er festgestellt hat, daß das Kind Schwierigkeiten hat, sich umzugewöhnen. Er wird es auch spüren, wenn ein aktives, ablenkbares Kind eine Ruheperiode benötigt. Diese Art von wohlwollender Bereitschaft wirkt sich sehr positiv auf das schwierige Kind aus, und das Resultat wird ein sehr viel besseres Verhalten in der Schule sein.

Gleichgültig, ob Ihr Kind Probleme hat oder nicht – Sie sollten auf ein gutes Verhältnis zu den Lehrern achten, in dem auch der Austausch von Informationen und Ratschlägen möglich ist.

Gehen Sie diplomatisch vor, aber machen Sie den Lehrer mit einigen der Techniken vertraut, die Sie zu Hause anwenden. Denken Sie daran, daß Sie der Experte sind. Heben Sie die Stärken des Kindes genauso hervor wie seine Problembereiche. Der größte Teil der Lehrer wird Ihnen für solche Informationen dankbar sein. Seien Sie jedoch bei Lehrern auf der Hut, die eine Haltung einnehmen nach dem Motto »Was wissen Sie denn schon?« oder »Sagen Sie mir nicht, was ich zu tun habe.«

Es muß ebenfalls gesagt werden, daß etwas nicht in Ordnung ist, wenn Sie im Laufe des Jahres plötzlich eine Menge Berichte über das Verhalten Ihres Kindes zugeschickt bekommen oder wiederholt zu Konferenzen geladen werden. Glauben Sie aber nicht automatisch, alles wäre allein die Schuld Ihres Kindes. Eigentlich sollte der Lehrer mit den meisten Problemen alleine fertig werden, ohne Sie zu benachrichtigen. Ist dies nicht der Fall, so kann das Problem genauso beim Lehrer oder der Zusammensetzung der Gruppe liegen wie bei Ihrem Kind.

In meiner Praxis habe ich viele Fälle erlebt, bei denen ganz normale, aber schwierige Kinder als unruhig oder gar emotional gestört eingestuft wurden, obwohl es sich so verhielt, daß das Kind in die falsche Schule ging oder den falschen Lehrer hatte.

Wenn das Kind sich weigert, in die Schule zu gehen

Viele kleine Kinder lösen sich nur sehr zögernd von ihrer Mutter, wenn sie in die Schule kommen. Das schwierige Kind hat möglicherweise mehr Probleme damit, und zwar wegen seines anfänglichen Zurückschreckens und seiner Ängstlichkeit. Wegen dieser beiden Faktoren kann die erste Woche in der Schule für einige schwierige Kinder härter sein. Ist auch die Mutter ängstlich, dann verschlimmert sich die Lage noch. Das Kind kann sich weigern, in die Schule zu gehen. Die Schulphobie, wie man dies in seiner ausgeprägteren Form nennt, wird dadurch ausgelöst, daß das Kind Schwierigkeiten damit hat, sich von zu Hause zu lösen, und weniger durch Faktoren in der Schule selbst. In solchen Fällen ist in der Regel die Mutter selbst ebenfalls sehr engagiert. Sie behütet ihr Kind wie eine Glucke, möchte es beschützen und zögert, das Kind alleine in der Schule zu lassen.

Was kann man tun?

Bei Vorschulkindern kann man ohne weiteres eine Zeitlang in der Schule verweilen und dann auf eine schrittweise Trennung hinarbeiten. Passen Sie den Zeitraum der Integration des Kindes in der Klasse an. Die Lehrer werden Ihnen dabei helfen, diesen Fortschritt zu erkennen. Sie wiederum können die Lehrer unterstützen, indem Sie dem Kind Geschichten über tapfere Tiere vorlesen oder ihm ein »mutiges« Stofftier schenken.

In der Grundschule tritt die Verweigerung der Schule am häufigsten in der ersten Klasse auf. Hier jedoch müssen Sie sich eine innere Haltung aneignen, die Ihnen sagt, daß das *Kind in die Schule gehört.* Das Kind muß gehen, es bleibt keine

andere Wahl. Sie müssen es dort lassen. Eine abrupte Trennung ist für das Kind viel besser, denn sonst verstricken das Kind und Sie selbst sich viel zu sehr in diese Situation. Dehnen Sie also das Verabschieden nicht zu lange aus. Wenn Sie einmal weg sind, dann findet sich das Kind schon zurecht. Ist Ihr Kind besonders anhänglich und hat Angst vor der Trennung, dann suchen Sie sich einen Erwachsenen aus dem Schulbereich, der mit dem Kind geht; dann gehen Sie.
In manchen Fällen wacht das Kind morgens mit Kopfweh oder Magenschmerzen auf und klagt, es sei zu krank, um in die Schule zu gehen. Auch wenn der Schmerz echt genug erscheint, so handelt es sich hierbei nicht um eine physisch bedingte Krankheit, sondern eher um einen Ausdruck der Angst. Eine gute Art der Reaktion wäre es hier, das Kind dennoch in die Schule zu schicken. Sagen Sie ihm, es solle dort die Krankenschwester aufsuchen, wenn die Schmerzen anhielten, und diese entscheiden lassen. Somit liegt die Entscheidung nicht in Ihrer Hand und vermischt sich nicht mit dem Trennungsproblem.

Hier einige Dinge, die Sie *unterlassen* sollten:

- Werben Sie nicht für die Schule. Preisen Sie sie nicht zu sehr an: »Ist es nicht lustig in der ersten Klasse? Du magst deinen Lehrer doch sehr?«
- Stellen Sie nicht zu viele Fragen über die Schule. Wenn Ihr Kind nach Hause kommt und auf die Frage: »Na, wie war's in der Schule« nur »Gut« sagt, dann lassen Sie es dabei bewenden. Bohren Sie nicht weiter. Fragen Sie nicht ständig, ob das Kind auch »brav« war.
- Machen Sie sich keine Gedanken über momentane Rückschritte im Verhalten. Auch wenn sich das Kind in der

Schule wohl fühlt, kann es zu Hause Rückschritte geben. Dies ist eine Konsolidationsphase für das Kind. Bieten Sie ihm eine sichere Basis als Zuhause, dann ist bald alles wieder im Lot.

Wenn Sie die Ratschläge dieses Buches befolgt haben (siehe auch Kapitel 9) und Ihr Kind sich immer noch weigert, zur Schule zu gehen, dann sollten Sie professionelle Hilfe aufsuchen.

Gleichaltrige

Wenn Ihr Kind wegen seines rätselhaften Verhaltens Schwierigkeiten hat, Freunde zu finden oder vernünftig mit anderen Kindern zu spielen, sollte ihm Ihre neue Anschauung auch hier zugute kommen. Sowie sich die Lage zu Hause zu entspannen beginnt und das Kind zusehends sein Verhalten verstehen lernt, wird ihm auch der Umgang mit Gleichaltrigen leichter fallen. Sie müssen nicht direkt eingreifen oder versuchen, seine Sozialkontakte zu regeln. Sie können jedoch Verabredungen mit anderen Kindern arrangieren oder anregen oder Spiele für die Freizeit nach der Schule planen. Dadurch, daß Sie Ihr Kind über sein Temperament aufklären, helfen Sie ihm auch, seine Beziehung mit anderen zu bewältigen.
Sie müssen jedoch immer berücksichtigen, daß schwierige Kinder starke Individualisten sind und Freundschaft immer eine Geschmacksfrage ist. Regen Sie sich nicht darüber auf, wenn Ihr Kind kein anderes Kind als Spielgefährten will. Wenn es sagt: »Mami, ich will nicht mit Elisabeth spielen«, dann sehen Sie dies als persönliche Entscheidung an und nicht als Anzeichen von Kontaktunfähigkeit.

Der Arzt Ihres Kindes

Der ideale Kinderarzt für ein schwieriges Kind sollte auch Interesse an der sogenannten »Forschung am kindlichen Verhalten« haben, d. h., er sollte Probleme, die über die physische Gesundheit hinausgehen, erkennen können und darüber sprechen wollen. Betreut Ihr Arzt die ganze Familie, wie das früher der Hausarzt gemacht hat, dann ist er vielleicht besonders auf die Probleme des Kindes in der Familie eingestellt. Ihr Arzt sollte außerdem auch etwas von Temperament und schwierigem Verhalten in Verbindung mit dem Temperament verstehen. Er sollte als Ratgeber und Führer fungieren, vor allem wenn Sie ein schwieriges Kleinkind oder Baby haben. Er sollte auch den Zeitpunkt kennen, wann er Sie an einen anderen Arzt überweisen muß. Immer wenn weitere Meinungen gebraucht werden, sollte der Kinderarzt im Idealfall diese Unternehmungen koordinieren. Doch selbst wenn die richtigen Intentionen vorhanden sind und die richtige Richtung eingeschlagen worden ist, sollte sich der Arzt Zeit dazu nehmen, sich mit Ihnen über Ihr Kind zu unterhalten. Eine gute Kommunikationsebene mit ihm ist von großer Bedeutung. Wenn all diese Dinge zutreffen, dann haben Sie großes Glück.

Doch ehe Sie nun feststellen, daß dem nicht so ist, und Sie sich nach einem anderen Arzt umsehen (falls Ihre Gemeinde überhaupt eine Alternative bietet), überlegen Sie zunächst, ob nicht Sie, als Experte auf dem Gebiet, irgendwie dazu beitragen könnten, das Arzt-Patient-Verhältnis zu verbessern. Nur zu viele Eltern haben Hemmungen, Verhaltensprobleme mit dem Arzt zu besprechen. Sie nehmen vielleicht ohne triftigen Grund an, er sei an nichts anderem als Impfungen, Ausschlägen oder Halsentzündungen interessiert. Vielleicht machen sich aber auch Eltern, denen man gesagt hat, ihr Kind wäre nicht »normal«, zu viele Gedanken darüber, daß der Arzt ihnen die Schuld geben könnte. Versuchen Sie, sich keine solchen Gedanken zu machen. Bitten Sie um einen speziellen Termin, um über das Verhalten Ihres Kindes zu sprechen. Finden Sie dann heraus, ob der Arzt bereit dazu ist, über das Temperament zu sprechen. Vielleicht können Sie ihm klarmachen, daß Ihr Kind von Geburt an schwierig ist. Vielleicht kann er Ihnen einen fundierten Rat erteilen. Ist er für die Probleme aufgeschlossen, die ein solches Kind für die restliche Familie mit sich bringt? Erst wenn Sie all diese Anstrengungen unternommen haben, ohne einen Erfolg zu erzielen, sollten Sie erwägen, den Arzt zu wechseln.

Fördergruppen

Mütter und auch viele Väter haben mir immer wieder versichert, daß die Teilnahme an einer Fördergruppe für Eltern für sie eine sehr hilf- und lehrreiche Erfahrung war.
Die Mütter sagen: »Ich fühlte mich total allein gelassen, bevor ich in die Gruppe kam.« »Ich hätte nie geglaubt, daß irgend jemand dasselbe durchgemacht hat wie wir.« »Ich fühle mich nicht mehr wie ein Außenseiter.« »Endlich habe ich jemanden gefunden, der mich versteht.« Sie können sich bestimmt die Erleichterung dieser Mütter vorstellen, als endlich jemand mit dem Kopf nickte und sagte: »Ja, ich weiß. Das habe ich auch durchgemacht. Und schauen Sie, ich habe es überlebt!«
Da nicht jeder in der Nähe einer Großstadt lebt, in der man leicht Zugang zu professioneller Hilfe findet, wird die Fördergruppe einen noch größeren Stellenwert erhalten, denn sie bringt Sie mit anderen Eltern zusammen, die mit ihren

Kindern ähnliche Probleme durchgemacht haben; sie wird Ihnen die Möglichkeit geben, über Ihre Gefühle, Erfolge und Niederlagen offen zu reden. Theoretisch bilden bereits zwei Mütter mit ähnlichen Kindererziehungsproblemen, die miteinander telefonieren, um Beobachtungen auszutauschen und sich gegenseitig zu ermutigen, eine Gruppe. In der Praxis mag es Ihnen lieber sein, eine Gruppe mit sechs oder mehr Eltern zu gründen. Im folgenden Abschnitt lesen Sie, wie man so etwas macht.

Da Sie wahrscheinlich ohne die Hilfe von Fachleuten an Ort und Stelle auskommen müssen, sollten Sie sicher sein, die Prinzipien dieses Buches gut verstanden zu haben. Wenden Sie die Techniken des Programms bei sich zu Hause an und achten Sie auf den Fortschritt. Die Ermutigung, die Sie dann geben können, wird den Mitgliedern einer zukünftigen Fördergruppe helfen.

Am einfachsten lernen Sie andere Eltern schwieriger Kinder kennen, indem Sie ein Flugblatt entwerfen und dann die Kinderärzte und Kindergärten bitten, dieses zu verteilen oder auszuhängen. Verwenden Sie dabei einige der Fragen aus dem Fragebogen zu Beginn dieses Buches – fragen Sie, ob Eltern Schwierigkeiten bei der Erziehung ihres Kindes haben, ob es Schlafprobleme gibt oder Wutanfälle, hohe Aktivitätsebene und so weiter. Am Ende dieses Fragenkatalogs sollten Sie die Eltern auffordern, Sie entweder telefonisch oder per Brief zu kontaktieren. Natürlich sollten Sie erklären, daß Sie vorhaben, eine Fördergruppe mit interessierten Eltern schwieriger Kinder (normal, aber schwer zu erziehen) zu bilden.

Sobald andere Eltern mit Ihnen Kontakt aufgenommen haben, erzählen Sie ihnen, daß der Zweck der Gruppe sowohl ist, den Schmerz und die Schwierigkeiten miteinander zu teilen, die die Erziehung dieser Kinder mit sich bringt, als auch Tips, Ratschläge und *Antworten* anzubieten. Was Sie alle gemein haben, ist das Verständnis für Ihre Kinder.

Die Gruppe kann auch als Forum zum Austausch von Informationen über Ärzte, Schulen, Spielgruppen, Babysitter und andere Themen, die die Eltern interessieren, dienen. Die meisten Mütter (und viele Väter) sagten, daß das schlimmste Gefühl, das sie wegen ihrer schwierigen Kinder ertragen mußten, dasjenige war, isoliert zu sein, d. h., die einzigen zu sein, die auf diese Weise zu leiden haben. Der wichtigste Zweck, den Ihre Gruppe also zu erfüllen hat, ist der, von anderen Eltern Unterstützung zu erfahren und Informationen über gangbare Wege auszutauschen.

Wenn Ihre Gruppe entscheiden sollte, noch weiter gehen zu wollen, so können Sie Lehrer und Leute, die beruflich mit Kindern zu tun haben, zu einigen Ihrer Treffen einladen. Es ist immer wünschenswert, Erfahrungen auszutauschen. Informieren Sie diese Leute über einige Dinge, die Sie über Temperament und Verhalten gelernt haben. (Natürlich sollten Sie dies auf diplomatische Art und Weise tun.)

Vielleicht sagen die Eltern: »Wir sind alle daran interessiert, unseren Kindern so gut wie möglich zu helfen, und wir wollen einiges, was wir inzwischen gelernt haben, an Sie weitergeben und dann Ihren Beitrag dazu hören.«

Es ist ebenfalls wichtig, sich nicht sklavisch an ein Programm zu halten, das nur auf diesem Buch aufgebaut ist. Das Programm entwickelt ein Modell praktikabler und effektiver Elternschaft. Die Eltern sollten das Buch lesen, dann jedoch darüber hinausgehen und es an ihr Kind und ihre Familie angleichen. Obwohl ein gewisses Grundverständnis nötig ist (das diese Seiten zu vermitteln versuchen), können die Prinzipien der elterlichen Autorität und die Techniken selbst angeglichen, erweitert und geändert werden, um Ihren Ansprüchen gerecht zu werden. Wenn Sie einmal die anderen Eltern kennen und sich frei fühlen, offen zu sprechen, dann gibt es für Ihr Handeln keine Grenzen mehr. Außerdem können Sie in der Gruppe möglicherweise Freunde fürs Leben finden.

Einige Tips, wie man solche Fördergruppen aufzieht

– Um bei der ersten Sitzung das Eis zu brechen, stellen Sie sich am besten vor und erzählen etwas über Ihr Kind, Ihre Familie und Ihre Gefühle. Bitten Sie dann die anwesenden Eltern, sich einzeln vorzustellen, etwas über ihre spezielle Situation zu erzählen und darüber, was sie sich von der Gruppe erhoffen.
– Schlagen Sie den anderen Eltern vor, »Das schwierige Kind« zu lesen, damit die ganze Gruppe ein gemeinsames Hintergrundwissen besitzt.
– Lassen Sie zu Beginn jeder Sitzung ein wenig Spielraum, damit Väter und Mütter über das sprechen können, was sie *momentan* beschäftigt. Sie haben diese Sorgen im Kopf und wollen vielleicht zuerst einmal ihren Gefühlen Luft machen, bevor sie sich in eine Diskussion über ein bestimmtes Thema oder eine spezielle Technik vertiefen.
– Achten Sie darauf, daß die Atmosphäre immer entspannt bleibt. Sie können Kaffee und Kuchen oder ein Glas Wein anbieten, bevor Sie anfangen, miteinander zu sprechen. Glauben Sie ja nicht, strengen Regeln folgen zu müssen. Was immer irgendein Elternteil über ein schwieriges Kind erzählen mag, ist auch wichtig für die anderen Eltern schwieriger Kinder.
– Als Leiter der Gruppe sollten Sie zunächst Ihre Gefühle über Ihre Lage preisgeben, bevor Sie dies von den ande-

ren Eltern erwarten können. Es ist vielleicht schwierig, die Gefühle offen darzulegen, und nicht jeder will zunächst so frei darüber sprechen.

- Es ist ideal, wenn die Väter an diesen Gruppen teilnehmen, doch können Sie auch ein oder zwei Treffen ohne sie abhalten. Es ist immer wichtig, daß man über gemeinsame Anstrengungen spricht, denn die Mütter wirklich schwieriger Kinder haben oft das Gefühl, daß ihre Männer »nicht wissen, wie schlimm das alles in Wirklichkeit ist«.
- Es könnte auch hilfreich sein, eine Sitzung für die Mütter mit deren Haushälterinnen oder Babysitter abzuhalten.
- Tauschen Sie mit allen Mitgliedern der Gruppe die Telefonnummern aus, und ermutigen Sie sie dazu, sich gegenseitig anzurufen. Solch ein Netz der Unterstützung ist sehr effektiv, auch wenn Sie jemand anderen nur anrufen, um sich bemitleiden zu lassen.
- Versuchen Sie, sich ein paar Monate lang wöchentlich zu treffen, und lassen Sie dann die Gruppe darüber entscheiden, wie oft sie sich in Zukunft treffen will. Manche wollen eine kontinuierliche Fördergruppe, während andere durch gelegentliche Treffs in Kontakt bleiben wollen.

Wenn Sie zusätzliche Hilfe brauchen

Die Eltern des Programms fanden die Fördergruppen sehr hilfreich, doch einige brauchten noch zusätzlich fachmännische Hilfe, da sie Probleme hatten, die die Familie weiterhin belasteten. Wie können Sie feststellen, wann mehr Hilfe benötigt wird? Und wie gehen Sie falschen Vorstellungen über schwierige Kinder und deren Familien aus dem Weg?

Unter folgenden Umständen sollten Sie zusätzliche Hilfe zu Rate ziehen:

- Wenn Sie ein besonders schwieriges Kind haben und Sie über diese Erkenntnis nicht hinausgelangen.
- Wenn Ihr Kind weiterhin Probleme hat, obwohl Sie schon viel besser mit ihm zurechtkommen.
- Wenn die Probleme weiterhin bestehen, sei es für einzelne Familienmitglieder, die Eltern oder die ganze Familie, trotz erfolgreicher Anwendung des Programms.
- Wenn eigene oder Familienprobleme, die meist nicht mit dem schwierigen Kind zusammenhängen, Sie davon abhalten, das Programm umfassend durchzuführen.

Wenn Sie sich dazu entschlossen haben, weitere Hilfe in Anspruch zu nehmen, dann sollte der erste Schritt immer eine umfassende Beurteilung Ihrer besonderen Situation sein, die von einem Fachmann für geistige Gesundheit durchgeführt wird. Diese Person sollte Erfahrung in der Arbeit mit Kindern und Familien haben, und am wichtigsten ist, daß diese Person der Theorie über das Temperament aufgeschlossen gegenübersteht, damit sie das Kind nicht einfach als Resultat eines Familienkonflikts oder von Umweltstreß sieht, sondern als Individuum mit angeborenen Charakterzügen, die sein Verhalten beeinflussen. Ohne dieses Verständnis kann die fachmännische Hilfe wohl teilweise erfolgreich sein, doch es wird die zentrale Frage, nämlich *das schwierige Temperament des Kindes,* nicht lösen.

- Wenn Sie z. B. ein schwieriges Kleinkind (im Vorschulalter) haben und einen Therapeuten, der die Meinung vertritt, daß Kinder primär von unbewußten Trieben gesteuert werden, dann folgt dieser Therapeut dieser

Strömung und empfiehlt vielleicht eine individuelle Langzeitpsychotherapie für das Kind. Meinen Erfahrungen zufolge profitieren Kinder im Vorschulalter kaum von einer Langzeittherapie. Ihr Verhalten verschlimmert sich dadurch sogar eher. Deshalb sollte man den Schwerpunkt auf die Beratung der Eltern legen, um ihnen zu helfen, das Verhalten des Kindes besser in den Griff zu bekommen, und nicht auf eine Analyse des Kindes.

- Es kann aber auch sein, daß sich der Facharzt mit Ihrem Hintergrund befaßt, ihn mit Ihren Fähigkeiten als Mutter in Verbindung bringt und dann *Ihnen* eine Behandlung anrät. Eine Therapie für Vater oder Mutter hilft diesen wohl, einige ihrer persönlichen Probleme in den Griff zu bekommen, doch werden sie deshalb weiterhin das Kind nicht kennen und falsch behandeln.
- Oder aber Sie suchen eine Person auf, die familienorientiert ist und das Verhalten des Kindes nur als Symptom der Familiensituation sieht. Dadurch kann die ganze Familie samt Geschwistern einer Therapie unterzogen werden. Eine derartige Therapie hilft vielleicht dabei, sich generell an die Gegenwart eines schwierigen Kindes zu gewöhnen, oder aber bei anderen Problemen wie einer wackeligen Ehe, doch sie wird Ihnen keinen Anhaltspunkt geben, wie Sie mit dem Temperament, das hinter dem schwierigen Verhalten steckt, fertig werden.
- Oder Sie suchen einen Facharzt für innere Krankheiten auf, der eine »Hyperaktivität« diagnostiziert (oder etwas Ähnliches) und eine medizinische Behandlung empfiehlt. Sicherlich ist eine gewisse medikamentöse Behandlung erfolgreich, wenn man eine sehr hohe Aktivitätsebene absenken und die Aufmerksamkeit verbessern will, doch sollte sie niemals die einzige Behandlungsform für ein Kind sein.

Es sei noch einmal betont, daß keine Behandlungsweise erfolgreich sein kann, wenn man das grundlegende Problem eines schwierigen Temperaments übersieht.
Wenn möglich, dann suchen Sie sich einen Allgemeinarzt, einen Facharzt für geistige Gesundheit, der mehr als eine Therapie beherrscht. Denken Sie an Ihre Rolle als *Experten* für das Temperament Ihres Kindes. Stellen Sie taktvolle, aber direkte Fragen über die allgemeine Behandlungsweise des Arztes und die Ziele, die er oder sie anstrebt. Diese Haltung fördert eine positive Verbindung zwischen Therapeuten und Familie.

Wann braucht Ihr Kind eine individuelle Therapie?
Beim älteren Kind (im Grundschulalter) stellt sich die kritische Frage, ob seine »emotionalen Probleme« Erscheinungen sind, die sich bei besserer Führung wieder legen, oder ob das Kind schon so sehr angegriffen ist, daß es fachmännische Hilfe benötigt.
Symptome wie Ängstlichkeit, schlechte Träume, Anhänglichkeit oder daß es leicht aus der Fassung zu bringen ist, resultieren normalerweise aus dem ständigen Nervenkrieg. Sie sollten deutlich zurückgehen, sobald Sie dem Programm folgen.
Sie sollten sich jedoch um eine Therapie bemühen, wenn die Ängste und die Anhänglichkeit dauerhaft und/oder ernsthafter Natur sind. Dies gilt auch, wenn das Kind in der Schule Anzeichen von Rückzug zeigt, von aggressivem Verhalten, Trübsinnigkeit, Angst vor Beziehungen mit anderen Kindern oder, was am wichtigsten scheint, wenn es Probleme mit seinem Bild von sich selbst hat. Sie können sogar das Selbstbild als Meilenstein nehmen, selbst wenn sich vielleicht die anderen Symptome Ihres Kindes verringert haben. Anfangs hat Ihr Kind vielleicht Äußerungen wie »Ich

bin schlecht« oder »Ich hasse mich« getan und resigniert. Wenn aber nun Familie und Kind Fortschritte gemacht haben, das Kind hingegen immer noch Probleme mit dem Selbstbild hat, dann sollte das für Sie das Alarmzeichen sein, sich um Hilfe für das Kind zu bemühen.
Die Länge einer Therapie sollte von der Schwere und dem Ausmaß der Schwierigkeiten bestimmt werden. Ein getrübtes Selbstbild, das häufigste Problem bei älteren schwierigen Kindern, bessert sich oft schon nach einer ziemlich kurzen Therapiedauer von einigen Monaten und nicht Jahren, vorausgesetzt natürlich, die Situation innerhalb der Familie ist relativ stabil.

Wann benötigen andere Familienmitglieder zusätzliche Hilfe?
In unserer streßgeplagten, modernen Gesellschaft wird ein schwieriges Kind vielleicht schon in gestörte Familienverhältnisse hineingeboren. Persönliche, Ehe- oder Familienprobleme können ganz unabhängig vom schwierigen Temperament des Kindes existieren, und die negativen Interaktionen des Teufelskreises machen für jeden die Schwierigkeiten nur noch größer. Deshalb müssen Sie vielleicht noch andere Wege beschreiten, um Hilfe zu finden, sei es, während Sie die Prinzipien des Programms für das schwierige Kind anwenden oder danach.
Wenn Sie nach Anwendung der Führungstechniken bemerken, daß Ihr Kind Fortschritte gemacht hat, zwischen Ihnen als Ehepaar jedoch noch ernsthafte Konflikte schwelen oder Sie sich zu sehr uneinig sind, um diese Techniken auch auszuführen, dann sollten Sie sich darüber klarwerden, daß weitere eheliche Probleme die Lage noch verschlimmern werden. Eine Therapie für Ehepaare wäre das richtige für Sie.
Eine individuelle Behandlung ist angezeigt, wenn entweder

die Mutter oder der Vater unter Alkoholismus, Depressionen oder anderen persönlichen Problemen leidet. Solch ein Elternteil versteht zwar die Techniken des Programms, kann sie jedoch nicht in die Tat umsetzen. Oder aber dieser Elternteil fühlt sich weiterhin schlecht, auch wenn das Kind sichtlich Fortschritte macht.

Wenn jedoch mehr als eine Person Probleme haben oder die Familie nicht intakt ist, dann scheint eine Familientherapie angezeigt zu sein.

Sie sollten dabei daran denken, daß die Therapie bei einem Fachmann nicht unbedingt viel Geld oder Zeit kosten muß. Auf dem Gebiet der geistigen Gesundheit finden sich heute kürzere und sehr wirksame Ansätze für Einzelpersonen, Ehepaare oder Familien. Vergessen Sie aber nicht, daß keiner dieser Ansätze als Ersatz für eine aufgeklärte Behandlung Ihres Kindes dienen sollte, die sich ja auf das Verständnis für sein Temperament stützt.

Besondere Anmerkungen zu den »hyperaktiven« Kindern

Kapitel 4 gab detailliert über meine Ansichten zur Hyperaktivität Auskunft. In den Fällen, in denen die Diagnose wirklich berechtigt ist, brauchen Sie wahrscheinlich spezielle Hilfe. Wurden mehrere Ärzte konsultiert, dann braucht man einen Koordinator.

Im Idealfall ist das der Kinderarzt oder der Hausarzt, doch kann dies auch jeder andere Fachmann sein, der einen Überblick über die Gesamtsituation hat. Von Fall zu Fall wird vielleicht darüber hinaus noch die Hilfe benötigt, die das Programm für das schwierige Kind bietet, und zwar in folgenden Bereichen:

Lernschwierigkeiten: Laut Definition kann bei einem Kind im Vorschulalter keine diagnostizierte Lernunfähigkeit auftreten. Die Diagnose verlangt eine klare Unterscheidung zwischen getesteter Intelligenz und geistiger Leistung. Wenn Ihr Vorschulkind jedoch aufgeweckt ist, sich dennoch nicht für Zahlen oder Buchstaben interessiert, dann könnte ein Test eine Anfälligkeit für später auftretende Lernschwierigkeiten aufdecken.

Wenn er vernünftig angewendet wird, handelt es sich bei diesem Test um eine Untersuchung, die herauszufinden hilft, ob ein Kind wirklich eine besondere Behandlung benötigt. Wir müssen auf jeden Fall vorsichtig sein, damit wir kleine Kinder nicht voreilig bewerten und abstempeln.

Haben Sie ein älteres Kind, das in einigen wissenschaftlichen Fächern schlecht abschneidet, so könnten ein psychologischer Test und eine Beurteilung durch einen guten Spezialisten für Lernunfähigkeit das Problem genauer bestimmen. Je nachdem, wie ernst die Lernstörung ist, benötigt Ihr Kind entweder Nachhilfestunden, einen Erholungsraum, Sonderunterricht innerhalb seiner normalen Schule oder eine Schule für Lernbehinderte.

Verhaltensprobleme und die Ritalin-Kontroverse: Die meisten schwierigen Kinder, ob hyperaktiv oder nicht, bessern sich bei richtiger Führung. Sollen Medikamente verschrieben werden, um das Verhalten von Kindern zu verbessern? Dies ist ein kontrovers diskutiertes Problem.

Ritalin (Methylphenidat) ist eine unter mehreren Möglichkeiten, um Konzentrationsschwäche, gepaart mit Hyperaktivität (ADHD, vgl. Kapitel 4), zu behandeln. Andere, häufig verschriebene Mittel sind Dexadrin (Dextroamphetamin; in Deutschland nicht erhältlich), Cylert (Pemolin; das Medikament wird in Deutschland unter dem Namen Tradon vertrieben) und Tofranil (Imipramin). Diese Medikamente wurden über Jahrzehnte verkauft, doch in den letzten Jahren wurde deren Anwendung bei Kindern – vor allem die von Ritalin, dem am meisten erforschten und am häufigsten verwendeten Mittel – in einer öffentlich und scharf geführten Diskussion in Frage gestellt.

Kritiker schätzen ganz richtig, daß Ritalin zu oft verschrieben (etwa 600.000 bis 700.000 amerikanische Kinder nehmen es) und häufig in der falschen Dosis angewendet wird und daß es tieferliegende Probleme des Schulsystems verschleiert. Auf der anderen Seite sind die Vorwürfe, daß es sich hier um eine gefährliche chemische Zwangsjacke handele, die auf unheimliche Weise das Verhalten kontrolliere, um so Eltern und Lehrern das Leben zu erleichtern, sicherlich überzogen und sensationslüstern.

Befürworter weisen zu Recht darauf hin, daß Ritalin die Fähigkeit zur Aufmerksamkeit verlängere und störendes Verhalten verbessere, daß es die Einstellung von hyperaktiven Kindern gegenüber Erziehung und Bezugspersonen verbessere und daß es relativ sicher sei. Trotzdem wird eine Medikation zu oft als die »schnelle Lösung«, als besondere Kur gesehen, um einen als normal erachteten Zustand zu erreichen.

Ich stehe auf dem Standpunkt, daß Medikation als eine unter verschiedenen geeigneten Strategien gesehen werden soll, die sich ergeben, wenn man einen sinnvollen Plan für das bestimmte Kind innerhalb seiner spezifischen Familien- und Schulsituation entwickelt.

Im allgemeinen verschreibe ich keine Medikamente, um das Verhalten von Kindern unter fünf Jahren zu verbessern. Bei älteren Kindern verwende ich Medikamente nur unter besonderen Umständen. Wenn z. B. ein extrem aktiver Junge, der wirklich die Diagnose ADHD verdient, in der für ihn richtigen Klasse ist und sowohl in der Schule als auch zu Hause sehr viel besser angeleitet wird, trotzdem extrem ablenkbar, impulsiv und unorganisiert bleibt und weiterhin tiefgreifende Probleme mit anderen Kindern hat, dann halte ich eine Medikation für angebracht, und zwar in der Regel mit Ritalin.

Ich glaube, es gibt noch einen anderen berechtigten Grund, um ein störendes Kind medikamentös zu behandeln. Wenn sich die Familie des Kindes und seine Schule in einer Krise befinden, dann kann der vorübergehende Gebrauch von Ritalin die Situation entspannen und eine ruhigere Atmosphäre schaffen, was wiederum den Eltern und Lehrern ermöglicht, ein Programm mit verbesserter Führung anzuwenden. Sobald die Dinge besser laufen, kann die Medikation meist wieder abgebrochen werden.

Ein Kind sollte zunächst beurteilt und dann gründlich von einem kompetenten Arzt untersucht werden. Der Arzt sollte bei Entscheidungen, die Dosierung, Dauer, Nebenwirkungen und die Zeit nach der Medikation betreffen, eng mit Eltern und Lehrern zusammenarbeiten. Unter diesen Umständen ist der Gebrauch von Medikamenten zulässig, ja bei manchen Kindern sogar notwendig.

Probleme anderer Art: Vielleicht ist eine *Sprachtherapie* nötig. Hier eine Faustregel: Es ist zweckmäßig, das Kind untersuchen zu lassen, wenn es mit zwei Jahren noch keine Sätze sprechen kann. Sie sollten auch dann an ärztliche Hilfe denken, wenn das Kind in vorgerücktem Alter in der Sprachentwicklung zurückgeblieben scheint, Verständnisschwierigkeiten hat, sich nicht richtig ausdrücken kann oder Probleme mit der Artikulation hat. Der Lehrer oder der Kinderarzt kann Ihnen bei der Entscheidung helfen, ob Sie warten oder die Sprachentwicklung untersuchen lassen sollen. Gelegentlich konsultiert man einen *Kinderneurologen.* Eigentlich kann er nicht viel beitragen, außer es handelt sich hier um eine Serie von Anfällen oder die Möglichkeit einer anderen Hirnstörung. Lassen Sie sich von Ihrem Kinderarzt helfen, doch fragen Sie ihn ruhig, was er von einem neurologischen Gutachten erwartet.

Ein *Beschäftigungstherapeut* kann Kindern helfen, die in der Fein- oder Grobmotorik Übung brauchen.

Allergien und spezielle Diäten: Dies ist ein vielversprechendes Feld, das allerdings eine unüberschaubare Palette von möglichen Lösungen bietet. Nahrungszusätze, Salizylsäure, künstliche Farbstoffe, verschiedene Umweltgifte, übermäßiger Genuß von Zucker und Mineralstoffe kamen alle in den Verdacht, zu Verhaltensproblemen bei Kindern beizutragen. Obwohl es keinen endgültigen Beweis für die tatsächliche Beteiligung von Nahrung bei Hyperaktivität gibt, gibt es eine ausgewählte Gruppe von Kindern, deren Verhalten sich nach Diätbeschränkungen verbessert hat; außerdem hat das Weglassen bestimmter Stoffe Kindern gegen ihre Allergien geholfen. Auf der anderen Seite hat sich herausgestellt, daß Megavitamindosen, die ihrerseits wiederum die Gefahr der Nebenwirkungen bergen, nichts für das »hyperaktive« Kind tun konnten.

Generell läßt sich sagen, daß eine vernünftige Ernährung wünschenswert ist. Inwieweit eine Diät und mögliche Allergien das Verhalten Ihres Kindes beeinflussen können, sollten Sie mit Ihrem Kinderarzt besprechen. Auch wenn der Kinderarzt mit Recht erklärt, daß es erst unzureichende wissenschaftliche Beweise dafür gibt, so habe ich doch von Eltern schon genügend Erfolgsmeldungen gehört, um sagen zu können, daß man Eltern nicht unbedingt davon abhalten sollte, es mit einer Diät zu versuchen – vorausgesetzt, sie ist unschädlich und ersetzt keine anderen, wichtigen Teile des Gesamtverfahrens. Der Ansprechpartner hierfür sollte ein zuverlässiger Ernährungsspezialist sein.

Zögern Sie also nicht, für Ihr Kind, sich selbst oder Ihre Familie zusätzliche Hilfe zu suchen. Nicht jede Familie, in der es ein schwieriges Kind gibt, kann den Restproblemen, die der Teufelskreis mit sich bringt, entfliehen. Außerdem haben manche Familien Probleme, die nichts mit dem Kind zu tun haben. Viele davon können mit der richtigen Hilfe behoben werden.

Schlußfolgerung
Was hält die Zukunft für mein Kind bereit?

Alle Eltern sorgen sich um die Zukunft ihrer Kinder. Wir hoffen, planen und träumen, und wenn unser Kind schwierig ist, dann machen wir uns besondere Sorgen darüber, zu welcher Person es heranwachsen und ob es glücklich sein wird.
Zu Beginn des Programms für das schwierige Kind sind die meisten Eltern durch das Verhalten ihrer Kinder so verwirrt und so sehr in den Teufelskreis verstrickt, daß ihre Ängste und Sorgen übertrieben groß sind. Nachdem ich mir ihre Sorgen angehört habe, schlage ich meist vor, daß wir uns ganz damit beschäftigen, die Gegenwart zu verbessern, und daß wir dann auf die Zukunft zurückkommen, wenn zu Hause wieder alles reibungslos verläuft. Sind Sie dann an diesem Punkt angekommen, dann wollen Sie auf einige Ihrer Fragen eine Antwort.

Ängste der Eltern

Wenn mir Eltern von den Sorgen über die Zukunft ihrer Kinder erzählen, dann hört sich das meist so an:

»Sie wird immer eine schwierige Person sein.«

»Sie wird keine Freunde haben.«

»Wird er diese Ausbrüche immer haben?«

»Wird er wild sein?«

»Kann sie in der Schule gut sein?«

»Wird er einmal mit dem Gesetz in Konflikt geraten?«

»Wird sie immer unglücklich sein?«

»Wird er mit Drogen in Berührung kommen?«

»Wird er immer egoistisch sein (oder trotzig oder grob oder schwer zufriedenzustellen)?«

Kurz und gut, die Eltern machen sich darüber Sorgen, daß ihr Kind so bleiben wird, wie es im Moment ist, und daß es mit zunehmendem Alter immer mehr Schwierigkeiten haben wird.

Wenn sich dann die Dinge zum Guten wenden, dann legen sich die übertriebenen Ängste der meisten Eltern, doch bleiben immer noch ständig nagende Zweifel und Besorgtheit.

Was steckt dahinter?

Viele Eltern, und vielleicht auch Sie, haben Angst, daß sie ihr Kind für immer geschädigt haben, daß sie ihre früheren Fehler nie mehr gutmachen können. Denn aufgeklärte Eltern wissen natürlich alles über die »Traumata der frühen Kindheit«. Ist es nicht so, daß das einzige, was *wirklich* zählt, die Art ist, wie Sie Ihr Kind behandelt haben, als es klein war? Bei der Formung des Kindes hat man die Rolle der Eltern, und besonders die der Mutter, enorm betont. Wörter wie »abweisend« und »überfürsorglich« sind Bestandteile des täglichen Sprachgebrauchs geworden.

Man führt ernsthafte Debatten über Stillen contra Flaschen-

fütterung, den Einsatz der Erziehung zur Sauberkeit, die Überstimulierung der Kinder, über das richtige Maß an Zeit, die man mit ihnen verbringt, und eine verwirrende Fülle anderer Fragen und Probleme.
Und was ist die Folge all dessen?
Viele von uns glauben, daß alles verloren ist, wenn wir in der frühen Kindheit einen Fehler begehen. Das Kind ist für das ganze Leben geprägt.
Das ist ganz einfach nicht wahr!

Begangene Fehler kann man wiedergutmachen. Ihr schwieriges Kind hat durch das, was Sie vor der Lektüre dieses Buches getan haben, kein bleibendes Trauma davongetragen.

Kinder sind bemerkenswert flexibel und elastisch. Ihre Entwicklung ist ein andauernder Prozeß. Die Persönlichkeit eines Kindes entfaltet sich noch lange nach seinen ersten Lebensjahren. Betrachten Sie den Hintergrund irgendeiner Person, vielleicht sogar Ihrer eigenen, so werden Sie sehr schnell den Einfluß vieler Lebenserfahrungen erkennen. Wir tragen alle im Laufe des Lebens zu unserem Hintergrund und Grundtemperament bei, sowohl durch Kräfte von außen, denen wir begegnen, als auch durch unsere eigenen Entschlüsse, wer wir sein wollen.

Die New Yorker Langzeitstudie

Sie wurden bereits mit dieser Pionierstudie über das frühkindliche Temperament vertraut gemacht, die die Basis dieses Buches darstellt. Dr. Chess und Dr. Thomas haben jedoch viel mehr geleistet, als Temperamentscharakteristika zu definieren. Sie folgten ihren 133 »Studienobjekten« 25 Jahre lang vom Säuglingsalter bis in das frühe Erwachsenenalter. Ihre Studie wurde in Fachkreisen wegen ihrer sorgfältigen und präzisen Forschungsmethode hoch gerühmt. Sie kamen zu dem Schluß, daß sowohl das Temperament als auch die Güte des Zusammenspiels (während der gesamten Kindheit und nicht nur in den ersten Jahren) für die Entwicklung des Kindes von größter Wichtigkeit sind. Ferner zeigt die Studie, in Übereinstimmung mit vielen modernen Forschungen, daß die Zukunft eines Kindes sicherlich nicht schon im Alter von sechs Jahren bestimmt wird. Noch viele weitere Einflüsse wirken auf ein Individuum ein. Was den Einfluß des Temperaments betrifft, so stellten die Forscher fest, daß dieser, obwohl er bis in das Erwachsenenalter hinein bestehenbleibt, in seiner Bedeutung abnimmt, sobald das Kind mit seiner Umwelt interagiert und je mehr seine Persönlichkeit reift.

Unter den Kindern der Studie waren auch »schwierige« Kinder, obwohl Chess und Thomas lediglich fünf Temperamentszüge benutzten, um diese Kategorie zu definieren (schlechte Anpassungsfähigkeit, Unregelmäßigkeit, anfänglichen Rückzug, negative Laune und hohe Intensität). Bei schlechter Führung bestand für diese Kinder ein größeres Risiko, daß sie Probleme haben würden. In den Fällen, in denen Eltern ein wenig unterstützt wurden, erholte sich das Kind meistens wieder, das Kind machte Fortschritte, und es blieb dann auf diesem Stand.

Ein weiterer wichtiger Aspekt dieser Studie war es aufzuzeigen, daß ein ständiger Konflikt zwischen den Eltern, aus welchen Gründen auch immer, mit großer Wahrscheinlichkeit bei allen Kindern, ob schwierig oder nicht, später zu Problemen führen würde.

Das Ergebnis bei einem Kind als Beispiel

Meine elfjährige Tochter Jillian, die ich Ihnen in der Einleitung vorgestellt habe, war ein klassischer Fall eines schwierigen Kindes. Sie war sogar ein extrem schwieriges Kind, als sie klein war. Sie zeigte anfänglichen Rückzug, hohe Intensität, schlechte Anpassungsfähigkeit und eine niedrige Sensibilitätsschwelle gegenüber Berührungen, Textur, Schmerz, Geschmack und Geruch. Sie war mittelmäßig aktiv, mittelmäßig ablenkbar, ihre Laune war eine unbeständige Mischung aus positiv und negativ. Es gab in der Familie ebenfalls Probleme mit dem sogenannten Teufelskreis. Das problematische Verhalten Jillians bestand aus Wutanfällen, Schlafstörungen, schlechtem Benehmen in der Öffentlichkeit, Kämpfen beim Ankleiden, Anhänglichkeit und manchmal ängstlichem Verhalten. In der Schule war sie immer leichter zu haben als zu Hause. Wir als Eltern mußten sehr hart mit ihr arbeiten, lernten oft aus der Erfahrung und machten viele Fehler.

Heute ist Jillian charmant, überschwenglich, geht aus sich heraus und ist glücklich. In der Schule und im Sommerferienlager ist sie beliebt. Ihre Leistungen in der Schule sind hervorragend. Sie hat einen scharfsinnigen und phantasievollen Geist und bringt immer wieder ausgefallene Ideen in die Klassendiskussionen ein. Sie ist sehr sie selbst und steht mit Nachdruck zu ihrer Meinung, auch wenn die anderen ihr widersprechen. Ihre Einsichten sind oft originell und überzeugend. Was ist übriggeblieben von ihrer »schwierigen« Natur? Jillian ist immer noch sehr intensiv, aber sie hat gelernt, ihre Gefühle in Worte zu fassen, anstatt immer wieder überzureagieren. Natürlich »geht sie manchmal ab« wie die meisten Teenager. Sie hat immer noch gelegentliche Schwierigkeiten mit nicht vertrauten oder plötzlichen Änderungen der gewohnten Abläufe. Ihre Stimmung ist jetzt

meistens positiv und freudig, kann aber immer noch wechseln. Sie kann sehr ausdauernd sein, wenn sie sich etwas wirklich in den Kopf gesetzt hat.
Allgemein läßt sich sagen, daß, seit Jillian älter ist, sie in vielerlei Hinsicht ein »normales« Kind ist, aber sie besitzt eindeutig einige Eigenschaften, die sie auf positive Art von den anderen unterscheiden. Sie ist eine wirklich interessante Person. Ich achte sie zutiefst – sie ist ein echter Individualist.

»Wie wird er einmal werden?«
Ich glaube, daß Sie nun wissen, daß meine Grundeinstellung optimistisch ist. Bei erfolgreicher Anwendung des Programms wird es Ihnen Ihre anfängliche Erleichterung nach und nach erlauben, die Individualität und die Stärken Ihres Kindes zu erkennen. Sie werden nicht nur tolerant gegenüber Ihrem Kind sein, sondern sich an ihm erfreuen und Spaß mit ihm haben. Wenn die Eltern, die mein Programm beendet haben, anfangen, positiv über ihr Kind zu sprechen, sich richtig an ihm zu freuen, dann weiß ich, daß wir gewonnen haben; denn mehr als alles andere zeigt mir diese Haltung, daß sich die Harmonie wirklich gebessert hat und das Kind nun dabei ist, seine eigenen Fähigkeiten auszuschöpfen.
Aber vielleicht fragen Sie noch immer: »Können Sie mir nicht mehr darüber sagen? Wie wird das Kind einmal sein?« Obwohl ich mit Prophezeiungen sehr vorsichtig bin, kann ich Ihnen ganz generell sagen, was ich glaube. Es gibt drei mögliche Wege:

1. Das Kind unterscheidet sich später überhaupt nicht mehr von anderen Kindern, ist also ein ganz »normales Kind«.
2. Das Kind entwickelt in der späteren Kindheit oder im

Erwachsenenalter weiter Probleme, was besonders bei schwierigen Kindern der Fall ist, die weiterhin nicht richtig gehandhabt werden, die ständig ein schlechtes Zusammenspiel erleben, Probleme mit dem Teufelskreis haben, und besonders bei denjenigen, die in einem Zuhause aufwachsen, wo sich die Eltern ständig streiten (nicht unbedingt nur über die Erziehung des Kindes).

3. Das Kind, das gut erzogen wird und in einer Atmosphäre der Geborgenheit und Harmonie zwischen den Eltern aufwächst, wird sehr wahrscheinlich sehr gut »funktionieren« und positive Züge wie Kreativität, Überschwenglichkeit und Einfühlungsvermögen an den Tag legen. Es wird ein richtiges Individuum sein und zeigt vielleicht Führungsqualitäten.

Im Vergleich zu seinem grundlegenden Temperament werden Sie in einigen Bereichen eine Besserung feststellen, doch sollten Sie keine Wunder erwarten.
Einige Charakterzüge können sich ändern. Die Anpassungsfähigkeit zum Beispiel bessert sich beträchtlich, wenn das Kind gut geführt wird. Vielleicht lernt das Kind auch, mit Übergangssituationen selbst fertig zu werden; es braucht zum Beispiel die Wechseluhr nicht mehr, doch benötigt es immer noch zusätzliche Zeit, um das zu beenden, was es gerade tut. Diese Art der internen Regelung hilft bei diesem Temperamentsproblem außerordentlich. Einige Züge jedoch muß man akzeptieren. Sie kann man nicht ändern. Die hohe Intensität Ihres Kindes fällt zum Beispiel in diese Kategorie. Einige andere Züge wiederum kann man zu konstruktiveren Zwecken kanalisieren.
Schaut man noch weiter in die Zukunft, so können sich gerade die Temperamentszüge, die in der Kindheit Probleme bereiten, bei Jugendlichen und reiferen Menschen als

vorteilhaft erweisen. Betrachten wir diese mögliche Wende nun Zug um Zug. (Vielleicht ist es für Sie auch interessant, über sich oder Ihre Freunde auf diese Weise nachzudenken. Wie hat sich das Temperament auf Ihre Persönlichkeit als Erwachsenen oder die Wahl Ihrer beruflichen Karriere ausgewirkt?)

- *Hohe Aktivitätsebene.* Vielleicht lassen sich die große Energie und die dynamische Vorwärtsbewegung dieser Kinder eines Tages für die Leichtathletik verwenden. Bei einer Karriere mit viel Konkurrenz – als Geschäftsmann, an der Börse oder im Verkauf – sind solch eine Energie und solch ein Elan für den Erfolg unbedingt nötig.
- *Ablenkbarkeit.* Ein Kind, das seine Beschäftigung rasch wechselt, wird vielleicht einmal ein junger Mensch mit weitreichenden Interessen, der die Fähigkeit besitzt, sich diesen leicht und flexibel zu widmen. Gleichzeitig aber kann er mit zunehmender Reife lernen, sich einer wichtigen Aufgabe voll und ganz zu widmen, vor allem wenn er interessiert daran ist und Ausdauer hat.
- *Schlechte Anpassungsfähigkeit.* Das ausdauernde Kind, das sich Änderungen widersetzt, ist vielleicht letztendlich in einem sehr interessanten Bereich gefangen. Diese Ausdauer kann sich in eine wirklich tiefgreifende Hingabe an ein spezielles Aufgabenfeld verwandeln. Gelehrte, Forscher, Mathematiker und Erfinder zeigen auf vielen Gebieten diese »Eingleisigkeit« in der Verfolgung ihrer Ziele.
- *Anfänglicher Rückzug.* Das »scheue« Kind, das zurückschreckt, wenn es einer neuen Situation ausgesetzt wird, kann sich zu einem Menschen entwickeln, der neue Situationen und Menschen nachdenklich begutachtet und der sich Zeit läßt, bevor er aus sich herausgeht. Dieser

Mensch wird ein guter Zuhörer sein und jemand, den man nicht so leicht »hereinlegen« kann, da er über eine natürliche Vorsichtigkeit verfügt. Viele scheue Kinder lernen aber auch, ihre natürliche Reserviertheit zu überwinden.

- *Hohe Intensität.* Das extrem laute Kind, das dazu neigt, seine Gefühle überzudramatisieren, könnte diesen Charakterzug in einem Lebensbereich nutzen, der nach »Überlebensgröße« verlangt. Solche Menschen findet man oft in der Oper, am Theater, beim Film und in der Popmusik, wo ihr Auftreten als Star und ihre Vitalität das Publikum begeistern.
- *Unregelmäßigkeit.* Das Kind, das keine geregelten Essens- und Schlafenszeiten hat, wird langsam lernen, seinen ihm eigenen Zyklus zwischen Hunger und Müdigkeit zu regulieren. Als Erwachsener macht er vielleicht in einem Beruf Karriere, bei dem man zu ungeregelten Zeiten arbeiten muß. Restaurantpersonal, Musiker, Computerprogrammierer, Freizeitmaler und -schriftsteller, Nachtschichtarbeiter bei Zeitungen, Radio- und Fernsehstationen – sie alle leben sehr gut mit ihren »verkehrten« Arbeitszeiten, die ihre etwas »regelmäßigeren« Zeitgenossen umbringen würden.
- *Niedrige Sensibilitätsschwelle.* Kinder mit einer angeborenen Übersensibilität gegenüber Berührung, Geschmack, Geruch und Lärm können diese Anlage auf vielerlei Art und Weise nutzen. Denken Sie nur einmal daran, welchen wunderbaren Koch dieser Mensch mit seinem sensiblen Geschmacksempfinden abgeben könnte. Wer auf Farben empfindlich reagiert, sozusagen ein angeborenes Farbempfinden hat, würde in vielen Bereichen glänzen, die mit Design zu tun haben. Wer dagegen auf Stoffbeschaffenheit und Umfeld empfindlich reagiert, erfüllt

eine wichtige Voraussetzung für einen Designer von Kleidung oder Inneneinrichtungen.

– *Negative Laune.* Die ernsthafte Haltung in der Kindheit, die so vielen Eltern Sorgen bereitet, kann für viele Berufe ein wichtiger Vorteil sein. Jura, akademische Berufe oder Medizin sind nur einige Bereiche, in denen eine natürliche Ernsthaftigkeit dem Auftreten und dem beruflichen Ansehen zur Ehre gereicht. Auch die Berichterstatter bei Fernsehnachrichten sind oft Personen, deren Ernsthaftigkeit den Nachrichten, die sie verbreiten, Nachdruck verleiht.

Diese Beobachtungen sollen Sie aber nicht zu dem Glauben verleiten, Ihr Kind wäre für irgendeine der genannten Berufssparten prädestiniert, sondern sie sollen Ihnen zeigen, daß das, was Sie im Moment als nachteilige Temperamentszüge ansehen, sich im späteren Leben durchaus als hilfreich erweisen könnte und eventuell zu einer interessanten und für Ihr Kind passenden Berufswahl führt. Sie sehen ebenfalls, wie verschiedenartig die Zukunft dieser Kinder ist. Sie entwickeln also nicht nur einen Persönlichkeitstypus.

Die Besonderen: Ein Traum für die Zukunft

Ich glaube, daß bestimmte schwierige Kinder dazu ausersehen sind, ganz besondere Mitglieder unserer Gesellschaft zu werden. Würden Sie die Kindheit all derer studieren, die ungewöhnlich talentiert, kreativ, einfallsreich oder dynamisch sind, dann, so glaube ich, würden Sie einen höheren Prozentsatz an schwierigen Charakterzügen als in der sonstigen Bevölkerung entdecken.

Ich glaube, daß sich bei vielen schwierigen Kindern eine lebhafte, kreative Phantasie mit Ängstlichkeit überschneidet. Teilweise liegt das vermutlich daran, daß sie zu ihrem

Gefühlsleben eine besondere Verbindung haben. Es scheint so, als ob ihr intensiveres Temperament sie für ihre Reaktionen sensibler gemacht hätte. Die Kreise sind nicht geschlossen, und deshalb scheinen diese Kinder freier, offener, intuitiver, mitfühlender, kreativer und überschwenglicher zu sein. Sie lassen eher den Geist und den Verstand regieren und können so offener, individualistischer sein, sich mehr mit sich selbst beschäftigen und weniger konformistisch sein als ihre nicht schwierigen Zeitgenossen. Kurz gesagt, diese Kinder haben oft die Chance, eine wunderbare Mischung aus Besonderheit und Intensität zu entwickeln.

Befassen Sie sich mit der Kindheit einiger äußerst charismatischer Persönlichkeiten unseres Jahrhunderts. Sie werden oft den Beweis dafür finden, daß sie »komische« oder »ungewöhnliche« Kinder gewesen sind. Eleanor Roosevelt war zurückhaltend und scheu und wurde von ihrer Familie nicht »verstanden«. Albert Einstein war ebenfalls zurückhaltend und scheu, hatte keine Freunde, begann erst spät zu sprechen, hatte eigenartige Angewohnheiten, Probleme mit seinen Lehrern in der Schule und wurde von seinen Eltern als »anders« charakterisiert. Verwandte berichteten, daß Thomas Edison »abnormal« war, und seine Mutter nahm in wegen seiner Schwierigkeiten aus der Schule. Pablo Picasso war ein bemerkenswert trotziges Kind, das sich ausdauernd nur einer Sache, dem Malen, widmete. Eine Beschreibung der Kindheit von vierhundert herausragenden Individuen findet sich in dem Buch *Cradles of Eminence* (Die Wiegen berühmter Persönlichkeiten) von Victor und Mildred Goertzel. Diese Menschen waren nicht unbedingt alle schwierige Kinder, was das Temperament betrifft, vielleicht einige von ihnen, doch sehr oft waren sie Kinder, die man als »anders« oder gestört ansah. Sie sehen sehr deutlich, daß dies ihrer späteren Karriere nicht im Wege stand.

Dann gibt es da noch die Geschichte eines höchst schwierigen Kindes, eines hitzköpfigen Angebers, der nie gehorchte und immer in Schwierigkeiten steckte, der immer in Bewegung war, ständig auf und ab sprang, herumhüpfte oder -lief, hinfiel und sich weh tat. Er wurde sowohl als »hyperaktiv« als auch als »schwierig« beschrieben. Man hielt ihn für eher »schwerfällig«, was seinen Intellekt betraf, er war anfällig für Erkältungen und Ausschläge, ein »unkoordinierter Schwächling« mit einer Sprachhemmung, dessen Schulzeugnisse, die zu den schlechtesten seiner Klasse zählten, schlechtes Benehmen und Versagen widerspiegeln. Der Name dieses Jungen?

Winston Spencer Churchill.

Als Erwachsener besaß dieser Schriftsteller, Politiker, Historiker, Künstler, Maurer, Farmer, Fechter, Jäger, mutige und herausragende Staatsmann viele der Kennzeichen des schwierigen Kindes. Er war intuitiv, einsichtig, energisch, großherzig und entschlossen, eine Führungspersönlichkeit für sein Zeitalter. Dennoch war er ebenso widersprüchlich, unbeständig, neigte zu Launenhaftigkeit und war manchmal richtiggehend unreif: Er spielte gerne in der Badewanne, zog sich gerne vornehm an, hörte gerne alberne Schallplatten und war schnell zu Tränen gerührt. All diese Informationen und noch viele mehr in William Manchesters bemerkenswerter Churchill-Biographie *The Last Lion* (Der letzte Löwe) zeichnen das Bild eines schwierigen Kindes, das mit vielen Vorteilen aufwuchs, jedoch auch in einer Familie, in der es viele Probleme gab, und aus dem ein äußerst bemerkenswerter Mann wurde. Doch er blieb stets eine eigenartige Mischung aus erfolgreicher Persönlichkeit und unreifer Seele, aus Führernatur und komischem Kauz.

Nicht jedes schwierige Kind ist aber für etwas Großes bestimmt. Dennoch sollte ein jedes die Möglichkeit erhalten,

sein Potential zu erkennen. Die Techniken und Prinzipien dieses Buches sollen dazu beitragen, Ihrem Kind diese Chance einzuräumen.
Versuchen Sie stets, diese Techniken und Prinzipien in einer freundlichen und von Liebe geprägten Atmosphäre anzuwenden. Respektieren Sie das Kind, schätzen Sie seine Stärken und Fähigkeiten, und denken Sie immer daran, daß es ein Individuum ist. Wer weiß, welche Träume im Laufe der Zeit für Ihr Kind Wirklichkeit werden können.

Register

Knaur®

Eltern und Kinder

(84004)

(84002)

(84012)

(84019)

(84006)

(84015)